Lehrbücher

des

Deutschen Reichsrechtes.

VIII.

Das deutsche Reichs-Preßrecht

von

Franz Eduard von Liszt.

Berlin und Leipzig.
Verlag von J. Guttentag.
(D. Collin.)
1880.

Das deutsche

Reichs-Preßrecht

unter Berücksichtigung

der Literatur und der Rechtsprechung

insbesondere

des Berliner Obertribunals und des Reichsgerichtes

systematisch dargestellt

von

Dr. Franz Eduard von Liszt,
ord. Professor der Rechte in Gießen.

Berlin und Leipzig.
Verlag von J. Guttentag.
(D. Collin.)
1880.

Vorwort.

Indem ich mein „deutsches Reichs-Preßrecht“ der Oeffentlichkeit übergebe, weiß ich recht wohl, daß das kleine Büchlein auf jenen weiten Leserkreis nicht hoffen darf, welchen seine in derselben Sammlung erscheinenden Genossen gefunden haben. Das Preßrecht ist eben in der großen Mehrzahl der Fälle nicht Gegenstand des akademischen Studiums. Aber gerade darum war ich bemüht, mein Thema so zu behandeln, daß demjenigen Leserkreise, den das Werkchen beanspruchen kann, etwas wirklich Brauchbares geboten werde. Für den Praktiker, mag er Journalist, mag er Rechtsanwalt, Richter oder Staatsanwalt sein oder irgend ein Preßgewerbe betreiben, ist es in erster Linie bestimmt; ihm dürfte das Eingehen auf Detailfragen, wie das tägliche Leben sie bringt, ihm dürfte die sorgfältige Berücksichtigung der Rechtsprechung um so erwünschter sein, als die Kommentare zum Reichspreßgesetze größtentheils in einem Zeitpunkte erschienen sind, in welchem es eine Praxis auf Grund dieses Gesetzes noch gar nicht gab. Ob Verleger und Verfasser das Richtige trafen, als sie das Bedürfniß nach einer derartigen Arbeit annahmen, wird die Zukunft lehren. Der Verfasser aber richtet an dieser Stelle an seine Leser die Bitte, das Büchlein nicht nur wohlwollend aufzunehmen, sondern auch an der Verbesserung desselben mitzuarbeiten: jeden Wink in Bezug auf Lücken und Mängel der Darstellung, jede Mittheilung von interessanten praktischen

Fragen wird er dankbarst quittiren und gewissenhaft berücksichtigen. —

Ein Wort noch über das Verhältniß dieser Arbeit zu meinem vor zwei Jahren erschienenen Lehrbuch des österr. Preßrechtes. Wenn auch die für dieses gemachten Studien die Grundlage meiner heutigen Darstellung bilden, wenn ich auch in den meisten Punkten an den damals ausgesprochenen Ansichten festzuhalten in der Lage war, so haben doch der vielfach abweichende Rechtstoff und die theilweise andere Tendenz der vorliegenden Schrift eine selbständige Anlage und Durchführung des Systemes nothwendig gemacht. Auch habe ich mich nicht gescheut, Irrthümer zu berichtigen. Insbesondere bin ich zu einer wenn auch nicht gerade anderen so doch viel entschiedeneren Ansicht über die Natur des Preßdeliktes gelangt. Auf diesen Punkt möchte ich die kritische Aufmerksamkeit meiner Fachkollegen besonders hinlenken. —

Auch auf dem Gebiete des Preßrechtes haben wir die Freiheit errungen durch die Einheit: möge meine Schrift das ihrige dazu beitragen, daß die Ueberzeugung von der Richtigkeit dieses Satzes und mit ihr die Liebe zur Reichsgesetzgebung sich festige und wachse von Jahr zu Jahr.

Gießen, Ende April 1880.

Liszt.

Inhaltsverzeichniß.

Erster Theil.

Einleitung. Geschichte und Herrschaftsgebiet des Reichspreßgesetzes.

Zweiter Theil.

Das Preßgewerberecht.

Dritter Theil.

Preßpolizeirecht.

Vierter Theil.

Preßstrafrecht.

Abkürzungen.

Abs. = Absatz.
Anm. = Anmerkung.
E. = Entscheidung.
GA. = Goltdammer (Hahn) Archiv für gemeines deutsches und für preußisches Strafrecht.
Ges. = Gesetz.
GS. = Gerichtssaal. Zeitschrift für Strafrecht und Strafprozeß (v. Schwarze).
Gew.Odg. = Gewerbeordnung v. 21. Juni 1869.
OR. = Rechtsprechung des k. Obertribunals in Strafsachen (Oppenhoff; jetzt Generalstaatsanwaltschaft).
OT. = Berliner Obertribunal (Entscheidung desselben).
RGR. = Reichsgericht (Entscheidung desselben; citirt nach der von den Mitgliedern der Reichsanwaltschaft herausgegebenen Sammlung).
ROHG. = Reichsoberhandelsgericht (Entscheidung desselben).
RPG. = Reichspreßgesetz vom 7. Mai 1874.
Soz.Ges. =
St. = Stenglein. Zeitschrift für Gerichtspraxis u. s. w. in Deutschland.
StrGB. = Strafgesetzbuch.
StrPO. = Strafprozeßordnung.
Vdg. = Verordnung.
Vgl. = Vergleiche.

Erster Theil.

Einleitung, Geschichte und Herrschaftsgebiet des Reichspreßgesetzes.

---

§. 1.

Das Preßrecht. Begriff, Eintheilung; Quellen, Literatur.

I. Preßrecht im subjektiven Sinne, gleichbedeutend mit Preßfreiheit, ist das Recht der freien Gedankenäußerung in Druckschriften, innerhalb der durch das Gesetz gezogenen Schranken, und unter der von dem Gesetze nach Umfang und Inhalt normirten Verantwortlichkeit.[1]

Preßrecht im objektiven Sinne ist die Gesammtheit der Rechtsregeln, durch welche die Schranken der freien Gedankenäußerung in Druckschriften bestimmt und die Verantwortlichkeit für dieselbe nach Umfang und Inhalt normirt wird.

II. Mit dieser Begriffsbestimmung ist auch die Eintheilung des Preßrechts im objektiven Sinne, wie sie hier zu Grunde gelegt werden soll, gegeben. Das Preßrecht zerfällt:

---

[1] Vgl. RPG. §. 1. „Die Freiheit der Presse unterliegt nur denjenigen Beschränkungen, welche durch das gegenwärtige Gesetz vorgeschrieben oder zugelassen sind.“

1. in das Preßgewerberecht: jene Rechtsregeln, welche sich auf die Herstellung von Druckschriften, als den Mitteln zur Gedankenäußerung und den Handel mit denselben beziehen;
2. das Preßpolizeirecht: jene Rechtsregeln, durch welche dem Mißbrauche des Preßrechts im subjektiven Sinne vorbeugend entgegengewirkt und die künftige strafrechtliche Verfolgung etwaiger Preßdelikte gesichert werden soll;
3. das Preßstrafrecht: die Rechtsregeln über den Inhalt und Umfang der Verantwortlichkeit für den Mißbrauch des Preßrechts im subjektiven Sinne;
4. das Preßprozeßrecht: die Rechtsregeln über Feststellung und Vollstreckung des dem Staate aus dem Mißbrauche der Preßfreiheit erwachsenen Strafanspruches. Da jedoch die Abweichungen des Preßprozeßrechtes von dem allgemeinen Strafprozeßrechte nur von untergeordneter Bedeutung sind, kann von einer besonderen Darstellung desselben Umgang genommen werden; die hieher gehörigen gesetzlichen Bestimmungen sollen an anderer Stelle dieses Systems Berücksichtigung finden.

III. Die Quellen des deutschen Reichspreßrechtes sind:

1. das Reichspreßgesetz vom 7. Mai 1874;
2. in nur untergeordneter Weise kommen neben dem Reichsstrafgesetzbuche von den übrigen Reichsgesetzen in Betracht die Reichsgewerbeordnung v. 21. Juni 1869 und das Gesetz gegen die gemeingefährlichen Bestrebungen der Socialdemokratie vom 21. Oktbr. 1878.

IV. Die Literatur des Reichspreßrechts weist eine Reihe hervorragender Arbeiten auf. Zu nennen sind:

1. Schwarze, das Reichspreßgesetz vom 7. Mai 1874. Erlangen 1874.
2. Thilo, das Preßgesetz für das deutsche Reich. Berlin 1874.
3. Marquardsen, das Reichspreßgesetz v. 7. Mai 1874. Berlin 1875.
4. Berner, Lehrbuch des deutschen Preßrechts. Leipzig 1876, in 2 Theilen, deren erster eine glänzende historische Einleitung von 156 S., deren zweiter einen geistvollen Kommentar zu dem Gesetze enthält.
5. Kayser, in v. Holtzendorff's Handbuch des deutschen Strafrechts IV. Bd. S. 545 ff.

Von den Bearbeitungen der Partikularrechte sind auch heute noch von Werth:

1. Hartmann, das preuß. Gesetz über die Presse vom 12. Mai 1851. Berlin 1865.
2. Barth, das königl. sächs. Preßgesetz v. 24. März 1870. Leipzig 1870.

Für das französische Recht (wichtig wegen Elsaß-Lothringen) ist am meisten zu empfehlen:

Rolland de Villargues, Code des lois sur la presse. 3. Aufl. Paris 1876.

Unter den zahlreichen de lege ferenda geschriebenen Arbeiten beanspruchen hervorragenden Platz:

1. Die Gutachten für den deutschen Juristentag von Glaser und John in den Verhandlungen des VI. deutschen Juristentages I. Bd. S. 68 ff., S. 318 ff. (das erstere auch in Glaser's ges. klein. Schriften II. S. 19 ff.).

2. Jaques, Grundlagen der Preßgesetzgebung. Leipzig. 1874.

Die gegenwärtige Schrift nimmt bei Fragen von allgemeiner Bedeutung vielfach Bezug auf

Liszt, Lehrbuch des österr. Preßrechts. Leipzig 1878. (Systematische Darstellung).

Weitere Literaturangaben finden sich bei dem Artikel „Preßgesetzgebung" (Liszt) in v. Holtzendorff's Rechtslexikon. 3. Aufl. Auch sei auf die Artikel „Herausgeber", „Preßgewerbe", „Preßpolizei", „Preßstrafrecht", „Redakteur" daselbst verwiesen.

§. 2.

Die Entstehungsgeschichte des Reichspreßgesetzes.

Gerade 20 Jahre hatte die einheitlich deutsche Preß-Gesetzgebung geruht, als das Reichspreßgesetz ins Leben trat. Und auch der Bundesbeschluß vom 6. Juli 1854, das letzte Denkmal, das, seinen Vorgängern würdig angereiht, die gesetzgebende Thätigkeit des deutschen Bundes auf dem Gebiete des Preßrechtes sich errichtet hatte, blieb zwar im Herzen des deutschen Volkes unvergessen, hatte aber nur in einem kleinen Theile Deutschlands thatsächliche Beachtung gefunden. Nur wenige deutsche Staaten[1] führten den Bundesbeschluß aus; andere blieben, ohne sich an ihn zu kehren, ihren früheren Gesetzen treu;[2] wieder andere endlich gingen über den

[1] Braunschweig (Vdg. v. 9. Febr. 1855), Schaumburg-Lippe (Ges. v. 30. Juni 1855), Waldeck (Ges. v. 31. Dezbr. 1855), Oldenburg (Vdg. v. 4. Febr. 1856), Lippe (Ges. v. 1. Juli 1857), Schwarzburg-Rudolstadt (Ges. v. 30. März 1858), Hessen (Ges. v. 1. August 1862).

[2] Bayern (Edikt v. 4. Juni 1848, Preßges. vom 17. März

Bundesbeschluß zur Tagesordnung über und regelten selbständig ihr Preßrecht, den freiheitlichen Strömungen der Zeit mehr oder weniger Rechnung tragend.[3] So bot auch auf diesem Gebiete des deutschen Rechtslebens die deutsche Gesetzgebung ein überaus buntscheckiges Bild (27 verschiedene Preßgesetze und Verordnungen!), und in manchen deutschen Territorien (man denke an die preußische oktroyirte Verordnung vom 1. Juni 1863) ein nichts weniger als erfreuliches. Der freiheitsfeindliche Geist, der den deutschen Bund charakterisirte, hatte auch auf diesem Gebiete seine Unfähigkeit, die Einheit des Rechtslebens herbeizuführen, glänzend bewiesen. Den Interessen der Einheit nicht nur, sondern auch jenen der Freiheit wurde demnach Rechnung getragen, als die Verfassung des deutschen Reichs, abweichend von jener des norddeutschen Bundes, in Art. 4 Nr. 16 die Bestimmungen über die Presse und das Vereinswesen der Beaufsichtigung durch das Reich und der Gesetzgebung desselben unterwarf.

1850), Hamburg (Ges. vom 20. September 1849), Anhalt (Ges. vom 26. Dezember 1850), Preußen (Ges. vom 12. Mai 1851 mit Aenderungen durch Ges. vom 6. März 1854 und 21. Mai 1860), Schwarzburg-Sondershausen (Gesetz vom 8. August 1852), Sachsen-Gotha (Ges. v. 31. März 1853), Württemberg (Edikt v. 30. Januar 1817, wiederhergestellt durch Vdg. v. 24. Dez. 1864), Lauenburg (Vdg. v. 9. Novbr. 1819 und 10. März 1848).

[3] Sachsen-Koburg (Ges. v. 9. August 1865), Sachsen-Meiningen (Ges. v. 8. Juni 1867), Reuß j. Linie (Ges. v. 15. Juni 1868), Großh. Sachsen (Ges. vom 25. Juli 1868), Sachsen-Altenburg (Ges. v. 30. Dezbr. 1868), Lübeck (Ges. v. 25. Septbr. 1869), Reuß ält. Linie (Ges. v. 12. Mai 1870), Königreich Sachsen (Ges. v. 24. Mai 1870), Bremen (Novelle v. 18. Juli 1870), Mecklenburg-Schwerin (Ges. vom 20. Dezbr. 1870), Mecklenburg-Strelitz (Ges. v. 20. Dez. 1870), Baden (Ges. v. 2. April 1868 und 23. Dezbr. 1870).

Anfänglich schien es auch, als stände die Erreichung des Zieles, die Schaffung eines Reichspreßgesetzes in nächster Aussicht. Schon in der Sitzung des Reichstages vom 2. Mai 1871, in welcher ein Antrag auf Beseitigung der Zeitungskautionen und der richterlichen Untersagung des Gewerbebetriebes zur Sprache kam, hatte das Reichskanzleramt erklärt, daß die verbündeten Regierungen sich für verpflichtet hielten, die gesetzliche Regelung des Preßrechts in Angriff zu nehmen.

Der Reichstag konnte demnach wohl auf baldige Erfüllung seines Wunsches rechnen, als er in der Sitzung vom 10. Mai 1871 den Beschluß faßte, den Reichskanzler zu ersuchen, es möge dem Reichstage in der nächsten Session der Entwurf eines für das ganze Bundesgebiet geltenden Preßgesetzes vorgelegt werden.

Aber die Vorlegung verzögerte sich von Session zu Session. So sah der Reichstag sich veranlaßt, die Initiative zu ergreifen. Am 12. März 1873 legten Windthorst (Berlin) und Genossen dem Hause den Entwurf eines Preßgesetzes vor, der am 19. März 1873 einer Kommission von 21 Mitgliedern überwiesen wurde. Der Entwurf hatte sich den Beschlüssen des sechsten und siebenten Journalistentages (1871 und 1872) eng angelehnt und allen Wünschen der Presse Rechnung getragen. Biedermann, der erprobte Vorkämpfer der Preßfreiheit, übernahm das Referat. Aber als am 29. Mai 1873 die zweite Berathung vorgenommen werden sollte, stellte der Reichskanzler die baldige Vollendung des Regierungsentwurfes in Aussicht und auf seinen Wunsch wurde der aus dem Schoße des Hauses hervorgegangene Entwurf fallen gelassen.

Schon am 11. Februar 1874 wurde auch wirklich der

Regierungsentwurf[4] dem Hause vorgelegt, das ihn am 20. Februar 1874 nach der ersten Lesung einer 14gliedrigen Kommission, zusammengesetzt aus Juristen und Vertretern hervorragender Preßorgane verschiedener Richtung, überwies. Die Kommission betraute Marquardsen mit der Berichterstattung über den von ihr wesentlich umgestalteten Entwurf.[5] Die zweite Lesung begann am 16. März und schloß am 24. März 1874. Aber als die Berathung beendet war, erklärten die verbündeten Regierungen, das Preßgesetz sei in dieser Gestalt absolut unannehmbar. Um die Differenzpunkte festzustellen und womöglich zu beseitigen, traten die Mitglieder der bisherigen Kommission mit den Bundeskommissären v. Brauchitsch und v. Schelling zu freier Berathung zusammen. Die Ergebnisse derselben wurden von Marquardsen, v. Forcade und v. Schwarze redigirt, und als Anträge, die Marquardsen in längerer zusammenhängender Rede begründete, dem Hause bei der dritten Lesung vorgelegt. Sie betrafen das Kolportiren von Druckschriften durch jugendliche Personen, den Umfang des Berichtigungszwanges und die gerichtliche Entscheidung im Berichtigungsverfahren, das Plakatwesen, die Stellung des verantwortlichen Redakteurs, die preßrechtliche Fahrlässigkeit und endlich die vorläufige polizeiliche Beschlagnahme. Vor die Alternative gestellt, das Zustandekommen des Gesetzes vereitelt zu sehen oder von seinen früheren Beschlüssen abzugehen, nahm

[4] Die sämmtlichen „Materialien" zum Gesetz über die Presse v. 7. Mai 1874 sind abgedruckt in GA. XXII. S. 161 ff. — Vgl. im Uebrigen Verhandlungen des Reichstags I. Session 1874, stenogr. Berichte Bd. I. S. 135, 391; Bd. II. S. 1065, 1109; Anlag. Bd. Nr. 23, 67 u. 116.

[5] Die von der Kommission vorgenommenen Abänderungen sind zusammengestellt bei Marquardsen, Kommentar S. 19.

das Haus die Kompromißanträge bei der dritten Lesung des Gesetzes am 24. und 25. April 1874 an.

Am 7. Mai 1874 erfolgte die Publikation des Gesetzes, das am 1. Juli 1874 in Kraft trat, während die Einführung in Elsaß-Lothringen einem besonderen Gesetze vorbehalten blieb.

Hat das Reichspreßgesetz auch nicht alle — zum Theil recht hochgespannten — Erwartungen befriedigt, die sich an die Regelung des Preßrechts durch die jugendfrische, von Einheit und Freiheit begeisterte Reichsgesetzgebung geknüpft hatten, so bedeutet es doch für die meisten Gebiete Deutschlands einen wesentlichen Fortschritt gegenüber dem bisherigen Stande der Dinge. Schon die Gewerbeordnung vom 21. Juni 1869 hatte das System der Konzessionen auch für die verschiedenen Preßgewerbe beseitigt; das RPG. ließ auch die richterliche Entziehung der Gewerbebefugniß fallen. Zeitungsstempel-, Kalender- und Inseratensteuer, ebenso die Verpflichtung der politischen periodischen Presse zur Kautionsbestellung, diese theils fiskalischen, theils polizeilichen Belastungen wurden aufgehoben. Das Reichsgesetz beschränkte die Zulässigkeit der Entziehung des Postdebits, milderte den präventiven Charakter der Pflichtexemplare und knüpfte die Zulässigkeit der nichtrichterlichen Beschlagnahme an engumschriebene Bedingungen. Die Schranken des Entgegnungsrechtes (Berichtigungszwang) wurden enger gezogen, enger als zweckmäßig und wünschenswerth gewesen; die strafrechtliche Verantwortlichkeit für Preßdelikte erfuhr manche Milderung. Die Regelung des Plakatwesens und der Verpflichtung zur Abgabe von Freiexemplaren mußte, da alle Versuche, eine Einigung herbeizuführen, erfolglos blieben, der Landesgesetzgebung überlassen werden. Bei seinem Inslebentreten von mancher Seite mißmuthig begrüßt, ist das Reichspreßgesetz heute das Palladium der Preßfreiheit im deutschen Reiche. Und wenn weitere Fortschritte über das Erreichte hinaus derzeit aussichtslos sind, so muß mit um so größerer Entschiedenheit das Errungene fest- und hochgehalten werden.

§. 3.

Das zeitliche Herrschaftsgebiet des Reichspreßgesetzes.

Das Reichspreßgesetz ist am 1. Juli 1874 in Kraft getreten.[1] Der Anfangspunkt seiner Herrschaft bedarf jedoch einer genaueren Bestimmung mit Rücksicht auf die innere Verschiedenheit der einzelnen preßrechtlichen Normen.

I. Die meisten preßpolizeirechtlichen Anordnungen beanspruchen Beachtung von Seiten aller seit dem 1. Juli 1874 *erschienenen* Druckschriften. Es sind dies

1. RPG. §§. 6, 7, 8: Nennung des Druckers, Verlegers, Redakteurs;
2. RPG. §. 9 über die Pflichtexemplare;
3. RPG. §§. 10 u. 11: Verpflichtung zur Aufnahme von amtlichen Bekanntmachungen und Berichtigungen.

Erschienen ist die Druckschrift dort, wo der *Verleger* seinen *geschäftlichen Wohnort* hat.[2]

Ueberſetzungen, Umarbeitungen, Auszüge, neue Auflagen, unveränderte Ausgaben kommen dabei als *selbständige* Druckschriften in Betracht. Die 1880 erscheinende neue Auflage eines vor 1874 zuerst erschienenen Buches fällt unter die Herrschaft des Reichspreßgesetzes.

Dasselbe gilt von den Fortsetzungen eines vor dem

---

[1] RPG. §. 31. | [2] Vgl. unten §. 5 V.

1. Juli 1874 begonnenen Lieferungswerkes, von den späteren Nummern einer vor diesem Augenblicke begründeten Zeitung oder Zeitschrift.[3] Es können demnach die älteren Hefte eines lieferungsweise erschienenen Buches unter der Herrschaft eines der deutschen Partikulargesetze, die spätern unter jener des Reichspreßgesetzes stehen.

Selbstverständlich ist es, daß nur der Zeitpunkt der wirklichen Ausgabe, nicht aber die auf der Druckschrift selbst befindliche Vor- oder Rückdatirung maßgebend sein kann.

Gleichgiltig ist der Zeitpunkt, in welchem die Herstellung der Druckschrift vollendet wurde; ebenso gleichgiltig andererseits der Zeitpunkt, in dem die Verbreitung[4] begonnen hat. Eine vor dem 1. Juli 1874 gedruckte, nach demselben erschienene Druckschrift fällt unter das RPG.; dagegen nicht eine vor demselben erschienene, aber erst nach demselben verbreitete.[5]

II. Für die Anwendbarkeit jener Bestimmungen, welche rein strafrechtlicher Natur sind — es gehören hieher die §§. 20 und 21 über die strafrechtliche Verantwortlichkeit und die §§. 15, 16, 17, durch welche drei neue Preßdelikte geschaffen werden — richtet sich nach dem Zeitpunkt der Begehung der in Frage kommenden Handlungen.[6] Sie haben also Geltung für alle seit dem 1. Juli 1874 begangenen Delikte. Und da die Preßdelikte in dem Augenblicke begangen sind, in dem mit der Verbreitung der Druckschrift begonnen wurde,[7] so ist für diese Anordnungen der Beginn der Verbreitung der kritische Zeitpunkt.[8]

---

[3] Marquardsen S. 76, Liszt S. 37.

[4] Ueber dies. Begriff unten §. 42.

[5] Vgl. v. Schwarze S. 29.

[6] Vgl. OT. v. 4. Mai 1875 (GA. 23 S. 573, OR. 16 S. 333).

[7] Vgl. unten §. 41 I.

[8] Siehe aber noch §. 2 StGB.

III. Die übrigen Bestimmungen des Preßgesetzes — §. 14: Verbot der ferneren Verbreitung, §. 22: Verjährung, §. 23: Beschlagnahme[9] — sind sofort mit dem 1. Juli 1874 anwendbar geworden. Auch früher erschienene, beziehungsweise verbreitete Druckschriften unterliegen ihrer Herrschaft.

§. 4.

Das räumliche Herrschaftsgebiet des Reichspreßgesetzes.

I. Die Einführung des Reichspreßgesetzes in Elsaß-Lothringen bleibt[1] einem besonderen Gesetze vorbehalten.[2] Hier gilt also bis auf weiteres das französische Preßrecht in dem Zustande, in welchem es sich im Augenblicke der Einverleibung dieses Gebietes in das deutsche Reich befand.[3]

II. Das Reichspreßgesetz gilt dagegen in dem ganzen übrigen Gebiete des deutschen Reichs. Dieser Satz bedarf jedoch der Erläuterung.[4]

1. Das des Gegensatzes wegen zu erwähnende, auf der Reichsgewerbeordnung beruhende Preßgewerberecht findet Anwendung auf alle im Inlande betriebenen Preßgewerbe. Der inländische Verkehr mit im Auslande gedruckten und ausgegebenen Schriften richtet sich nach inländischem Rechte; der inländische Drucker muß auch dann dem inländischen Gesetze Genüge leisten, wenn er für einen auswärtigen Verleger arbeitet. Wenn die Landesgesetzgebung

[9] Vgl. unten §. 35 IV.

[1] RPG. §. 31.

[2] Vgl. darüber Marquardsen S. 273 ff., Berner S. 336 ff.

[3] Dargestellt von Kayser in v. Holtzendorff's Jahrbüchern IV. S. 135 ff.

[4] Dazu Liszt S. 40.

dem Verleger die Abgabe von Freiexemplaren auferlegt, so entfällt diese Pflicht nicht etwa, sobald es sich um eine im Auslande gedruckte und vielleicht auch ausschließlich zur Verbreitung im Auslande bestimmte Druckschrift handelt.

2. Die Bestimmungen des Preßpolizeirechts finden im Allgemeinen — so die §§. 6, 7, 8, 9, 10, 11 — auf alle im Inlande erschienenen[5] Druckschriften Anwendung. Maßgebend ist der Wohnort des Verlegers; gleichgiltig auch hier der Ort, an welchem der Druck stattgefunden hat, sowie der Ort, an welchem die Verbreitung stattfinden soll.[6]

3. Dagegen richtet sich der §. 14 RPG. speciell gegen die im Auslande erscheinenden periodischen Druckschriften; nur ihnen gegenüber ist das Verbot der ferneren Verbreitung zulässig.[7]

4. Wenn durch den Inhalt einer Druckschrift ein Delikt begangen wurde, so richtet sich die Anwendbarkeit des inländischen Rechtes (RPG. §§. 20 u. 21) nach den allgemeinen strafrechtlichen Grundsätzen.[8] Das inländische Recht findet Anwendung auf alle im Inlande, unter gewissen Voraussetzungen auch auf im Auslande begangene Delikte; begangen ist das Preßdelikt aber an dem Orte, von welchem aus die Druckschrift verbreitet worden ist;[9] haben nach dem Beginn der Verbreitung noch weitere selbständige Verbreitungsakte stattgefunden, so ist jeder dieser Akte als selbständige Handlung ins Auge zu fassen.[10] Die Staats-

[5] Vgl. unten §. 5 V.

[6] Thilo S. 12, v. Schwarze S. 30.

[7] Ueber die Zulässigkeit der Beschlagnahme vgl. unten §. 35 IV.

[8] StGB. §§. 3 ff.

[9] Vgl. unten §. 41 I.

[10] Vgl. unten §. 41 II.

angehörigkeit der Druckschrift bleibt mithin ganz außer Betracht. Bezüglich der in den §§. 15, 16 u. 17 RPG. behandelten Delikte gelten dieselben Grundsätze.

§. 5.

Das sachliche Herrschaftsgebiet des Reichspreßgesetzes.

Die Druckschrift.

I. In sachlicher Beziehung erstreckt sich das Herrschaftsgebiet des Preßgesetzes auf Druckschriften aller Art. Das Gesetz hat durch eine, allerdings der wissenschaftlichen Ergänzung bedürftige, Legaldefinition[1] den Umfang dieses Begriffes bestimmt, und damit die Grenzen seiner Herrschaft selbst gezogen. Aber nur die Grenzen seiner Herrschaft, der des Preßgesetzes; wenn andere Gesetze, insbesondere die Gewerbeordnung, zur Anwendung gelangen sollen, werden wir den für das Preßgesetz gewonnenen Begriff nicht ohne weiteres zu Grunde legen dürfen.

II. Das Preßgesetz unterscheidet:

1. Druckschriften im engeren Sinne; d. h. die Erzeugnisse der Buchdruckerpresse, charakterisirt durch die unmittelbare oder mittelbare (man denke an die Stereotypirung des Satzes) Herstellung mittelst beweglicher, kunstgerecht zum Satze vereinigter Lettern.

2. Druckschriften im weiteren Sinne; alle andern, durch mechanische oder chemische Mittel bewirkten, zur Verbreitung bestimmten Vervielfältigungen von Schriften und bildlichen Darstellungen mit oder ohne Schrift, und von Musikalien mit Text oder Erläuterungen.

---

[1] RPG. §. 2.

Im Einzelnen gehört also zur Druckschrift im weiteren Sinne:

a) Als Objekt der Vervielfältigung:[2] Schriften, bildliche Darstellungen mit oder ohne Schrift und Musikalien mit Text oder Erläuterungen.

b) Vervielfältigung durch chemische oder mechanische Mittel. Darin liegt einerseits der Gegensatz zu der mehr oder weniger freien Reproduktion, Nachbildung, Nachschöpfung, welcher, wenn auch von dem Vorbilde inspirirt, der Reproduzent von seinem Geiste einhaucht; andererseits die Hinweisung auf eine Technik des Verfahrens, welche die gleichzeitige oder succesive Herstellung einer Vielheit von Exemplaren ermöglicht. Verkehrt wäre es, die zum Begriffe der „Vielheit" erforderliche Zahl von gewinnbaren Exemplaren ziffermäßig feststellen zu wollen. Gleichgiltig ist die Beschaffenheit des verarbeiteten Materiales, sowie die Art der vervielfältigenden Technik.

Beispiele: Vervielfältigung auf dem Wege der Photographie, Phototypie, Chemitypie, Glyphographie, Galvanographie, Daguerrotypie, Stereoskopie, des Hektographen, des Holz- oder Steindrucks, Kupfer- oder Stahlstichs, der Kopirmaschine oder des Durchdrucks, des Prägens oder Gießens, der Anwendung von Schablonen u. s. w.

c) Die Vervielfältigungen müssen zur Verbreitung[3] bestimmt sein. Daß sie verbreitet worden, oder daß auch nur ein Versuch sie zu verbreiten unternommen,

---

[2] Vgl. unten IV.

[3] Ueber diesen Begriff unten § 42.

ist zum Begriff der Druckschrift (allerdings aber zu dem des Preßdeliktes)[4] nicht erforderlich; aber eine nicht zur Verbreitung bestimmte Schrift kann wohl eine gedruckte Schrift, aber keine Druckschrift sein.

III. An dem letzterwähnten Erfordernisse werden wir aber, mag der Gesetzgeber es auch nur bezüglich der Druckschriften im weiteren Sinne ausdrücklich[5] aufgestellt haben, auch dann festhalten müssen, wenn es sich um ein Erzeugniß der Buchdruckerpresse, eine Druckschrift im engeren Sinne handelt. Der Buchdruckerlehrling, der, um sich zu üben, die von ihm oder andern gesetzten Lettern unter die Presse bringt, bedruckt Papiere, aber er stellt keine Druckschrift her. Die Richtigkeit dieser, übrigens von keiner Seite ernstlich angefochtenen, Interpretation wird indirekt auch durch verschiedene Aeußerungen des Gesetzes selbst[6] bestätigt.

IV. Aber noch ein Weiteres müssen wir in den Begriff der Druckschrift im Sinne des Preßgesetzes aufnehmen, was das Gesetz selbst nicht ausdrücklich ausgesprochen hat. Das Preßgesetz setzt die Schranken der Preßfreiheit und die Haftung für den Mißbrauch derselben fest, indem sie gerade dadurch dem an sich negativen Begriffe der Preßfreiheit positiven Inhalt gibt. Preßfreiheit aber ist das Recht, innerhalb der gesetzlichen Schranken und unter der gesetzlichen Verantwortlichkeit die eigenen Gedanken in Druckschriften frei zu äußern. Wo keine Gedankenäußerung vorliegt, kann das Preßgesetz keine Anwendung finden. Das scheint selbstverständlich, bedarf aber dennoch der Erläuterung. Um

[4] Vgl. unten §. 40 III.

[5] Stillschweigend hat er es gethan, indem er durch die Worte „sowie alle andern" die Erzeugnisse der Buchdruckerpresse nur als wichtigste Gruppe der Druckschriften bezeichnet.

[6] RPG. §§. 21, 22, 27.

den Begriff der Preßfreiheit zu erschöpfen, müssen wir den der Gedankenäußerung im weitesten Umfange nehmen. Auch der Maler, auch der Bildhauer spricht zur Menge; das Gemälde, die Statue sind seine Sprache; ihre Vervielfältigung unterliegt dem Preßgesetze. Es darf uns nicht beirren, daß es nicht immer ein klarer Gedanke ist, den das Gemälde, den das Bildwerk aussprechen soll; daß vielleicht der klar gedachte Gedanke unklar zum Ausdrucke gebracht ist in der starren, todten Materie, deren er zu seiner Versinnlichung bedurfte; daß die Sprache, die Bild und Statue sprechen, einmal universell ist und dann wieder so eigenthümlich, daß der Gebildete sie anders versteht als der Ungebildete, das Kind des 19. Jahrhunderts anders als der Grieche aus dem Zeitalter des Perikles; denn — ist es bei der eigentlichen Sprache nicht ebenso? Eine leichte, elegante Umgangssprache für die Gebildeten neben der derben, plastischen Sprache des Volkes; todte Sprachen, die heute nur der Hochgelehrte versteht, und das erste Lallen der kindlichen Volksseele; ein manirirtes Rothwälsch, das nur das eingeweihte Mitglied einer geschlossenen Clique spricht, neben dem schlichten Ausdrucke ewiger Wahrheit — finden wir sie nicht hier wie dort? Auch die vom Tondichter ausgesprochenen Gedanken, zu Papier gebracht, in Notenschrift fixirt, vervielfältigt und als „Musikalien" zur Verbreitung bestimmt, würden an sich unter das Preßgesetz fallen; aber der Gesetzgeber hat sich gescheut, diese Sprache mehr des Herzens als des Verstandes, diese Entäußerung mehr von Gefühlen als von Gedanken, der eigentlichen Sprache gleichzustellen; erst der „Text" oder die „Erläuterungen" machen nach seiner Ansicht die Musikalien zu „Druckschriften".

Daraus ergibt sich eine Konsequenz von größter praktischer Bedeutung: wo eine Gedankenäußerung in dem eben besprochenen weiten Sinne nicht vorliegt, da kann auch die Vervielfältigung keine Druckschrift herstellen. Küchengeschirr und Hausgeräthe aller Art, Spielkarten[7] und Eisenbahnaktien, Staatsnoten und Geldstücke u. s. w. u. s. w. — mögen sie auch mit beweglichen Lettern gedruckt, durch Prägen, Gießen u. dgl. gewonnen sein — sind keine Druckschriften. Nicht die Art der Vervielfältigung allein, sondern auch und zuerst die Natur des vervielfältigten Objektes ist für das Vorliegen dieses Begriffes von maßgebender Bedeutung. Ist dieses Objekt das Lichtbild irgend einer Person oder eines Gegenstandes der leblosen Natur, oder ist es der Wachsabdruck von dem Antlitz eines Verstorbenen — dann kann die Art der Vervielfältigung, z. B. die Photographie, keine „Druckschrift" schaffen, wo die Gedankenäußerung fehlt. Solche Photographien können unter das Strafgesetz, aber nicht unter das Preßgesetz fallen;[8] oder bedeutet Preßfreiheit das Recht, sich und Andere zu photographiren oder sich photographiren zu lassen?

V. Noch Eines muß hinzukommen, um den Begriff der Druckschrift zu erfüllen. Sie muß erscheinen, muß ausgegeben sein. Das Ausgeben der Druckschrift ist die charakteristische Thätigkeit des Verlegers. Worin diese besteht, läßt sich juristisch schwer definiren.[9] Sie unterscheidet sich einerseits von der Herstellung der Druckschrift, dem Drucken, Heften, Einschlagen, Binden derselben; andererseits von dem Verbreiten[10] der Druckschrift, dem Zugänglich-

[7] So übereinstimmend die Kommentatoren. Vgl. auch unten §. 19 II.

[8] Anderer Ansicht die Kommentatoren.

[9] Vgl. unten §. 9.

[10] Vgl. unten §. 42 IV.

machen für das Publikum; sie bedeutet das Vermitteln zwischen diesen beiden Thätigkeiten. Erst die ausgegebene Druckschrift ist eine Druckschrift; der Ort der Ausgabe bestimmt ihre Staatsangehörigkeit,[11] so daß die in Frankreich ausgegebene, wenn auch nur in Deutschland verbreitete Druckschrift eine französische ist und unter der Herrschaft des französischen Preßrechtes steht; die Zeit der Ausgabe bestimmt das Datum ihrer Geburt,[12] so daß die nach dem 1. Juli 1874 ausgegebene, wenn auch vor demselben hergestellte Druckschrift den Anordnungen des Reichspreßgesetzes entsprechen muß. Sollte im Einzelfalle die Frage, wo oder wann die Ausgabe erfolgte, zweifelhaft sein, so werden Sachverständige dieselbe wohl ohne Schwierigkeit zu beantworten im Stande sein. Im Allgemeinen werden wir daran festzuhalten haben, daß die Druckschrift an dem Verlagsorte erschienen ist. Verlagsort ist aber der Ort,[13] an welchem die Verlagshandlung sich befindet, an welchem der Verleger seine Thätigkeit als Verleger ausübt, an welchem er eben darum — wenigstens in Bezug auf die Verlagshandlung — seinen geschäftlichen Wohnsitz hat.

§. 6.

Fortsetzung. Die periodische Druckschrift.

I. Aus der großen Masse der Druckschriften tritt die periodische Presse, der „Pulsschlag des Zeitgeistes“, wie Berner sie genannt hat,[1] hervor durch Bedeutung und Einfluß, wie durch die ihrer Macht entsprechende Verant-

[11] Vgl. oben §. 4 II 2.
[12] Vgl. oben §. 3 I
[13] Vgl. unten §. 22 IV.
[1] Vgl. Berner S. 207.

wortlichkeit für den Mißbrauch derselben. Eine Reihe von gesetzlichen Bestimmungen, die theils präventiven, theils repressiven Charakter tragen, hat die periodische Presse im Auge.

II. Die Reichsgesetzgebung hat sich daher veranlaßt gefunden, auch den Umfang dieses Begriffes gesetzlich zu umgrenzen. Nach der Legaldefinition[2] fallen unter den Begriff der periodischen Druckschrift

> Zeitungen und Zeitschriften, welche in monatlichen oder kürzeren, wenn auch unregelmäßigen Fristen erscheinen.

Maßgebend ist demnach einzig und allein die periodische Wiederkehr des Erscheinens; liegt ja doch gerade in ihr die Macht der Zeitungspresse. Gleichgiltig ist es, ob die Druckschrift in Blättern (Zeitung), ob sie in Heften (Zeitschrift) erscheint; wenn nur die Frist zwischen dem Erscheinen der einzelnen Nummern den vom Gesetze fixirten Zeitraum nicht überschreitet.[3] Gleichgiltig ist ferner der Inhalt der Druckschrift: die politische Tagespresse und die wissenschaftlichen Fachblätter fallen gleicherweise unter das Gesetz. Dasselbe gilt bezüglich der Form: auch Plakate, welche in monatlichen oder kürzeren Fristen Tagesnachrichten zur allgemeinen Kenntniß bringen, müssen hieher gerechnet werden.[4]

Den Gegensatz zur periodischen Druckschrift bietet das Lieferungswerk. Gemeinsam hat es mit jener, daß es

---

[2] RPG. §. 7.

[3] Ueber den, praktisch nicht mehr bedeutenden Unterschied zwischen Zeitungen und Zeitschriften vergl. Thilo S. 22, v. Schwarze S. 26, Berner S. 207, Kayser S. 580.

[4] OT. 4. Dezbr. 1868 (OR. 9. S. 701).

in einzelnen Nummern oder Heften erscheint; es unterscheidet sich von ihr durch den unselbständigen Charakter der durch den Plan der Anlage zu einem Ganzen verbundenen Abtheilungen. Im Lieferungswerke liegt begrifflich der Abschluß, das Ende, mit dem das Werk als solches erst in die Welt tritt; in der periodischen Druckschrift dagegen das Unbegrenzte, der Anspruch auf ewige Dauer, die der einzelnen Nummer den Charakter eines selbständigen Gliedes in einer endlosen Kette verleiht.

Die einzelne periodische Druckschrift kann ihre Pertinenzen haben, deren juristisches Leben an das des Hauptblattes gebunden ist: die Beilagen. Sie führen begrifflich eine unselbständige Existenz; der Redakteur des Hauptblattes haftet (von besonderen Bestimmungen abgesehen) auch für sie; das Verbot des Hauptblattes trifft sie mit u. s. w. Diese Abhängigkeit vom Hauptblatte gehört so sehr zum Wesen der Beilage, daß, wo sie fehlt, auch nicht von einer solchen gesprochen werden kann. Wann dies der Fall, muß nach der konkreten Sachlage beurtheilt werden; gleichzeitige und gemeinsame Ausgabe, ungesondertes Abonnement werden im Allgemeinen als sichere Kennzeichen der Beilagenqualität betrachtet werden können.

III. Die periodischen Druckschriften sind zunächst den allgemeinen preßrechtlichen Anordnungen, welche alle Druckschriften überhaupt treffen, unterworfen; es gelten für sie aber außerdem noch eine Reihe von Sonderbestimmungen. Diese sind:

1. die Verpflichtung zur Nennung des Namens und Wohnortes des verantwortlichen Redakteurs (RPG. §. 7);[5]

---

[5] Vgl. unten §. 24.

2. die Verpflichtung zur Abgabe von Pflichtexemplaren (RPG. §. 9);[6]
3. die Verpflichtung zur entgeltlichen Aufnahme amtlicher Bekanntmachungen (RPG. §. 10);[7]
4. die Verpflichtung zur Aufnahme von Berichtigungen (RPG. §. 11);[8]
5. die Zulässigkeit des Verbots ihrer ferneren Verbreitung (RPG. §. 14);[9]
6. Präsumption der Thäterschaft des Redakteurs (RPG. §. 20);[10]
7. Verantwortlichkeit des Redakteurs wegen Vernachlässigung der pflichtgemäßen Sorgfalt (RPG. §. 21).[11]

IV. Die lithographirten, autographirten, metallographirten, durchschriebenen Korrespondenzen haben seit ihrem ersten Auftauchen, ungefähr um 1830, eine damals ungeahnte Entwickelung und Bedeutung erlangt.[12] Als „Urzeitungen", „kopflose Zeitungen", im Volksmunde wohl auch „Waschzettel" genannt, gehen sie, politische Artikel und Feuilletons, die neuesten Telegramme und die ältesten Meidinger enthaltend,[13] täglich und wöchentlich an Hunderte von kleinen Lokalblättern ab, deren Redaktion nichts zu thun hat, als die eingelaufenen Inserate und Stadtneuigkeiten anzuhängen und das nunmehr fertige Manuskript in die Druckerei zu schicken.

---

6 Vgl. unten §. 26.
7 Vgl. unten §. 27.
8 Vgl. unten §§. 28 bis 30.
9 Vgl. unten §§. 31 f.
10 Vgl. unten §§. 49 f.
11 Vgl. unten §§. 51 f.
12 Vgl. Wuttke, die deutsch. Zeitschriften und die Entstehung der öffentl. Meinung. 3. Aufl. 1875 S. 115; auch bei Berner S. 243.
13 Um „lithographirte Landtagsberichte" allein (v. Schwarze S. 46) handelt es sich längst nicht mehr.

Die Reichsgesetzgebung hat die früher vielfach besprochene Frage,[14] ob diese Korrespondenzen als „Zeitungen" zu betrachten seien, dahin entschieden,[15] daß sie, wenn ausschließlich an Redaktionen verbreitet, den für periodische Druckschriften getroffenen Bestimmungen nicht unterliegen. Damit ist die, dieser Frage zugrundeliegende, Kontroverse nicht erledigt, ob die Korrespondenzen, wenn auch nicht als periodische, so doch überhaupt als Druckschriften angesehen und behandelt werden könnten. Maßgebend für die Entscheidung dieser Kontroverse muß das Resultat der in jedem einzelnen Falle anzustellenden Untersuchung sein, ob sie, im Sinne des §. 2 Reichspreßgesetz, „zur Verbreitung bestimmt"[16] sind oder nicht. Steht das Abonnement einer jeden Redaktion offen, die sich zu demselben meldet, so ist dieses Merkmal gegeben, der Begriff der Druckschrift mithin anwendbar.[17]

§. 7.

Das persönliche Herrschaftsgebiet des Reichspreßgesetzes.

I. Die Herrschaft des Reichspreßgesetzes erstreckt sich auf alle dem Reichsrechte überhaupt unterworfenen Personen.

II. Unberührt bleiben alle jene Vorschriften, welche,

---

[14] Vgl. OT. v. 12. Mai 1865 (GA. 13 S. 577, 583; OR. 6 S. 115); Hartmann S. 54, Barth S. 34.

[15] RPG. §. 13.

[16] Darüber unten §. 42.

[17] Die Kommentatoren sind verschied. Ansicht. v. Schwarze S. 46 hält sie allgemein für Druckschriften; Berner bekämpft S. 244 die cit. Entsch. des OT., gelangt aber S. 245 zu demselben Resultate wie v. Schwarze; Thilo S. 45 ebenso, und zwar im Anschlusse an dieselbe Entscheidung; Marquardsen S. 91 berührt die Frage nicht.

im Interesse des internen Dienstes, die freie Meinungsäußerung in Druckschriften weiteren Einschränkungen unterwerfen,[1] mögen diese in Gesetzen oder Verordnungen, in Partikularpreßgesetzen[2] oder in Disziplinarstatuten enthalten sein. Immer aber können diese Anordnungen nur mehr als Disziplinarvorschriften in Betracht kommen, Uebertretungen derselben daher auch immer nur im Disziplinarwege geahndet und nie als kriminelle Delikte (Strafsachen im eigentlichen Sinne des Wortes) betrachtet werden.

III. Theilweise Befreiungen von der Herrschaft des Preßgesetzes finden sich theils in diesem, theils in anderen Gesetzen ausgesprochen. Sie werden am geeigneten Orte Erwähnung finden.[3]

IV. Die modernen Preßgesetze haben regelmäßig aus dem großen Kreise derjenigen Personen, welche in irgend einer Weise, sei es durch geistige, sei es durch rein körperliche Mitwirkung, an Herstellung, Ausgabe und Verbreitung einer Druckschrift und der durch dieselbe vermittelten Gedankenäußerung betheiligt sind, gewisse Personen wegen ihrer regelmäßigen und intensiveren Mitwirkung besonders hervorgehoben. Sie verlangen die Nennung ihres Namens auf der Druckschrift selbst, oder legen ihnen besondere den preßpolizeilichen Anordnungen korrespondirende Verpflichtungen auf, oder ziehen dieselben in einer weit über die allgemeinen Grundsätze der strafrechtlichen Schuldlehre hinausreichenden Weise zur Haftung heran, wenn es sich um

---

[1] Vgl Thilo S. 26, v. Schwarze S. 31, Kayser S. 583, Liszt S. 55.

[2] Als Beispiel sei erwähnt §. 22 des preuß. Preßges. vom 12. Mai 1851, welcher die Uebernahme von Redaktionen durch Militärpersonen oder Beamte von der Erlaubniß der vorgesetzten Dienstbehörde abhängig macht.

[3] Vgl. unten §. 20 II u. §. 45.

die Bestrafung eines begangenen Preßdeliktes handelt. Die von der Reichsgesetzgebung in dieser Weise ausgezeichneten Personen sind: Drucker, Verleger, Verbreiter, Herausgeber, Redakteur.

§. 8.

Fortsetzung. 1. Der Drucker.

I. Nach der Terminologie unseres Preßgesetzes ist Drucker diejenige Person, welche eine Druckschrift im Sinne des Preßgesetzes[1] herstellt. Der Begriff des Druckers reicht daher ebensoweit wie jener der Druckschrift; hier wie dort haben wir einen engeren und einen weiteren Begriff zu unterscheiden. Nicht maßgebend ist dagegen die Auffassung der Gewerbeordnung, welche[2] gewisse mit der Herstellung von Preßerzeugnissen beschäftigte Gewerbe (Buch- und Steindrucker) besonders aufzählt, um ihnen die Verpflichtung zur Anzeige ihres Geschäftslokales aufzuerlegen. Der Begriff des „Druckers" im Sinne des Preßgesetzes umfaßt bedeutend mehr als die in der Gewerbe-Ordnung genannten Druckereigewerbe.

II. Irrelevant ist für den Begriff des Druckers:

1. Die Gewerbsmäßigkeit der Herstellung, wenn diese auch regelmäßig vorliegen wird. Verpflichtung und Haftung trifft den nichtgewerbsmäßigen Drucker ebenso wie den Gewerbsmann.
2. Die Entgeltlichkeit der Herstellung.
3. Die Legitimität derselben. Selbst wenn die Herstellung der betreffenden Druckschrift ein Delikt be-

[1] Vgl. oben §. 5.

[2] Vgl. unten §. 14 II.

gründen sollte, muß Name und Wohnort des Druckers auf derselben genannt sein, trifft ihn die strafrechtliche Verantwortlichkeit für den Inhalt.

III. Die Gewerbsmäßigkeit vorausgesetzt, ist Drucker im Sinne des Gesetzes nicht Jeder, der an der Vervielfältigung der Schrift oder der bildlichen Darstellung Theil nimmt, nicht der einzelne Arbeiter, der Setzer, der Korrektor, sondern regelmäßig der Inhaber der Druckerei, der aber nicht nothwendig zugleich Eigenthümer derselben zu sein braucht, sondern auch Pächter des Geschäftes sein kann.[3] Besonderer Erwähnung bedarf der Fall, wenn der Betrieb der Druckerei in der Hand eines Stellvertreters[4] ruht. Die Bestellung eines solchen ist zulässig, soweit es sich um den stehenden Betrieb des Druckergewerbes handelt.[5] Die Stellung, welche Gewerbsmann und Stellvertreter dem Gesetze gegenüber einnehmen, ist aber eine verschiedene je nach der Verschiedenheit der in Frage stehenden gesetzlichen Bestimmungen.

1. Bei Uebertretungen der in der Gewerbe-Ordnung gegebenen polizeilichen Anordnungen durch den Stellvertreter trifft die Strafe in erster Linie diesen; wenn die Uebertretung mit Vorwissen des verfügungsfähigen Vertretenen begangen worden, verfallen beide der gesetzlichen Strafe.

2. Wenn es sich dagegen um Uebertretungen von preßpolizeilichen Normen, oder aber um die Verantwortlichkeit für die durch den Inhalt der Druckschrift begangenen

---

[3] OT. v. 20. Septbr. 1872 (GA. 20 S. 602); v. Schwarze S. 17, Thilo S. 13, Marquardsen S. 65, Berner S. 195, Liszt S. 74.

[4] Vgl. unten §. 20 V.

[5] Gew.Ordg. §§. 45 und 62; vgl. unten §. 14 V, §. 15 III.

Preßdelikte handelt, kann immer nur derjenige zur Strafe gezogen werden, der thatsächlich den Gewerbebetrieb leitet,[6] mag er als „Stellvertreter" aufgestellt sein, oder nicht, mag die Ueberlassung des Betriebes an einen Stellvertreter gesetzlich zuläßig oder aber ausdrücklich untersagt sein. Den Inhaber des durch einen Dritten betriebenen Gewerbes trifft hier die Verantwortlichkeit nur dann, wenn auf seiner Seite ein Verschulden (Vorsatz oder Fahrlässigkeit) vorliegt; das „Vorwissen" als solches ist nicht genügend, die Bestrafung herbeizuführen. Da nun nach dem heutigen Stande der Kriminalgesetzgebung, soweit Ausnahmen nicht besonders angeordnet sind, immer nur eine einzelne physische Person zur Verantwortung gezogen werden kann, ist die Aufstellung eines Stellvertreters in allen jenen Fällen nothwendig, in welchen eine Personenmehrheit Inhaberin des Gewerbes ist.

3. Das Reichspreßgesetz verlangt,[7] daß auf der Druckschrift der Name und Wohnort des Druckers beziehungsweise dessen Firma genannt werde. Wie sich aus der Gestattung der Firmennennung ergibt, will das Gesetz durch diese Anordnung nicht sowohl die Person des Druckers (Verlegers) als vielmehr die Offizin konstatirt wissen, in welcher die Herstellung der Druckschrift erfolgte. Dieser Tendenz des Gesetzes wird nur dann entsprochen, wenn immer der Inhaber des Gewerbes, der Gewerbsmann selbst, namhaft gemacht wird, mag dieser ein Einzelner oder eine Kollektivpersönlichkeit, mag ein Stellvertreter bestellt sein oder nicht. Durch die Nennung des Inhabers wird die Haftung des Stellvertreters nicht berührt.

---

[6] Vgl. RPG. §. 21; unten §. 51 I.

[7] RPG. §. 6; vgl. unten §. 22 IV.

IV. Es können auch mehrere Druckereien an der Herstellung derselben Druckschrift betheiligt sein. Dann ist dem Preßgesetze gegenüber ihr Verhältniß zu dem Besteller das maßgebende. Wir haben dabei zwei Fälle auseinander zu halten.

1. Hat eine Firma den Druck übernommen, diesen aber auf eigene Rechnung und Gefahr an andere Firmen weiter vergeben, so kommt nach Außen hin nur jene in Betracht; nur der Geschäftsleiter jener Firma ist „Drucker" im Sinne des Preßpolizei- und Preßstrafrechts und haftet für die aus Anlaß der Herstellung der Druckschrift, sowie für die durch den Inhalt derselben begangenen Delikte; nur sein Name und sein Wohnort sind daher auf der Druckschrift zu nennen.

2. Wenn dagegen mehrere Firmen den Druck verschiedener Abtheilungen derselben Schrift übernommen haben, so ist jede Firma „Drucker" im gesetzlichen Sinne für den von ihr übernommenen Theil[8] und trägt für diesen die Verantwortlichkeit. Dieses Verhältniß muß auch in den auf der Druckschrift selbst gemachten Angaben nach Außen hin zum Ausdrucke kommen.

Das Gleiche (1 und 2) muß aber auch für den Fall gelten, wenn mehrere selbständige Etablissements desselben Druckers (auch das Zweig-, nicht aber das Nebenetablissement gehört hieher) den Druck besorgen. Auch hier kann nur entweder 1. ein Etablissement nach Außen hin den ganzen Druck allein übernehmen; oder aber 2. eine Vertheilung trennbarer Abschnitte unter die einzelnen Etablissements erfolgen. Im

[8] v. Schwarze S. 17, Marquardsen S. 65, Berner S. 196, Liszt S. 75.

ersten Falle haftet das eine Etablissement allein für die ganze Druckschrift, im zweiten haftet jedes der betheiligten Etablissements für den von ihm übernommenen Theil derselben.

V. Der Name des Druckers muß auf der Druckschrift genannt sein, ebenso sein Wohnort;[9] für Nichtnennung oder falsche Angabe kann der Drucker zur Verantwortung gezogen werden;[10] er haftet endlich unter Umständen auch für den Inhalt der Druckschrift, auch wenn ihm nur Fahrlässigkeit zur Last fällt.[11]

VI. Wenn das Preßgesetz vom „Drucker“ spricht, ist mithin nicht immer dieselbe Person gemeint; die gesetzlichen Anordnungen können sich bald auf den Inhaber der Druckerei, bald auf den dieselbe leitenden Stellvertreter beziehen. Dabei ist aber festzuhalten, daß unser Preßrecht zwar einen „verantwortlichen“ Redakteur, aber keinen „verantwortlichen“ Drucker kennt. Mit anderen Worten: während die Haftung des verantwortlichen Redakteurs bedingt ist durch die, mit der Nennung als solcher auf der Druckschrift erfolgende, ausdrückliche Uebernahme der Verantwortlichkeit, so daß eine auf der Druckschrift nicht genannte Person zwar Redakteur, aber nie verantwortlicher Redakteur sein kann;[12] ist für die Verantwortlichkeit des Druckers eine solche Nennung weder erforderlich, noch genügend. Auch der nichtgenannte Drucker haftet, wenn er thatsächlich „Drucker“ ist, und der genannte haftet nicht, wenn er nichts mit dem Drucke zu thun gehabt hat.

---

[9] Unten §. 22.
[10] Unten §. 25.
[11] Unten §. 51.
[12] Vgl. unten §§. 49 I u. 51 I.

§. 9.

2. Der Verleger.

I. *Verleger* ist derjenige, *der* die *Druckschrift* — das Wort auch hier in dem uns bekannten weiteren Sinne genommen — *erscheinen läßt*.

Dieser scheinbar so einfache und thatsächlich im konkreten Falle durch Sachverständige leicht feststellbare Begriff bietet der juristischen Definition große Schwierigkeiten. Wir werden — für den Normalfall wenigstens — zwei Stadien in der Thätigkeit des Verlegers zu unterscheiden haben.

1. Seine *Thätigkeit bis zur abgeschlossenen Herstellung* der Druckschrift. Hier ist er die Mittelsperson zwischen dem Verfasser und dessen eigenem Werke. Er erwirbt das Manuskript, berechnet die geschäftlichen Konjunkturen, veranlaßt die Drucklegung. Unter seiner Leitung wird der Gedanke des Verfassers zur Druckschrift.

2. Mit der Fertigstellung der Druckschrift ist aber seine Thätigkeit nicht beendet. *Unter seiner Führung, seinem Namen tritt die Druckschrift in die Welt.* Wie früher zwischen den Verfasser und den Drucker, so tritt er jetzt vermittelnd zwischen den Drucker und den Verbreiter. Er ist es nicht — begrifflich ist dies wenigstens nicht nothwendig — der die Druckschrift dem Publikum zugänglich macht; aber er ermöglicht diese den Verbreiter charakterisirende Thätigkeit; er öffnet der Druckschrift die Thür zum Austritt in die Welt, in die der Verbreiter sie einführt.

II. Irrelevant ist auch hier[1]

[1] Vgl. oben §. 8 II.

1. die Gewerbsmäßigkeit;
2. die Entgeltlichkeit;
3. die Legitimität der Verlagsthätigkeit.

Der Verleger im Sinne des Civilrechts und der im Sinne des Preßrechts sind nicht nothwendig identische Personen. Auch die Verlegung einer Schrift mit Verletzung des Autorrechts, auch die Verlegung einer Schrift bezüglich deren ein Autorrecht gar nicht besteht, ist Verlagsthätigkeit im Sinne des Preßrechts und begründet die hier normirten Pflichten, die hier bestimmte Verantwortlichkeit.[2]

Ebensowenig kann es einen Unterschied machen, ob der Verleger auf eigene oder auf fremde Rechnung und Gefahr den Verlag übernommen hat; auch der Kommissions-Verleger ist Verleger, während der Kommissionär, die Mittelsperson zwischen dem Verleger und dem Sortimentsbuchhändler sowie dieser selbst nur als Verbreiter in Betracht kommen.

Sowie der Verleger zugleich Verbreiter der von ihm oder anderen verlegten Druckschriften („Verlags- und Sortimentsbuchhandlung") sein kann, ebenso können Verfasser und Verleger, oder Herausgeber und Verleger dieselbe Person sein. Dies ist der Fall des Selbstverlages, der juristisch keine anderen Eigenthümlichkeiten bietet, als daß Verfasser oder Herausgeber nunmehr auch die Pflichten des Verlegers übernehmen.

III. Auch für den Verleger gilt dasselbe, was oben[3] für den Drucker bezüglich der Stellung des Inhabers oder Pächters des Gewerbes, des Stellvertreters, bez. der

---

[2] v. Schwarze S. 18, Berner S. 197, Kayser S. 576; OT. 27. Febr. 1856 (GA. 4 S. 378); 17. Juni 1863 (GA. 11 S. 20); Liszt S. 77.

[3] §. 8 III u. IV.

Firma, sowie bezüglich der Betheiligung mehrerer Firmen an der Verlegung derselben Druckschrift bemerkt wurde.

IV. Auch der Name des Verlegers muß (scheinbar allerdings nicht immer) auf der Druckschrift genannt sein (RPG. §. 6);[4] auch er haftet wegen Nichtnennung der zu nennenden Personen oder wegen falscher Angaben (RPG. §§. 18 und 19), insbesondere dann, wenn er es wissentlich geschehen läßt, daß auf der Druckschrift eine Person fälschlich als Redakteur benannt wird;[5] er hat für die Ablieferung der Pflichtexemplare Sorge zu tragen (RPG. §. 9)[6] und kann endlich wegen des Inhaltes der Druckschrift zur Verantwortung gezogen werden (RPG. §§. 20, 21).[7]

V. Auch hier, wie bei dem Drucker,[8] sind einzig und allein die thatsächlichen Verhältnisse und nicht die etwa von diesen abweichenden Angaben auf der Druckschrift maßgebend; auch nach einem „verantwortlichen“ Verleger würden wir vergeblich in unserer Preßgesetzgebung suchen.

§. 10.

3. Verbreiter und 4. Herausgeber.

I. Der Verbreiter.

Verbreiter ist derjenige, welcher die Druckschrift unter das Publikum bringt, sie demselben zugänglich macht.[1] Sowie die Verbreitung der Druckschrift

---

[4] Vgl. unten §. 22.
[5] Vgl. unten §. 25.
[6] Vgl. unten §. 26.
[7] Vgl. unten §. 51.
[8] Vgl. oben §. 8 VI.
[1] Ueber den Begriff der Verbreitung vgl. unten §. 42.

aus einer vielleicht ganz unübersehbaren Anzahl von einzelnen Akten bestehen kann, so ist die Thätigkeit des Verbreiters auch ihrer äußeren Erscheinungsform nach eine außerordentlich vielgestaltete. Der seßhafte Sortimentsbuchhändler gehört hieher wie der Hausirer, der Zeitungsausrufer wie der mit Annoncen beklebte Dienstmann.

Entgeltlichkeit und Legitimität sind auch hier ebensowenig erforderlich, wie Gewerbsmäßigkeit[2] der Verbreitung.[3] Doch kann auch die Verbreitung gewerbsmäßig betrieben werden; in diesem Falle kommen die oben §. 8 unter III und IV besprochenen Grundsätze auch hier zur Anwendung.

Der Verbreiter haftet für den Inhalt der von ihm verbreiteten Druckschrift; er hat, soweit ihm die Druckschrift nicht auf dem Wege des Buchhandels zugekommen ist,[4] die Anwendung der pflichtgemäßen Sorgfalt zu beweisen;[5] er kann als Thäter für die durch Verbreitung der Druckschrift gesetzte Begehung des in derselben enthaltenen Preßdeliktes zur Verantwortung gezogen werden, wenn er den ganzen Thatbestand des betreffenden Deliktes nach seiner subjektiven wie nach seiner objektiven Seite hin reproduzirt;[6] es kann endlich in der Verbreitung an sich, ohne jede Rücksicht auf den Inhalt der Druckschrift, ein besonderes Preßpolizeidelikt gelegen sein, wenn es sich um eine verbotene oder in Beschlag genommene Druckschrift handelt.[7]

Im Uebrigen ist das oben in §. 8 unter II, III, IV und VI Gesagte auch hier zu vergleichen.

---

[2] Vgl. RPG. §. 5 u. §. 21.
[3] Vgl. oben §. 8 II.
[4] RPG. §. 21 letzter Satz.
[5] Vgl. unten §. 51.
[6] Vgl. unten §. 42 II.
[7] Vgl. unten §§. 32, 33, 38.

II. Der Herausgeber.

Herausgeber[8] ist nach der von dem Reichspreßgesetze festgehaltenen Terminologie derjenige, welcher das Erscheinen einer nichtperiodischen Druckschrift vermittelt.[9] Er versieht hier dieselben Funktionen, die bezüglich der periodischen Druckschriften dem Redakteur obliegen. Dem Verleger gegenüber nimmt er eine analoge Stellung ein wie der Verfasser; durch die unmittelbare Thätigkeit des Verlegers, die mittelbare des Herausgebers tritt die Druckschrift in die Außenwelt. Er repräsentirt den Verfasser, wenn dieser vor dem Publikum aufzutreten sich scheut und mit dem Schilde der Anonymität sich decken will; er rückt in die Stelle des verstorbenen Verfassers ein, wenn nachgelassene Manuskripte herausgegeben oder früher schon erschienene Druckschriften neu aufgelegt werden sollen; er ersetzt den fehlenden Verfasser bei Werken, die einen Verfasser im technischen Sinne nicht aufweisen können, die aus einer größeren Anzahl kleiner von verschiedenen Verfassern herrührender Beiträge bestehen und erst durch ihre Vereinigung in demselben Werke vermehrte Bedeutung, erhöhten Werth erlangen, wie bei lexikalischen Arbeiten, Anthologien, Sammelwerken aller Art, bei nichtperiodischen Anzeige- oder Intelligenzblättern[10] u. s. w. Es ist daher begrifflich nicht nothwendig,[11] mag es auch thatsächlich meist der Fall sein, daß der Inhalt der heraus-

[8] Berner S. 198, Kayser S. 579, v. Schwarze S. 20, Thilo S. 16.

[9] Vgl. OT. 17. Juni 1863 (GA. XI S. 617).

[10] OT. 18. Juni 1863 (GA. XI S. 707).

[11] A. A. Thilo S. 16.

gegebenen Schrift dem Herausgeber gegenüber ganz oder doch zum Theile als fremdes Geistesprodukt sich darstelle; der Verfasser kann, um unerkannt zu bleiben, sich in Bezug auf sein eigenes Werk als Herausgeber bezeichnen.

Name und Wohnort des Herausgebers muß nur dann auf der Druckschrift genannt sein,[12] wenn weder der Verleger, noch — beim Selbstvertriebe der Druckschrift — der Verfasser auf derselben genannt ist.[13] In diesem Falle haftet er auch[14] wegen Nichtbeachtung dieser Vorschrift. Wegen des Inhaltes der Druckschrift kann der Herausgeber, ebenso wie der Verfasser, nur nach allgemein strafrechtlichen Grundsätzen verantwortlich gemacht werden; die §§. 20 u. 21 RPG. finden auf ihn keine Anwendung, soweit sie Abweichungen von diesen Grundsätzen enthalten.

§. 11.

5. Der Redakteur.

I. Redakteur im Sinne des gewöhnlichen Sprachgebrauches ist diejenige Person, welche eine periodische Druckschrift[1] ganz oder zum Theile leitet. Nach der Ansicht des Preßgesetzes aber ist der Redakteur der Verfasser des ganzen Blattes; denn er liest und prüft die eingelaufenen Aufsätze und Nachrichten, sondert den Weizen von der Spreu je nach Tendenz und Niveau des Blattes, ergänzt vielleicht die Lücken des Materiales durch einen Griff in die aufgespeicherten Vorräthe und sendet dann die ganze Zusammenstellung in die Druckerei, sowie später in die Expe-

---

[12] Vgl. unten §. 22.

[13] Nach RPG. §. 6.

[14] Nach RPG. §§. 18 u. 19.

[1] Vgl. oben §. 6.

dition. Erfüllt er die Pflichten seiner Stellung, so kann nichts ohne seine Prüfung als Mittheilung des Blattes in die Welt treten. Es scheint daher nur eine Anerkennung der thatsächlichen Verhältnisse zu sein, wenn das Preßgesetz den Redakteur mit der Strafe des Thäters für die in dem Blatte etwa begangenen Delikte belegt oder doch wenigstens in einem solchen Falle Vernachlässigung der pflichtgemäßen Sorgfalt von seiner Seite annimmt.[2]

II. Dieser Begriff, den die modernen Preßgesetze mit wenigen Ausnahmen[3] festhalten, entspricht allerdings nicht den thatsächlichen Verhältnissen. Die Leitung des Blattes — wenn wir von den kleinsten Lokalblättchen absehen — liegt nicht in der Hand des Redakteurs, sondern in jener der Redaktion; also in der Hand eines vielgliedrigen Organismus, bei welchem schon wegen der unumgänglich nothwendigen Schnelligkeit der Funktionen strenge Arbeitstheilung nicht konsequent durchgeführt werden kann, vielmehr eventuelle gegenseitige Stellvertretung Lebensbedingung ist.[4] Diese Diskrepanz zwischen den Voraussetzungen des Gesetzes und den thatsächlichen Verhältnissen erklärt uns eine Reihe von traurigen, oft beklagten, aber gewissermaßen durch das Gesetz selbst heraufbeschworenen und sanktionirten Erscheinungen, insbesondere das Strohmänner-Unwesen.

III. Den ärgsten Uebelständen sucht unsere Gesetzgebung auf doppeltem Wege zu begegnen.

1. Durch Aufstellung des Begriffs des verantwortlichen Redakteurs, dessen Name und Wohnort auf jeder Nummer der periodischen Druckschrift genannt werden muß

[2] Vgl. unten §. 47 IV.

[3] Belgien, Niederlande; früher Württemberg.

[4] Vergl. auch unten §. 47. IV.

(RPG. §. 7),[5] so daß Nichtnennung oder falsche Angabe alle Betheiligten, insbesondere aber den Verleger strafbar macht (RPG. §§. 18 u. 19).[6]

Der Begriff des verantwortlichen Redakteurs, wie unsere Preßgesetzgebung ihn aufstellt,[7] setzt sich aus zwei Momenten, einem formellen und einem materiellen, zusammen.

a) Die betreffende Person muß als verantwortlicher Redakteur auf der periodischen Druckschrift genannt sein. In dieser Nennung liegt die Uebernahme der Verantwortlichkeit, die Erklärung, für die Erfüllung der dem verantwortlichen Redakteur durch die Gesetzgebung überwiesenen Verbindlichkeiten einstehen zu wollen. Ohne diese Erklärung kann die Verantwortlichkeit nicht entstehen.

b) Nicht jeder Redakteur, nicht jedes Mitglied der Redaktion, ist mithin verantwortlicher Redakteur, sondern nur die als solcher ausdrücklich bezeichnete Person. Aber der Genannte muß auch wirklich Redakteur sein. Die Nennung allein genügt nicht; sie muß den Thatsachen entsprechen. Und hier liegt die Schwierigkeit. Der verantwortliche Redakteur ist nicht der Redakteur; sonst hätte die gesetzliche Unterscheidung keinen Sinn. Er braucht also nicht die ganze Redaktion selbst persönlich zu führen; er braucht auch nicht die Seele des Blattes zu sein, nicht dem Blatte seinen Geist, seine Individualität aufzudrücken, Haltung und Richtung ihm zu bestimmen. Es ist demnach nicht nothwendig,[8] daß er eine Thätigkeit ausübt, „die auf das inhaltliche Zustandekommen der Zeitung durch Zusammenstellung des Materiales gerichtet ist;“ denn das ist die Auf-

[5] Unten §. 24.
[6] Unten §. 25.
[7] RPG. §. 7.
[8] A. A. OT. vom 20. Oktbr. 1874 (GA. 22 S. 652).

gabe des Redakteurs, mit dem er nicht identisch zu sein braucht. Aber umgekehrt genügt es auch nicht, wenn[9] der als verantwortlich genannte Redakteur „in nicht ganz untergeordneter Weise" an den Arbeiten der Redaktion betheiligt ist. Sondern es ist erforderlich, aber auch genügend, wenn ihm die Oberaufsicht über den Gesammtgang der Redaktionsgeschäfte nach der Richtung hin übertragen ist, daß er den Inhalt jeder Nummer auf seine etwaige kriminelle Bedeutung zu prüfen hat. Beide Momente müssen zusammentreffen, um den Begriff des verantwortlichen Redakteurs im Sinne unserer Preßgesetzgebung zu erfüllen.

Verantwortlicher Redakteur wird man also zwar nicht einfach durch die Nennung auf dem Blatte, aber der Begriff der Oberaufsicht, der mit Gesammtleitung durchaus nicht identisch ist, gewährt vermöge seiner Dehnbarkeit einen weiten Spielraum zur Auswahl aus den an der Redaktion betheiligten Personen. Die Diskrepanz zwischen dem Gesetze und der Wirklichkeit ist also gemildert, aber auf Kosten der Schärfe eines der wichtigsten Begriffe des Preßrechtes.

2. Durch Zulassung der Benennung mehrerer Personen als verantwortlicher Redakteure derselben Druckschrift, wenn aus Form und Inhalt der Benennung mit Bestimmtheit zu ersehen ist, für welchen Theil der Druckschrift jede der benannten Personen die Redaktion besorgt.[10] Auch diese Bestimmung nähert die preßrechtlichen Annahmen den realen Verhältnissen, allerdings ohne, bei der Unmöglichkeit einer vollständigen Arbeitstheilung, bewirken zu können, daß diese und jene vollständig sich decken.

---

[9] Wie Thilo S. 62 meint. | [10] RPG. §. 7 Abs. 2.

IV. Der auf dem Blatte benannte und thatsächlich mit der Oberaufsicht über die Redaktion beauftragte verantwortliche Redakteur übernimmt mit der Nennung die durch das Preßgesetz dem verantwortlichen Redakteur auferlegten Verpflichtungen, die diesen treffende Haftung.[11]

Der verantwortliche Redakteur hat für die Aufnahme amtlicher Bekanntmachungen (RPG. §. 10),[12] sowie für den Abdruck von Berichtigungen (RPG. §. 11)[13] Sorge zu tragen; er wird, wenn der Inhalt der von ihm redigirten Druckschrift ein Delikt begründet, als Thäter oder doch wegen Vernachlässigung der pflichtgemäßen Sorgfalt zur Verantwortung gezogen (RPG. §§. 20, 21).[14]

V. Diese an Einfluß wie an Verantwortung reiche Stellung des Redakteurs hat die moderne Preßgesetzgebung veranlaßt, die Fähigkeit zur Führung der verantwortlichen Redaktion einer periodischen Druckschrift an gewisse persönliche Voraussetzungen zu knüpfen. Nach der Reichsgesetzgebung[15] ist zur Uebernahme dieser Stellung erforderlich:[16]

1. Verfügungsfähigkeit. Ob diese vorliegt, ist nach dem Landescivilrecht zu beurtheilen. Frauen sind als solche nicht ausgeschlossen.[17]
2. Vollbesitz der bürgerlichen Ehrenrechte.[18]
3. Wohnsitz oder gewöhnlicher Aufenthalt im deutschen Reich. Nach dem Wortlaute des Gesetzes

---

[11] Vgl. unten §. 24 II.
[12] Vgl. unten §. 27.
[13] Vgl. unten §§. 28 ff.
[14] Vgl. unten §§. 49 ff.
[15] RPG. §. 8.
[16] Ueber weitergehende Vorschläge vgl. Liszt S. 133.
[17] Vgl. v. Schwarze S. 31, Thilo S. 24, Marquardsen S. 78, Berner S. 214, Liszt S. 135.
[18] StrGB. §§. ?3 u. 34.

müßte es genügen, wenn der verantwortliche Redakteur seinen Wohnsitz in Elsaß-Lothringen hat.

Da die Verantwortlichkeit nur an eine bestimmte Person geknüpft sein kann, ist zwar nicht die Führung der Redaktion, wohl aber die Uebernahme der verantwortlichen Redaktion durch eine Korporation, einen Verein,[19] eine Firma[20] ausgeschlossen.

Zuwiderhandlungen gegen die besprochenen Anordnungen des §. 8 RPG. unterliegen den gesetzlichen Strafdrohungen.[21] Die Uebertretung kann aber nur darin bestehen, daß eine Person, welcher eines der drei erwähnten Erfordernisse mangelt, als verantwortlicher Redakteur bestellt und als solcher auf dem Blatte genannt ist. Da eine ausdrückliche, sei es auf der periodischen Druckschrift selbst, sei es in irgend einer amtlichen Eingabe, abzugebende Erklärung, daß der genannte verantwortliche Redakteur die von dem Gesetze geforderten Eigenschaften besitze, nach dem Reichspreßrechte nicht stattfindet, so kann von einer „falschen Angabe" in Bezug auf §. 8 RPG., obwohl §. 18 Nr. 2 RPG. ausdrücklich von einer solchen spricht, nie die Rede sein.[22] Die Uebertretungen des §. 8 RPG. fallen mithin immer unter die bei weitem milderen Strafdrohungen des §. 19 No. 1 RPG.: Geldstrafe bis zu 150 Mark oder Haft. Die Strafe trifft jeden Schuldigen; eventuell auch denjenigen, der sich, obwohl nicht im Besitze der erforderlichen Eigenschaften, als verantwortlicher Redakteur bestellen und nennen läßt. Direkte oder indirekte (Einstellung der Druckschrift) Zwangsmittel zur Ent-

[19] v. Schwarze S. 31, Thilo S. 23, Berner S. 214.

[20] Thilo S. 22, v. Schwarze S. 27, Marquardsen S. 72, Kayser S. 582, Liszt S. 135.

[21] RPG. §§. 18 u. 19.

[22] Ebenso Thilo S. 63.

fernung des unfähigen verantwortlichen Redakteurs kennt die Reichsgesetzgebung nicht. Die Bestrafung des Schuldigen gilt ihr als genügende Pression. Sollte trotz der Bestrafung die Führung der verantwortlichen Redaktion nicht anderen Händen übertragen, sondern der Unfähige nach wie vor auf dem Blatte als verantwortlicher Redakteur genannt werden, so liegt darin eine neue selbständige Uebertretung des §. 8 RPG., die daher mit neuer Strafe belegt werden kann. Diese bei dem gegenwärtigen Stande unserer Gesetzgebung unvermeidliche Konsequenz entspricht weder der Würde des Staates, dem jedes Mittel, sich Gehorsam zu erzwingen, versagt ist, noch der Billigkeit, mit welcher eine solche Häufung von Strafen unvereinbar ist. Die Einstellung der periodischen Druckschrift bis zur Erfüllung der gesetzlichen Anordnungen würde nach beiden Richtungen hin zweckentsprechender sein; sollte diese Maßregel als zu hart erscheinen, so wäre mindestens die Zulässigkeit der nichtrichterlichen Beschlagnahme, die nach Lage des Gesetzes in diesem Falle nicht stattfinden darf,[23] auch auf die mit Uebertretung des §. 8 RPG. ausgegebenen Druckschriften auszudehnen.

§. 12.

Suspension der Preßfreiheit.

Das Reichspreßgesetz hat, die eventuelle Nothwendigkeit einer Suspension der Preßfreiheit ins Auge fassend,[1] ausdrücklich erklärt,[2] daß die für Zeiten der Kriegsgefahr,

[23] Vgl. unten §. 35 I.

[1] Gegen solche Ausnahmsbestimmungen Berner S. 322; gegen ihn Liszt S. 56.

[2] RPG. §. 30 Abs. 1.

des Kriegs, des erklärten Kriegs- oder Belagerungszustandes oder innerer Unruhen (Aufruhr) in Bezug auf die Presse bestehenden besonderen gesetzlichen Bestimmungen bis auf Weiteres in Kraft bleiben.

Auf Grund dieser Anordnung haben wir zu unterscheiden:

I. Die Erklärung des Kriegszustandes.

a) Nach dem für das ganze Reich (mit Ausnahme von Bayern) geltenden Art. 68 der Reichsverfassung vom 16. April 1871 kann der Kaiser, wenn die öffentliche Sicherheit in dem Bundesgebiete bedroht ist, einen jeden Theil desselben in Kriegszustand erklären. Bis zu dem Erlasse eines die Voraussetzungen, die Form der Verkündigung und die Wirkung einer solchen Erklärung regelnden Reichsgesetzes gelten dafür (nämlich nur für die Erklärung des Kriegszustandes[3]) die Vorschriften des preußischen Gesetzes über den Belagerungszustand vom 4. Juni 1851 (Gesetzsammlung 1851 S. 451). Nach §. 5 dieses Gesetzes kann die Preßfreiheit[4] bei Erklärung des Belagerungszustandes zeitweise und distriktweise und zwar unter ausdrücklicher Angabe der zu suspendirenden Bestimmungen suspendirt werden.

b) Da auf Bayern Art. 68 der Reichsverfassung vorläufig noch keine Anwendung findet,[5] bleibt es bei den landesgesetzlichen Anordnungen, auch wenn es sich um die Erklärung des Kriegszustandes handelt.

II. Die übrigen im Reichspreßgesetz §. 30 Ab-

[3] Berner S. 323, gegen Marquardsen S. 251.

[4] RPG. §. 1.

[5] §. 7 des RG. v. 22. April 1871 die Einführung norddeutscher Bundesgesetze in Bayern betreffend.

satz 1 angeführten Fälle. Die Reichsgesetzgebung hat die Suspension der Preßfreiheit aber auch dann zugelassen, wenn der eben besprochene Fall, die Erklärung des Kriegszustandes, nicht vorliegt; die für Zeiten der Kriegsgefahr, des Krieges oder innerer Unruhen (Aufruhrs) in Bezug auf die Presse bestehenden besonderen gesetzlichen Bestimmungen bleiben auch dann in Kraft, wenn aus irgend einem Grunde der Kriegszustand nicht erklärt werden sollte. In diesem Falle aber kommen lediglich die Landesgesetze zur Anwendung, und das preußische Gesetz vom 4. Juni 1851 tritt zwar für Preußen, nicht aber für die übrigen Bundesstaaten in Kraft.

Zweiter Theil.

Das Preßgewerberecht.

---

§. 13.

Preßfreiheit und Gewerbefreiheit. Die Uebertretungen der Gewerbeordnung.

I. Preßgewerbe sind diejenigen Gewerbe, welche sich mit der Herstellung oder dem Umsatz von Druckschriften[1] beschäftigen.

II. Die Reichsgesetzgebung hat, getreu dem von ihr ausdrücklich ausgesprochenen und an die Spitze des Preßgesetzes gestellten Grundsatze der Preßfreiheit,[2] die Preßgewerbe den allgemeinen Vorschriften der Gewerbeordnung vom 21. Juni 1869 unterstellt.[3] Die Ansicht von der „Gemeingefährlichkeit" der Preßgewerbe ist definitiv aufgegeben; die Preßgewerbe nehmen keine Sonderstellung mehr ein. Nur auf beschränktem Gebiete hat das Gesetz gegen die gemeingefährlichen Bestrebungen der Sozialdemokratie vom 21. Oktober 1878 tief eingreifende, aber hoffentlich vorübergehende, Ausnahmebestimmungen geschaffen.

---

[1] Zu beachten ist, daß die Gew.Odg. den Begriff „Druckschrift" in dem oben festgestellten Sinne (vgl. §. 5) nicht konsequent durchgeführt hat.

[2] RPG. §. 1.

[3] RPG. §. 4. Abs. 2.

III. Die Reichsgewerbeordnung[4] beruht auf dem Prinzipe der Gewerbefreiheit; sie ist von dem Bestreben geleitet, der individuellen Thätigkeit auf dem Gebiete des Gewerbebetriebes möglichst ungehemmte Entfaltung zu gewähren. Die Gewerbeordnung hat — und erst damit gewinnt der an sich negative Begriff der Gewerbefreiheit positiven Inhalt — gebrochen einerseits mit dem System der ausschließlichen mit dem Untersagungsrechte gegen Dritte verknüpften Gewerbebefugniß Einzelner (Monopole, Zwangs- und Bannrechte, Zunftprivilegien u. s. w.), andererseits mit dem Konzessionssystem, nach welchem der Gewerbebetrieb abhängig war von der Erlangung einer besonderen staatlichen Erlaubniß. Die Gewerbefreiheit ist dagegen nicht unvereinbar mit gesetzlichen, im öffentlichen Interesse gezogenen Schranken; diese Schranken bilden das Gewerbepolizeirecht.

IV. Nicht unter die Bestimmungen der Gewerbeordnung fällt:

1. die Beförderung aller Zeitungen politischen Inhaltes, welche öfter als einmal wöchentlich erscheinen.[5] Die genannten Blätter dürfen vielmehr gegen Bezahlung von Orten mit einer Postanstalt nach andern Orten mit einer Postanstalt des In- oder Auslandes nur durch die Post befördert werden. Wenn sie vom Auslande eingehen und nach inländischen Orten mit einer Postanstalt bestimmt sind, oder durch das Gebiet des deutschen Reiches transitiren sollen, so müssen sie bei der nächsten inländischen

[4] Vgl. Laband das Staatsrecht des deutschen Reichs. II S. 456 ff. Daselbst auch die Lit.

[5] RPostG. v. 28. Oktbr. 1871 §. 1.

Postanstalt zur Weiterbeförderung eingeliefert werden. Durch die Statuirung des Postzwanges[6] ist auf diesem Gebiete des Frachtgeschäftes die Gewerbefreiheit beseitigt. Der Postzwang erstreckt sich jedoch nicht auf den zweimeiligen Umkreis des Ursprungsortes der betreffenden Zeitungen; auch ist die Beförderung durch expresse Boten oder Fuhren gestattet,[7] wenn ein solcher Expresser nur von einem Absender abgeschickt ist und dem Postzwange unterliegende Gegenstände weder von Anderen mitnimmt, noch für Andere zurückbringt;

2. die nichtgewerbsmäßige öffentliche Verbreitung von Druckschriften;[8] doch wird dieselbe in manchen Beziehungen der gewerbsmäßigen Verbreitung gleichgestellt.[9] So kann sie denjenigen Personen durch die Ortspolizeibehörde untersagt werden, welchen nach §. 57 der Gewerbeordnung der Legitimationsschein zum Gewerbebetrieb im Umherziehen verweigert werden kann.[10] Auch werden Zuwiderhandlungen gegen ein solches Verbot nach §. 148 der Gewerbeordnung[11] bestraft.

V. Auf die allgemeinen Vorschriften der Gewerbeordnung kann hier nicht eingegangen werden. Nur das Verhältniß des Gewerbsmannes zu seinem Stellvertreter bedarf der Erwähnung.[12] Gewerbsmann ist derjenige, in dessen Namen ein Gewerbe betrieben wird. Stellvertreter

---

[6] Vgl. Laband II S. 297.
[7] RPostG. v. 28. Okt. 1871 §. 2.
[8] Für den Begriff maßgebend RPG. §. 3; vgl. unten §. 42.
[9] RPG. §. 5
[10] Siehe unten §. 15 II.
[11] Mit Geldstrafe b. zu 150 M. und im Unvermögensfalle mit Haft bis zu 4 Wochen.
[12] Vgl. Seydel in Hirth's Annalen 1878 S. 537 ff.

(institor) ist derjenige, der im Namen des Gewerbsmannes ganz oder zum Theile dessen Geschäft betreibt. Für die von dem Stellvertreter bei Ausübung des Gewerbes begangenen Uebertretungen gewerbepolizeilicher Bestimmungen haftet regelmäßig nur dieser; der Gewerbsmann selbst kann nur dann zur Verantwortung gezogen werden, wenn er verfügungsfähig ist und die Uebertretung mit seinem Vorwissen begangen worden ist: in diesem Falle wird die gesetzliche Strafe gegen beide ausgesprochen.[13] Von dem Stellvertreter ist der Pächter des Gewerbes verschieden; er kommt nach Außen hin nur als selbständiger Gewerbsmann in Betracht.

VI. Für die Uebertretungen der in der Gewerbeordnung getroffenen Anordnungen gelten im Allgemeinen die Bestimmungen des Reichsstrafgesetzbuches;[14] so in Bezug auf die Schuldfrage, das Mindestmaß der Strafen, das Verhältniß der Geldstrafe zur Freiheitsstrafe u. s. w. Zwei Abweichungen von diesen Bestimmungen müssen jedoch an dieser Stelle betont werden.

1. Wenn in erster Linie Geldstrafe, in zweiter Linie für den „Unvermögensfall" an deren Stelle eine bestimmte, im Maximum begrenzte Freiheitsstrafe angedroht ist, so darf bei der Umwandlung der Geldstrafe in die Freiheitsstrafe weder dieses Maximum überschritten, noch eine andere als die bestimmte Art der Freiheitsstrafe festgesetzt werden.

2. Die Uebertretungen der Gewerbeordnung verjähren binnen drei Monaten von dem Tage an gerechnet, an welchem sie begangen sind.[15] Dies gilt auch von der Nichtbeachtung

[13] Gew.Odg. §. 151.
[14] Gew.Odg. §. 145 1. Abs.
[15] Gew.Odg. §. 145 2. Abs.

des Verbotes der nicht gewerbsmäßigen öffentlichen Verbreitung von Druckschriften.[16]

VII. Die Gewerbeordnung unterscheidet den stehenden Gewerbebetrieb von dem im Umherziehen ausgeübten. Von dieser Unterscheidung muß auch bei der folgenden Darstellung ausgegangen werden (§§. 14 und 15), dagegen kann der fliegende Buchhandel (§. 16) unter den einen oder den anderen Gesichtspunkt fallen, während das Plakatwesen (§. 17) überhaupt nicht reichsgesetzlich geordnet ist. Beide Erscheinungen bedürfen daher gesonderter Behandlung. Dasselbe gilt von dem durch das Sozialistengesetz geschaffenen Sonderrechte (§. 18). Endlich sind der Zeitungsstempel sowie die Freiexemplare in diesem Abschnitte zu behandeln (§. 19).

§. 14.

Der stehende Betrieb der Preßgewerbe.

I. Stehender Gewerbebetrieb ist der begriffliche Gegensatz des Gewerbebetriebes im Umherziehen und läßt sich, da das Gesetz eine Definition nicht gibt, nur durch die Negation der den letzteren charakterisirenden Merkmale[1] bestimmen. Alle Betriebsformen, welche nicht ausdrücklich im III. Titel der Gewerbeordnung als Gewerbebetrieb im Umherziehen bezeichnet sind, müssen als Ausfluß der Berechtigung zum stehenden Gewerbebetriebe gelten.

II. Wer den selbständigen Betrieb eines stehenden Gewerbes anfängt, muß der zuständigen Behörde gleichzeitig

[16] Oben (§. 13) unter IV 2.

[1] Vgl. Jakobi, die Gewerbegesetzgebung im deutsch. Reiche 1874 S. 36.

Anzeige davon machen.[2] Das Gleiche gilt auch bezüglich der Preßgewerbe. Doch obliegt den vom Gesetze[3] aufgezählten Preßgewerben — es sind Buch- und Steindrucker, Buch- und Kunsthändler, Antiquare, Leihbibliothekare, Inhaber von Lesekabinetten, Verkäufer von Druckschriften, Zeitungen und Bildern — die weitere Verpflichtung, bei der Eröffnung ihres Gewerbebetriebes das Lokal desselben, sowie jeden späteren Wechsel des letzteren spätestens am Tage seines Eintritts der zuständigen Behörde anzuzeigen.[4] Damit ist auch für die Preßgewerbe — von der sofort zu erwähnenden Ausnahme abgesehen — das Konzessionssystem beseitigt; mit ihm die landesgesetzlich vielfach vorgeschriebene staatliche Prüfung der Buchhändler und Buchdrucker. Die Nichtanzeige des Betriebsbeginnes oder des Betriebslokales wird[5] mit Geldstrafe bis zu 150 Mark und im Unvermögensfalle mit Haft bis zu 4 Wochen bestraft.

III. Der Gewerbsmann, der ein stehendes Gewerbe betreibt, ist befugt,[6] außerhalb des Ortes seiner gewerblichen Niederlassung persönlich oder durch in seinen Diensten stehende Reisende Waaren anzukaufen und Bestellungen auf Waaren zu suchen. Das Sammeln von Abonnenten und Subskribenten fällt unter diese Bestimmung. Es handelt sich dabei um eine aus dem stehenden Gewerbebetriebe fließende Berechtigung, die daher an jenen gebunden und auf den Gewerbsmann selbst beziehungsweise seine Handlungsreisenden beschränkt ist.

---

[2] Gew.Odg. §. 14 Abs. 1.

[3] Gew.Odg. §. 14 Abs. 2. Die §§. 2 u. 3 RPG. sind hier also nicht maßgebend.

[4] Die zuständigen Behörden sind aufgezählt bei Thilo S. 129.

[5] Nach Gew.Odg. §. 148 Nr. 1 u. 3.

[6] Gew.Odg. §§. 44 u. 148 Nr. 6.

IV. Dagegen bedarf es einer Erlaubniß der Ortspolizeibehörde,[7] wenn gewerbsmäßig Druckschriften oder andere Schriften oder Bildwerke[8] auf öffentlichen Wegen, Straßen, Plätzen oder an anderen öffentlichen Orten ausgerufen, verkauft, vertheilt, angeheftet oder angeschlagen[9] werden sollen. Diese Ausnahme von der allgemeinen Regel (oben unter II) schien der Gesetzgebung unabweislich, sollte nicht einerseits der städtische Verkehr durch den „fliegenden Buchhandel" gehemmt, andererseits die öffentliche Sicherheit gefährdet werden. Die Garantie gegen polizeiliche Willkür erblickte man darin, daß die Ertheilung der Erlaubniß nur aus ganz bestimmten, im Gesetze aufgezählten Gründen — es sind dieselben, welche die Versagung des Legitimationsscheins zum Gewerbebetrieb im Umherziehen herbeiführen können,[10] — verweigert werden darf. Die Erlaubniß wird durch einen auf den Namen des Berechtigten lautenden, von diesem stets bei sich zu führenden Legitimationsschein ertheilt. Unbefugte Verbreitung zieht[11] Geldstrafe bis zu 150 Mark, subsidiäre Haft bis zu 4 Wochen nach sich.

V. Die Befugnisse zum stehenden Gewerbebetriebe können durch Stellvertreter[12] ausgeübt werden; diese müssen jedoch den für das in Rede stehende Gewerbe insbesondere vorgeschriebenen Erfordernissen genügen.

VI. Durchaus dem Geiste der Gewerbeordnung[13] entsprechend, hat das Reichspreßgesetz die Entziehung der Befugniß zum selbständigen Betriebe irgend eines Preßgewerbes

[7] Gew.Odg. §. 43.

[8] RPG. §§. 2 u. 3 nicht anwendbar.

[9] Ueber d. Plakat s. unten §. 17.

[10] Gew.Odg. §. 57. Vgl. unten §. 15 II.

[11] Gew.Odg. §. 148 Nr. 5.

[12] Gew.Odg. §. 45; vgl. oben §. 13 V.

[13] Gew.Odg. §. 143.

oder sonst zur Herausgabe und zum Vertriebe von Druckschriften, mag dieselbe im administrativen oder im richterlichen Wege auszusprechen sein, beseitigt[14] und damit die entgegenstehenden Landesgesetze, auf welche die Gewerbeordnung noch Bezug genommen hatte,[15] soweit die Entziehung durch richterliches Erkenntniß als Strafe im Falle einer durch die Presse begangenen Zuwiderhandlung angeordnet oder zugelassen war, aufgehoben. Maßgebend war dabei die doppelte Erwägung, daß, während einerseits derartige Ausnahmsbestimmungen zu Ungunsten der Preßgewerbe eine ungerechtfertigte Härte gegen dieselben enthalten, andrerseits die Umgehung des Gesetzes kaum konstatirt, noch weniger gehindert werden kann.

§. 15.

Betrieb der Preßgewerbe im Umherziehen.

I. Während der stehende Gewerbebetrieb nur ausnahmsweise (oben §. 14 IV) von der Ertheilung einer besonderen behördlichen Bewilligung abhängig gemacht ist, bedarf es einer solchen regelmäßig, wenn das Gewerbe im Umherziehen betrieben werden soll. Der wandernde Gewerbsmann entzieht sich nur zu leicht dem überwachenden Auge der Staatsgewalt; heute hier, morgen dort, bald in den volkreichsten Städten, bald in den entlegensten Dörfern auftauchend, den Verkehr zwischen dem Centrum und den an der äußersten Peripherie gelegenen Orten vermittelnd, Pionnier der Kultur oder Sendbote der Korruption — ist der verachtete „Hausirer“ ein wichtiges Ferment in dem sittlichen

[14] RPG. §. 4.

[15] Gew.Odg. §. 143 Abs. 3

wie in dem intellektuellen, in dem ökonomischen wie in dem politischen Leben des Volkes. Den Hausirhandel fördern und ihn überwachen, das ist die doppelseitige schwierige Aufgabe der Gesetzgebung; am schwierigsten dort, wo die Preßgewerbe in Frage stehen und Nützlichkeit wie Gefährlichkeit des Gewerbebetriebes im Umherziehen erhöhte Beachtung beanspruchen.

II.[1] Wer außerhalb seines Wohnortes, ohne Begründung einer gewerblichen Niederlassung und ohne vorgängige Bestellung in eigener Person

1. Waaren irgend einer Art feilbieten,
2. Waarenbestellungen aufsuchen will,

bedarf eines, von der höheren Verwaltungsbehörde[2] zu ertheilenden Legitimationsscheines.

Von den Preßgewerben fällt

unter 1. das Hausiren mit Druckschriften,
unter 2. das Sammeln von Abonnenten und Subskribenten.

Der Legitimationsschein darf[3] einem Reichsangehörigen, der

a) innerhalb des Reichsgebietes einen festen Wohnsitz besitzt und
b) das 21. Lebensjahr überschritten hat,

und zwar auch dann, wenn es sich um Preßgewerbe handelt, nur aus bestimmten, im Gesetze aufgezählten Gründen versagt werden.

Diese Gründe sind:

1. wenn der Bewerber mit einer abschreckenden oder ansteckenden Krankheit behaftet ist;

---

[1] Gew.Odg. §. 55.
[2] Gew.Odg. §. 58.
[3] Gew.Odg. §. 57.

2. oder wenn er wegen strafbarer Handlungen aus Gewinnsucht, gegen das Eigenthum, gegen die Sittlichkeit, wegen vorsätzlicher Angriffe auf das Leben und die Gesundheit der Menschen, wegen vorsätzlicher Brandstiftung, wegen Zuwiderhandlungen gegen Verbote oder Sicherungsmaßregeln, betreffend Einführung oder Verbreitung ansteckender Krankheiten oder Viehseuchen, zu Gefängniß von mindestens 6 Wochen, oder zwar zu einer geringeren Strafe verurtheilt, aber in der Ausübung der bürgerlichen Ehrenrechte beschränkt worden ist, innerhalb zweier Jahre nach erfolgter Verurtheilung, und im Falle der Gefängnißstrafe nach verbüßtem Gefängniß;
3. oder wenn er unter Polizeiaufsicht steht;
4. oder wegen gewohnheitsmäßiger Arbeitsscheu, Bettelei, Landstreicherei, Trunksucht übel berüchtigt ist.

Der Legitimationsschein enthält[4] das Signalement des Inhabers und die nähere Bezeichnung des von demselben beabsichtigten Gewerbebetriebes. Er bedarf alle Jahre der Erneuerung, die aber nur aus denselben Gründen wie die Ertheilung versagt werden darf.

Der Inhaber des Legitimationsscheines ist verpflichtet,[5] diesen während der thatsächlichen Ausübung des Gewerbebetriebes bei sich zu führen, auf Erfordern der zuständigen Behörde vorzuzeigen und, sofern er hierzu nicht im Stande ist, auf Geheiß der Behörde den Betrieb bis zur Abhülfe des Mangels einzustellen.

Ausländern kann der Gewerbebetrieb im Umherziehen gestattet, aber auch, wenn die oben angeführten Gründe nicht

[4] Gew.Odg. §§. 60, 61.

[5] Gew.Odg. §. 61.

vorliegen, untersagt werden.[6] Der Bundesrath ist befugt, die deshalb nöthigen Bestimmungen zu treffen.[7]

Die Uebertretung dieser Vorschriften ist bald[8] mit Geldstrafe bis zu 150 Mark (Haft bis zu 4 Wochen), bald[9] mit Geldstrafe bis zu 30 Mark (Haft bis zu 8 Tagen) bedroht.

III. Der Gewerbebetrieb im Umherziehen darf nicht durch Stellvertreter ausgeübt werden.[10]

IV. Die Entziehung der ertheilten Berechtigung als Folge eines gerichtlichen oder administrativen Verfahrens ist auch hier[11] der Reichsgesetzgebung[12] unbekannt.

§. 16.

Der fliegende Buchhandel.

I. Aus dem in den beiden vorhergehenden Paragraphen Gesagten ergibt sich, daß der sogenannte „fliegende Buchhandel" nicht nur im Umherziehen, sondern auch im stehenden Gewerbebetriebe ausgeübt werden kann, mithin, je nachdem das Eine oder das Andere der Fall ist, unter verschiedene Bestimmungen des Gesetzes fällt. Der fliegende Buchhandel, so alt wie der Buchhandel selbst,[1] in seinen Erscheinungsformen wechselnd nach Zeitalter und Volkstemperament, charakterisirt sich dadurch, daß der Absatz außerhalb eines bestimmten Verkaufslokales stattfindet. Er potenzirt die in dem Wesen der Druckschrift an sich ge-

---

6 Gew.Odg. §. 57 letzter Abs.

7 Bekanntmachung d. Reichskanzlers vom 7. März 1877 den Gewerbebetrieb der Ausländer im Umherziehen betr.

8 Gew.Odg. §. 148 Nr. 7.

9 Gew.Odg. §. 149 Nr. 2, 4, 5.

10 Gew.Odg. §. 62.

11 Vgl. oben §. 14 VI.

12 Gew.Odg. §. 143, RPG §. 4.

1 Lissa S. 103.

legene Expansivkraft, und zwar unter Umständen, wenn genügender Zündstoff vorhanden ist, bis zu explodirender Wirkung. Aus einem Gegner der festen Preßgewerbe[2] ist er ihr Verbündeter geworden; mit der Staatsgewalt steht er in Friedenszeiten auf dem Fuße gegenseitiger kühler Achtung, während er in bewegten Tagen ihr unersetzbarer, die öffentliche Meinung in ihren tiefsten Tiefen erregender Bundesgenosse oder aber ihr gefährlichster Gegner wird; aber seine eigentliche Herrin, der er in allen ihren Launen dient, die er begleitet hat seit ihren ersten Kinderjahren, ist die Reklame.[3]

II. Zu dem fliegenden Buchhandel haben wir zu rechnen:

1. das Hausiren mit Druckschriften,[4] die Kolportage, immer unter den Gewerbebetrieb im Umherziehen fallend, daher immer einer besondern Bewilligung bedürfend;
2. das Sammeln von Abonnenten und Subskribenten. Dasselbe kann
   a) im Umherziehen,[5] also in eigener Person, ohne Begründung einer gewerblichen Niederlassung und ohne vorhergehende Bestellung betrieben werden;[6]
   b) es erscheint aber andererseits als Ausfluß des Rechts zum stehenden Gewerbebetriebe,[7] steht aber als solches nur dem Gewerbsmanne selbst oder den von ihm bestellten Reisenden zu.[8]

In beiden Fällen bedarf der Sammler eines auf seinen Namen lautenden Legitimationsscheines; derselbe

---

[2] Liszt a. a. O.
[3] Vgl. Berner S. 174.
[4] Oben §. 15 II.
[5] Gew.Odg. §. 55.
[6] Oben §. 15 II.
[7] Oben §. 14 III.
[8] Gew.Odg. §. 44.

kann im ersten Falle aus bestimmten Gründen,[9] im zweiten aber nicht[10] verweigert werden; er wird im zweiten ersetzt durch die Gewerbe-Legitimationskarte.

3. Die öffentliche Verbreitung von Druckschriften. Auch hier haben wir denselben Unterschied zu betonen; doch hat derselbe hier keine wesentliche praktische Bedeutung. Die öffentliche Verbreitung kann
   a) im stehenden Gewerbebetriebe,[11] oder
   b) im Umherziehen[12]

vorgenommen werden. In beiden Fällen bedarf es eines Legitimationsscheines, dessen Ertheilung aus den gleichen Gründen[13] verweigert werden kann.

4. Auch das politische Plakat wäre an sich hieher zu rechnen. Besondere Erwägungen haben aber die Gesetzgebung veranlaßt, demselben eine Sonderstellung einzuräumen. Es bedarf daher spezieller Darstellung.[14]

§. 17.

Das Plakat.

I. Das Anschlagen von Druckschriften an öffentlichen Orten fällt unter den Begriff der Verbreitung, mögen wir diesen im Sinne der Gewerbeordnung,[1] mögen wir ihn im Sinne des Preßgesetzes[2] auffassen. Das gilt sowohl

---

[9] Gew.Odg. §. 57; oben §. 15 II.

[10] Gew.Odg. §. 44.

[11] Gew.Odg. §. 43; oben §. 14 IV.

[12] Gew.Odg. §. 55; oben §. 15 II.

[13] Gew.Odg. §§. 43 u. 57.

[14] Vgl. d. folgend. Paragraph.

[1] Gew.Odg. §. 43; vgl. oben §. 14 IV.

[2] RPG. §. 3; vgl. unten §. 42.

von der gewerbsmäßigen wie von der nicht gewerbsmäßigen Plakatirung. Das sogenannte „politische“ Plakat unterscheidet sich nur durch Inhalt und Zweck, nicht durch seine Zugänglichkeit für das Publikum oder die Art, wie diese herbeigeführt wird, von seinen harmloseren Brüdern, den Theaterzetteln, den Anzeigen verlaufener Hunde, den gewerblichen Reklamen u. dgl. Alle jene Gründe, welche für die polizeiliche Ueberwachung der öffentlichen Verbreitung von Druckschriften ins Feld geführt werden, treffen auch das politische Plakat; ein Privilegium kann es nicht beanspruchen. Andererseits mag eine verschärfte Ueberwachung des politischen Plakates für jene Gesetzgebungen, welche die öffentliche Aeußerung politischer Anschauungen überhaupt mit Mißtrauen betrachten, lediglich als eine unabweisliche Konsequenz allgemeiner, hier in ihrer inneren Berechtigung nicht zu prüfender, legislativer Gesichtspunkte erscheinen. Dies erklärt uns die Kluft, die zwischen dem deutschen Norden und dem deutschen Süden in der gesetzlichen Regelung dieser Materie klafft. Entschiedene Zurückweisung aber verdient der von Bluntschli und Anderen ausgesprochene Satz, daß das Plakat, als ein Hinübergreifen in das der Staatsgewalt ausschließlich zustehende Recht der Proklamation, prinzipiell nicht gestattet werden könne.

II. Der Gegensatz der Anschauungen trat bei der Berathung des Preßgesetzes scharf zu Tage. Die Regierungsvorlage hatte sich den strengen Bestimmungen des preußischen Rechts angeschlossen und das öffentliche Anschlagen, Anheften, Ausstellen von Bekanntmachungen, Plakaten und Aufrufen, sowie das unentgeltliche Vertheilen derselben an öffentlichen Orten im Allgemeinen verboten; ausgenommen waren nur amtliche Bekanntmachungen, sowie Ankündigungen von gesetzlich nicht verbotenen Versammlungen, von gestohlenen, verlorenen, gefundenen Sachen, von Verkäufen, Vermiethungen und anderen Nachrichten für häusliche Zwecke und für den gewerblichen Verkehr. Diese Bestimmung begegnete im Parlament dem lebhaftesten Widerspruche. Die Kommission setzte an ihre Stelle das System des sächsischen Rechts, nach welchem, soweit nicht die auch von der Regierungsvorlage anerkannte gänzliche Freigebung reicht, die vorgängige Ablieferung des Pflichtexemplars erforderlich, aber auch genügend ist. Nach lebhafter Debatte siegten die Kommissionsanträge im Plenum; aber die Regierungen erklärten sie für unannehmbar. Der „Differenzpunkt“ wurde zwischen der zweiten und dritten Lesung des Preßgesetzes in Berathung genommen; es stellte sich heraus, daß eine Einigung unmöglich sei. So beschloß man denn endlich von einer reichsgesetzlichen Regelung der Materie ganz abzusehen, im Interesse der einheitlichen Preßgesetzgebung überhaupt auf die Einheit des Plakatwesens zu verzichten. Es wurde im Gesetze[3] ausdrücklich ausgesprochen, daß das Recht der Landesgesetzgebung, Vorschriften über das öffentliche Anschlagen, Anheften, Ausstellen, sowie die öffentliche, unentgeltliche Vertheilung von Bekanntmachungen, Plakaten und Aufrufen zu erlassen, unberührt bleibe.

III. Die Tragweite dieser Bestimmung ist nicht ganz unzweifelhaft. Wir müssen folgende Gesichtspunkte im Auge behalten. Es handelt sich um gewisse Arten der — sei es gewerbsmäßigen, sei es nicht gewerbsmäßigen — öffentlichen Verbreitung. Die persönliche Berechtigung zu derselben ist abschließend geregelt in §. 43 Gew.Odg.[4] und §. 5 RPG.[5]

---

[3] RPG. §. 30 Abs. 2.

[4] Vgl. oben §. 14 IV.

[5] Vgl. oben §. 13 IV 2.

Andere die öffentliche Verbreitung beschränkende aber die persönliche Berechtigung nicht berührende landesgesetzliche Bestimmungen blieben neben der Gewerbeordnung bestehen. Sie wären aber ohne ausdrückliche Bestätigung im Reichspreßgesetz beseitigt worden durch dessen §. 1, der die Preßfreiheit proklamirt, soweit nicht im Preßgesetze selbst Beschränkungen derselben vorgeschrieben oder zugelassen sind. Darum die ausdrückliche Sanktion in §. 30 Abs. 2 RPG. Es wird durch diesen sowohl die gewerbsmäßige als auch die nichtgewerbsmäßige öffentliche Verbreitung getroffen, aber nicht in allen ihren Formen, sondern nur in den vom Gesetze aufgezählten. Landesgesetzliche Beschränkungen anderer Formen der öffentlichen Verbreitung, z. B. der entgeltlichen Verbreitung, sind und bleiben daher durch §. 1 RPG. ausgeschlossen.

IV. Nur mit dieser Einschränkung[6] läßt sich die fortdauernde Geltung der Landesgesetze behaupten. Ihre Darstellung liegt außerhalb der Zwecke dieser Schrift. Im Allgemeinen lassen sich 4 Gruppen unterscheiden:[7]

1. Die eine charakterisirt sich durch das Verbot des politischen Plakates. Sie wird repräsentirt durch Preußen.[8]
2. Auf dem entgegengesetzten Standpunkte stehen jene Gesetzgebungen, welche (wie die von Baden, Weimar, Lübeck[9] u. A.) die Verbreitung durch öffentlichen Anschlag keinerlei Ausnahmsbestimmungen unterwerfen.

---

[6] Abweichender A. die Kommentatoren, aber ohne Eingehen auf den Kernpunkt der Frage.

[7] Uebersichten bei Thilo u. Marquardsen.

[8] Preuß. Pr.G. vom 12. Mai 1851 §. 9.

[9] Baden Pr.G. v. 2. April 1868 schweigt; Weimar Pr.G. vom 25. Juli 1868 Art. 3; Lübeck Pr.G vom 25. Septbr. 1869 Art. 1.

3. Das System des sächsischen Rechts[10] ist bereits oben besprochen worden; es fordert vor dem Anschlag die Vorlegung eines Pflichtexemplars.

4. Eine letzte Gruppe, zu welcher insbesondere Bayern[11] gehört, verlangt bei Plakaten außer der Nennung des Druckers oder Verlegers auch die Angabe des Verfassers.

V. Nicht berührt werden, weder durch die Reichsgesetzgebung noch durch die das Plakatwesen freigebende Landesgesetzgebung, jene Anordnungen, welche entweder den Schutz von Privatrechten (Verbot des Anschlagens an Privatgebäuden u. dgl.) oder die Sicherung des Straßenverkehrs (Verbot des Anschlagens in engen, stark frequentirten Gassen) bezwecken. Doch dürfen derartige Anordnungen nicht in eine thatsächliche Umgehung des Gesetzes ausarten. Die Monopolisirung des Anschlagswesens (Litfaßsäulen-Zwang!) ist dort, wo dasselbe frei gegeben ist, unstatthaft. Das Anschlagen von Extrablättern einer Zeitung unterliegt den allgemeinen Anordnungen; die Kundmachung, daß ein solches in der Expedition zu bekommen sei, ist eine „Nachricht für den gewerblichen Verkehr," mithin auch nach preußischem Recht gestattet.

§. 18.

Die durch das Sozialistengesetz geschaffenen Beschränkungen der Preßgewerbe.

I. Das Gesetz gegen die gemeingefährlichen Bestrebungen der Sozialdemokratie v. 21. Oktbr. 1878 hat, zwar auf einem

---

10 Sachsen Pr.G. v. 25. März 1870 Art. 15.

11 Bayern Pr.G. v. 17. März 1850 Art. 39.

engumgrenzten Gebiete, auf diesem aber um so tiefer greifende Beschränkungen der durch die Reichsgesetzgebung früherer Jahre gewährleisteten Gewerbe- und Preßfreiheit gebracht. Dasselbe kennt nicht nur eine richterliche Untersagung des Gewerbebetriebes, sowie eine polizeiliche Entziehung der Gewerbebefugniß einzelnen Individuen gegenüber, sondern auch ein allgemeines Verbot der öffentlichen Verbreitung von Druckschriften.

II. Auf Untersagung des Gewerbebetriebes kann durch richterliches Urtheil erkannt werden[1] gegen Buchdrucker, Buchhändler, Leihbibliothekare und Inhaber von Lesekabinetten, wenn dieselben

1. sich die Agitation für sozialdemokratische, sozialistische oder kommunistische, auf den Umsturz der bestehenden Staats- oder Gesellschaftsordnung gerichtete Bestrebungen zum Geschäfte machen; und
2. wegen gewisser Uebertretungen des Sozialistengesetzes[2] zu einer Freiheitsstrafe verurtheilt werden.

III. Die Entziehung der Befugniß zur gewerbsmäßigen oder nichtgewerbsmäßigen öffentlichen Verbreitung von Druckschriften,[3] sowie der Befugniß zum Handel mit Druckschriften im Umherziehen kann durch die Landespolizeibehörde ausgesprochen werden[4] gegen Personen, welche

1. es sich zum Geschäfte machen, die eben (II. Nr. 1) erwähnten Bestrebungen zu fördern; oder
2. auf Grund der Bestimmungen des Sozialistengesetzes rechtskräftig zu einer Strafe verurtheilt worden sind.

IV. Zuwiderhandlungen gegen das ad II. ergangene

---

[1] Soz.Ges. §. 23.
[2] Soz.Ges. §§. 17—20.
[3] Im Sinne v. RPG. §. 2.
[4] Soz.Ges. §. 24.

Urtheil oder die ad III. erlassene Verfügung sind[5] mit Geldstrafe bis zu 1000 Mark oder mit Haft oder mit Gefängniß bis zu 6 Monaten bedroht.

V. Wenn auch das Gesetz in den beiden angeführten Bestimmungen ein bereits betriebenes Gewerbe oder eine bereits erworbene Befugniß voraussetzt, von der Verweigerung der Erlaubniß zum Betriebe aber, wo eine solche erforderlich ist, nicht spricht, so unterliegt doch die analoge Anwendung des Gesetzes auf jene Fälle, in welchen es sich um die Ertheilung oder Verweigerung des Legitimationsscheines handelt, gewiß keinen Bedenken.[6]

VI. Für Bezirke oder Ortschaften, welche durch die oben (II. 1) bezeichneten Bestrebungen mit Gefahr für die öffentliche Sicherheit bedroht sind, kann durch die Centralbehörden der Bundesstaaten, soweit dies nicht bereits landesgesetzlich zulässig ist,[7] mit Genehmigung des Bundesraths für die Dauer von längstens einem Jahre angeordnet werden,[8]

> daß die Verbreitung von Druckschriften auf öffentlichen Wegen, Straßen, Plätzen, oder an anderen öffentlichen Orten nicht stattfinden darf.

Jede derartige Anordnung muß dem Reichstage sofort, beziehungsweise bei seinem nächsten Zusammentreten, mitgetheilt werden.

Wer diesen Anordnungen oder den auf Grund derselben erlassenen Verfügungen mit Kenntniß oder nach erfolgter öffentlicher Bekanntmachung (durch den Reichsanzeiger und auf die für landespolizeiliche Verfügungen vorgeschriebene Weise) zuwiderhandelt, wird mit Geldstrafe bis zu 1000 Mark

[5] Soz.Ges. §. 25.

[6] Vgl. Gareis in Hirth's Annalen 1879 S. 346.

[7] S. oben §. 16.

[8] Soz.Ges. §. 28.

oder mit Haft oder mit Gefängniß bis zu 6 Monaten bestraft.[9]

§. 19.

Finanzielle Belastungen der Preßgewerbe.

I. In dem Systeme der älteren Preßgesetzgebung spielten finanzielle Belastungen der Preßgewerbe — Kautionen, Zeitungsstempel, Papiersteuer, Inseratensteuer u. s. w. — eine hervorragende Rolle. Man glaubte durch solche Maßregeln das Nützliche mit dem Angenehmen verbinden zu können. Dem Entstehen insbesondere der kleinen, mit geringem Anlagekapital ausgestatteten, für die bescheidenen Bedürfnisse eines kleinen Leserkreises berechneten Blätter wollte man vorbeugen, da man in dem Besitze hier wie anderswo die sicherste Bürgschaft für wohlanständiges Verhalten erblicken zu können glaubte; und der Staatskasse sollte zugleich — dies gilt von den verschiedenen Formen der Besteuerung der Preßgewerbe — eine rasch und reichlich fließende, sichere und bequeme Einnahmsquelle eröffnet werden. Heute ist dieser Standpunkt — hoffentlich für immer — preisgegeben. Man hat erkannt, daß der der Staatskasse erwachsende Vortheil durch die Irrationalität der betreffenden Besteuerungsformen mehr als paralysirt wird; man ist zu der Ueberzeugung gelangt, daß in der Verbindung der Presse mit dem Großkapital, in der durch die Allianz dieser beiden Großmächte herbeigeführten Störung des Gleichgewichts größere Gefahren liegen, als in dem ephemeren Aufschießen kleiner machtloser Lokal- und Winkelblättchen, daß daher, wer die Macht der

---

[9] Soz.Ges. §. 28. Abs. 4.

Presse brechen will, diese theilen, auch hier die Dezentralisation anstreben muß.[1]

II. Das Reichspreßgesetz, das die Zeitungskautionen stillschweigend in seinem, die Preßfreiheit proklamirenden §. 1 beseitigt hatte, ist auch vor der Beseitigung einer besonderen Besteuerung der Preßgewerbe nicht zurückgeschreckt. Wie der Schlußabschnitt bestimmt,[2] findet — vorbehaltlich der auf den Landesgesetzen beruhenden allgemeinen Gewerbesteuer — eine besondere Besteuerung der Presse und der einzelnen Preßerzeugnisse (Zeitungs- und Kalenderstempel, Abgaben von Inseraten u. s. w.) nicht statt. Daß diese Befreiung den Spielkartenstempel nicht berührt, ergibt sich schon daraus, daß wir es hier mit Preßerzeugnissen im Sinne des Gesetzes nicht zu thun haben,[3] und wird allgemein zugegeben.[4] Die Reichsgesetzgebung hat durch die Beseitigung der Zeitungssteuer das von Belgien, Nordamerika, Frankreich, England gegebene Beispiel nachgeahmt, den Rechtszustand, der schon vor 1874 in vielen deutschen Staaten, so Bayern, Württemberg, Sachsen, Baden, Thüringen u. A., bestand, auf das ganze Reich ausgedehnt und damit einen Fortschritt gemacht, an welchem festzuhalten das deutsche Volk, selbst einer eventuellen allgemeinen rückläufigen Bewegung gegenüber, wohl Verständniß und Kraft genug besitzen wird.[5]

---

[1] Vgl. über Zeitungsstempel u. s. w. Berner S. 333, Marquardsen S. 34, John S. 333, v. Schwarze S. 157, Jaques S. 50, Liszt S. 143; über die Kautionspflicht Liszt S. 193 mit Quellen u. Lit.

[2] RPG. §. 30 Abs. 4.

[3] Vgl. oben §. 5 IV.

[4] Gesetzliche Anerkennung hat diese Ansicht gefunden in dem Reichsges. betr. den Spielkartenstempel v. 3. Juli 1878.

[5] Selbstverständlich ist durch die Aufhebung der Zeitungsstempelsteuer die Bestrafung der vor der Geltung des RPG. begangenen Steuerdefraudationen

III. An einer anderen, allerdings weniger bedeutenden, aber nicht weniger irrationellen und der Staatsgewalt noch weniger würdigen Einrichtung hat auch die Reichsgesetzgebung nichts geändert: an der den Preßgewerben (Verlagsgeschäften) obliegenden Verpflichtung zur Ablieferung von Freiexemplaren an Behörden und Bibliotheken. Nachweislich bis tief in's 16. Jahrhundert zurückreichend, wahrscheinlich fast ebenso alt wie die Buchdruckerkunst selbst; ursprünglich als „Privilegienbücher" ein Aequivalent für die Verleihung der Buchdruckerprivilegien, später eine Art von Censurabgabe: sind diese Freiexemplare wesentlich verschieden von den im Interesse polizeilicher Ueberwachung verlangten Pflicht- oder Probeexemplaren. Sie erscheinen heute gegenüber der gesetzlich anerkannten Gewerbefreiheit als eine durchaus anormale Besteuerung der Preßgewerbe, als eine bequeme und billige, aber durchaus ungerechte Bereicherung gewisser Bibliotheken.[6]

Im deutschen Parlamente konnte man sich über die Beseitigung dieser Einrichtung nicht einigen; den Klagen der deutschen Buchhändler standen Aeußerungen aus akademischen Kreisen, die für ihre Bibliotheken fürchteten, gegenüber; im Gesetze[7] wurde ausgesprochen, daß die Vorschriften der Landesgesetze über Abgabe von Freiexemplaren an Bibliotheken und öffentliche Sammlungen unberührt bleiben sollten.

Die Tragweite dieser Bestimmung ist, dem chaotischen Zustande der Landes„gesetzgebung" auf diesem Gebiete gegenüber, zweifelhaft. Festzuhalten ist:

---

nicht ausgeschlossen. OT. vom 19. Febr. 1875 (GA. 23 S. 140, OR. 16 S. 141).

[6] Man vgl. Berner S. 328, Marquardsen S. 32, 261, Liszt S. 137. Bei den Genannten weitere Nachweisungen.

[7] RPG. §. 30 Abs. 3.

1. „Gesetz“ ist im weiteren Sinne zu nehmen und umfaßt auch Verordnungen. Wenn jedoch nach der Verfassung des betreffenden Bundesstaates eine Beschränkung oder Belastung des Privateigenthums — als eine solche stellen die Freiexemplare sich unzweifelhaft dar — nur auf dem Wege der Gesetzgebung stattfinden kann, genügen Verordnungen nicht, um die Belastung als eine gesetzliche erscheinen zu lassen.
2. Die Exemplare müssen an „Bibliotheken und öffentliche Sammlungen“ gelangen; Exemplare, die im Dunkel der Registraturen verschwinden, „zu den Akten“ gelegt, den „Spitzen der Behörden“ zugewiesen werden u. s. w., fallen nicht unter das Gesetz; ihre Ablieferung kann daher seit dem 1. Juli 1874 nicht mehr verlangt und erzwungen werden.

Von den einzelnen deutschen Staaten haben das Königreich Sachsen, Sachsen-Weimar, die sächsischen Herzogthümer, Baden, Oldenburg, Reuß, Braunschweig, Bremen, Lippe-Detmold auf die Abgabe von Freiexemplaren verzichtet; die anderen Staaten halten an derselben fest.[8] Ihre vollständige Beseitigung herbeizuführen, bleibt nach wie vor eine der Reichsgesetzgebung obliegende und ihrer würdige Aufgabe.

[8] Die Landesgesetzgebung darzustellen, ist nicht Aufgabe dieser Schrift. Man vgl. die Zusammenstellung, die Bertram im Börsenblatt für den deutschen Buchhandel vom 6. April 1870 Nr. 78 gegeben und später ergänzt hat; sie hat vollständige Aufnahme gefunden in den Kommentaren von Marquardsen und Berner.

Dritter Theil.

Das Preßpolizeirecht.

§. 20.

Allgemeine Sätze.

I. Nach der schon oben[1] gegebenen Definition bilden das Preßpolizeirecht alle jene Rechtsregeln, durch welche vorbeugend dem Mißbrauche der Preßfreiheit entgegengewirkt und die künftige strafrechtliche Verfolgung etwaiger Preßdelikte gesichert werden soll.[2] Alle hieher gehörenden Anordnungen der Preßgesetzgebung tragen daher mehr oder minder (je nachdem mit denselben auch andere Zwecke verfolgt werden sollen) präventiven Charakter. Nach dem Stande der positiven Gesetzgebung fallen, mag auch theoretisch eine andere Einreihung gerechtfertigter erscheinen, in den Kreis des Preßpolizeirechtes:

1. Die Vorschrift, daß auf jeder Druckschrift die Namen gewisser an ihrer Herstellung und Ausgabe mechanisch oder geistig betheiligter Personen genannt werden müssen.[3]

---

[1] Oben §. 1.

[2] Näheres über den Begriff bei Liszt S. 32 f.

[3] Vgl. unten §§. 22 ff.

2. Die Anordnung der Ablieferung von Pflichtexemplaren an die mit der Ueberwachung der Presse beauftragten Personen.[4]

3. Die der periodischen Presse (unter gewissen Voraussetzungen) obliegende Verpflichtung zur Aufnahme amtlicher Bekanntmachungen.[5]

4. Die gesetzliche Regelung des Entgegnungsrechtes desjenigen, welchen die in einer periodischen Druckschrift mitgetheilten Thatsachen berühren.[6]

5. Die Zulässigkeit des Verbotes von Druckschriften in seinen verschiedenen Formen.[7]

6. Die Gestattung der Beschlagnahme von Druckschriften, deren Form oder Inhalt den gesetzlichen Anordnungen nicht entspricht.[8]

II. Eben wegen des präventiven, die künftige Begehung von Preßdelikten ins Auge fassenden Charakters dieser Anordnungen sind gewisse Druckschriften von der Befolgung der unter 1—4 (RPG. §§. 6—11) erwähnten Anordnungen dispensirt. Es sind dies[9] alle von den deutschen Reichs-, Staats- und Gemeindebehörden, von dem Reichstage oder von der Landesvertretung eines deutschen Bundesstaates ausgehenden Druckschriften, soweit sich ihr Inhalt auf amtliche Mittheilungen beschränkt. Kirchliche Behörden sind nicht als solche, sondern nur insoweit hieher zu rechnen, als sie Organe des landesherrlichen Kirchenregimentes sind.[10]

III. Die Anordnungen der §§. 6, 7, 8, 9, 10, 11 des

---

4 Vgl. unten §. 26.

5 Vgl. unten §. 27.

6 Vgl. unten §§. 28 ff.

7 Vgl. unten §§. 31 ff.

8 Vgl. unten §§. 34 ff.

9 RPG. §. 12.

10 Vgl. Berner S. 242 mit der Literatur.

Reichspreßgesetzes (oben I 1 bis 4) finden Anwendung auf alle seit dem 1. Juli 1874[11] und innerhalb des Geltungsgebietes der Reichspreßgesetzgebung[12] erschienenen Druckschriften. Das räumliche und zeitliche Herrschaftsgebiet der preßrechtlichen Bestimmungen über Verbot und Beschlagnahme wird noch[13] Gegenstand besonderer Besprechung sein.

§. 21.

Die Preßpolizeidelikte.

I. Bezüglich der Uebertretungen des Preßpolizeirechtes muß, soweit nicht das Gesetz ausdrücklich und bestimmt Abweichungen anordnet, festgehalten werden an den Grundsätzen des allgemeinen Strafrechts. Zum Begriffe des Deliktes gehört essentiell Rechtswidrigkeit des Thuns auf der objektiven, Zurechnungsfähigkeit und Schuld auf der subjektiven Seite, sowie Kausalzusammenhang zwischen dem Thun des Thäters und dem eingetretenen Erfolg.

Wenn daher in einem konkreten Falle nicht eine der beiden Schuldformen, Vorsatz oder Fahrlässigkeit, auf Seiten des Thäters nachweislich vorliegt, kann von einem Preßdelikte keine Rede sein.[1] Ein Delikt ohne subjektives Verschulden anzunehmen, ist ein Verstoß nicht nur gegen einen der fundamentalsten Sätze des Strafrechts, sondern auch gegen die Logik; ein Verstoß, dessen sich die gerichtliche Praxis allerdings nur zu häufig schuldig gemacht hat.

---

[11] Vgl. oben §. 2 I.

[12] Vgl. oben §. 3 II 2.

[13] Vgl. unten §§. 31 II, 33 I, 35 IV.

[1] Vgl. Binding Normen II S. 612 ff., Geyer krit. Vierteljahrschr. 1878 S. 595, Liszt S. 251 ff.

Aus dem Gesagten folgt aber auch weiter die Unrichtigkeit des oft aufgestellten Satzes,[2] daß bei den Preßpolizeidelikten *jedes* Verschulden zur Verurtheilung hinreiche, der Nachweis einer „besonderen bösen Absicht“ nicht erforderlich sei. Wir müssen vielmehr bei jedem einzelnen der hieher gehörenden Delikte aus dem Wortlaute, wie aus dem Zusammenhange der gesetzlichen Bestimmungen — ganz ebenso, wie auf dem Gebiete des Strafrechts überhaupt — die Frage zu entscheiden trachten, ob nur dolose oder ob auch kulpose Begehung des betreffenden Deliktes von der Gesetzgebung unter Strafe gestellt sei.[3]

II. Bei einzelnen Vorschriften schränkt das Gesetz selbst die Verantwortlichkeit für ihre Uebertretung auf gewisse Personen ein. So hat *nur* der verantwortliche Redakteur die Aufnahme amtlicher Bekanntmachungen[4] oder ihm übersendeter Berichtigungen[5] zu veranlassen; so ist nur der Verleger verantwortlich für die rechtzeitige Ablieferung der Pflichtexemplare.[6] In allen diesen Fällen darf der Kreis der verantwortlichen Personen nicht über die vom Gesetze selbst gezogene Grenze hinaus erweitert werden; andere als die im Gesetze genannten Personen sind weder als Thäter noch als Theilnehmer verantwortlich zu machen, mag auch ihr Verschulden klar erwiesen vorliegen;[7] und umgekehrt: die genannten Personen haften, Verschulden auf ihrer Seite und Kausalzusammenhang zwischen ihrem Thun und dem eingetretenen Erfolge vorausgesetzt, auch dann, wenn ihr

---

[2] Vgl. z. B. *Thilo* S. 59, 61, *Kayser* S. 594 f.; OT. vom 20. Septbr. 1872 (GA. 20 S. 602).

[3] *Liszt* S. 253 f.

[4] Vgl. unten §. 27 VI.

[5] Vgl. unten §. 30 III.

[6] Vgl. unten §. 26 IV.

[7] Vgl. *Marquardsen* S. 105, v. *Schwarze* S. 59 ff., *Liszt* S. 154 f.

schuldhaftes Thun dem gesetzlichen Begriffe der Thäterschaft nicht entspricht.

Hat das Gesetz eine solche Schranke dagegen nicht gezogen, so ist jeder Schuldige verantwortlich, und die allgemein strafrechtlichen Grundsätze über Thäterschaft und Theilnahme gelangen zur vollen Anwendung.

Keines Beweises, sondern nur eines Blickes auf das Gesetz bedarf es, um zu erkennen, daß die in den §§. 20 und 21 RPG. aufgestellten Regeln über die preßrechtliche Verantwortlichkeit[8] auf die Preßpolizeidelikte nicht bezogen werden dürfen.

III. Ueber den Zeitpunkt, in welchem die einzelnen Preßpolizeidelikte als vollendet zu betrachten sind, lassen sich allgemeine Regeln nicht aufstellen; es sei hier auf die Detaildarstellung in den folgenden Paragraphen verwiesen. Der Versuch bleibt bei allen straflos. Daher ist auch das forum delicti commissi für jedes dieser Delikte besonders zu bestimmen.

IV. Ebenso wäre es unrichtig, die Frage, wann eines wann mehrere der hieher gehörigen Delikte vorliegen, wann ideale wann reale Konkurrenz anzunehmen ist, durch einen allgemeinen Satz entscheiden zu wollen. So ist der aus der preußischen Praxis entlehnte Satz:[9] „die Verabsäumung zweier verschiedener Formvorschriften bei der Veröffentlichung einer Druckschrift stellt einen Fall der Realkonkurrenz dar", viel zu weit; dasselbe gilt aber auch umgekehrt von der von Merkel[10] vertretenen Behauptung, daß hier, da „die Ord-

[8] Darüber unten §§. 49 ff., §. 40 V.

[9] OT. vom 13. Septbr. 1871 (OR. 12 S. 448); Thilo S. 64; Oppenhoff Bem. 20 zu §. 73 StGB.

[10] v. Holtzendorff Handb. IV. S. 228 Anm. 13.

nungswidrigkeiten in Modalitäten einer und derselben Handlung liegen", immer Idealkonkurrenz anzunehmen sei. Es muß vielmehr auch hier jeder einzelne Fall nach den bekannten Grundsätzen des allgemeinen Strafrechts selbständig ins Auge gefaßt werden.[11]

V. In Bezug auf die Verjährung sind die Preßpolizeidelikte den durch den Inhalt der Druckschriften begangenen ausdrücklich im Gesetze (RPG. §. 22) gleichgestellt.[12] Ein innerer Grund für diese Gleichstellung zweier in ihren wesentlichen Eigenschaften so sehr von einander verschiedenen Deliktsgruppen läßt sich nicht auffinden.

VI. Die in dem Reichspreßgesetz[13] ausdrücklich ausgesprochene Ueberweisung sämmtlicher Uebertretungen (im weiteren, auch Verbrechen und Vergehen mitumfassenden Sinne), die durch die Presse begangen werden, mithin auch der Uebertretungen des Preßpolizeirechtes an die Gerichte, ist durch die Einführung der Reichsstrafprozeß-Ordnung gegenstandslos geworden.

I. Die Benennung der verantwortlichen Personen auf der Druckschrift.

§. 22.

Die Angabe des Druckers und Verlegers.

I. Seit dem 16. Jahrhundert hält die Preßgesetzgebung an der Forderung fest, daß auf jeder Druckschrift die Namen der an ihrer Herstellung und Ausgabe betheiligten Personen

[11] Vgl. Liszt S. 267 ff.; unten z. B. §. 25 V.

[12] Vgl. über die Verjährung der Preßdelikte unten §. 53.

[13] RPG. §. 29.

genannt werden müssen. Heute ist diese Nennung zur feststehenden Sitte geworden, und nur in Ausnahmsfällen wird sie von den Preßgewerben als eine Maßregel polizeilicher Ueberwachung empfunden. Dennoch ist sie eine solche, und zwar eine der wichtigsten. Sie gewährt der Behörde nicht nur eine allgemeine, unter Umständen außerordentlich werthvolle Uebersicht über die Leistungen und die Richtung der einzelnen Firmen, sie garantirt auch einer eventuellen Repression, mag es sich um eine Beschlagnahme, mag es sich um die Durchführung der richterlich angeordneten Unbrauchbarmachung, mag es sich um die Einleitung der Verfolgung gegen die an Herstellung und Ausgabe betheiligten Personen handeln, sicheren und raschen Erfolg. Dazu kommt, daß der Ort, an welchem die Druckschrift verlegt wird, für die Bestimmung ihrer Staatsangehörigkeit, mithin für die Anwendbarkeit des inländischen Rechts maßgebend ist.[1]

II. Nach der Reichsgesetzgebung[2] muß auf jeder im Geltungsgebiete des Reichspreßgesetzes[3] erscheinenden Druckschrift genannt sein:

1. Name und Wohnort des Druckers;
2. wenn die Druckschrift für den Buchhandel oder sonst zur Verbreitung bestimmt ist, außerdem Name und Wohnort des Verlegers. Bei den im Selbstvertriebe stehenden Druckschriften kann statt des Namens des Verlegers jener des Verfassers oder Herausgebers genannt sein; mit anderen Worten: Verfasser und Herausgeber müssen sich entweder als solche oder als Verleger bezeichnen. Anonymität und

[1] Vgl. oben §. 5 V.
[2] RPG. §. 6.
[3] Deutsches Reich mit Ausschluß von Elsaß-Lothringen.

Pseudonymität sind also auch bei den im Selbstverlag vertriebenen Schriften nur dann ausgeschlossen, wenn die Thatsache, daß es sich um Selbstvertrieb handelt, auf der Druckschrift selbst zum Ausdrucke kommen soll.[4]

Die Bedeutung der Worte „oder sonst zur Verbreitung bestimmt" ist bestritten. Da jede Druckschrift, um als solche im Sinne des Preßgesetzes betrachtet werden zu können,[5] zur Verbreitung bestimmt sein muß, so kämen wir, wollten wir an dem Wortlaute des Gesetzes festhalten, zu dem Resultate, daß die Angabe des Verlegers auf keiner Druckschrift entbehrt werden kann. Dieses Resultat hat der Gesetzgeber gewiß nicht gewollt. Es ergibt sich vielmehr sowohl aus der Entstehungsgeschichte des Gesetzes[6] als auch — was bei weitem wichtiger — aus der Gleichstellung mit dem Buchhandel, daß nur die gewerbsmäßige Verbreitung gemeint ist. Bei den zur nicht gewerbsmäßigen wenn auch öffentlichen Verbreitung[7] bestimmten Druckschrift genügt mithin die Angabe des Druckers.

Die Angaben müssen an hervorragender oder an der hergebrachten Stelle gemacht werden, so daß ihre Auffsuchung keine Schwierigkeiten bietet.

Die zu nennenden Personen sind in ihrer Eigenschaft als Drucker oder Verleger zu nennen; unbestimmte Angaben, wie z. B. „zu haben bei N.", genügen nicht.[8]

Jede selbständige Druckschrift muß diesem Erfordernisse entsprechen; ebenso jeder selbständig in die Welt geschickte

[4] OT. vom 18. Juni 1863 (GA. 11 S. 707, OR. 3 S. 509).

[5] Vgl. oben §. 5 II c, III.

[6] Vgl. Marquardsen S. 66 ff.

[7] Vgl. RPG. §. 5.

[8] OT. vom 27. Juni 1876 (OR. 17 S. 462, GA. 24 S. 630).

Theil einer solchen. Also auch Uebersetzungen und Ueberarbeitungen, Auszüge und Separatabdrücke; jeder Band eines Werkes, jede Lieferung eines Buchs, jedes Heft einer Zeitschrift, jede Nummer einer Zeitung.

III. Drucker und Verleger, die genannt werden müssen, sind hier[9] immer nur die Inhaber des betreffenden Gewerbes; die Anstalten, aus welchen die Druckschrift hervorgegangen ist, sollen zur Kenntniß der überwachenden Behörden gebracht werden. Daher genügt in keinem Falle die Angabe des Stellvertreters,[10] immer aber diejenige des Inhabers, mag auch dieser thatsächlich die ganze Leitung in die Hände des ersteren gelegt haben. Doch hat der Stellvertreter in diesem Falle für die Erfüllung der Verpflichtung zur Angabe des Namens des Inhabers Sorge zu tragen, sowie ihn eventuell die Verantwortlichkeit für die Nichterfüllung trifft.

Das Gesetz gestattet an Stelle des Namens — sei es des Druckers, sei es des Verlegers — die in das Handelsregister eingetragene Firma, mag sie auch eine Gesellschaftsfirma sein, zu nennen. Darin liegt zugleich der Beweis für die Richtigkeit des oben Gesagten. Auch in diesem Falle haftet für die Beachtung des Gesetzes jene Person, die thatsächlich das Gewerbe leitet, mag dies der Gewerbsmann selbst, mag dies der Stellvertreter sein, mag letzterer einen Einzelnen oder eine Personenmehrheit vertreten.

IV. Nicht nur der Name, sondern auch der Wohnort des Druckers wie des Verlegers muß genannt sein. Dieser Ausdruck des Gesetzes ist ungenau und irreleitend. Maß-

---

[9] Vgl. oben §. 8 III.

[10] Ausdrücklich ausgesp. bezügl. des Verlegers vom OT. am 1. Juni 1876 (GA. 24 S. 375, OR. 17 S. 406).

gebend ist der Druckort und Verlagsort, der Ort, an welchem die Schrift gedruckt und verlegt wurde, an welchem sich Druckerei und Verlagshandlung befinden. Regelmäßig wird dieser Ort mit dem Wohnorte als dem Orte des gewöhnlichen Aufenthaltes zusammenfallen; wichtig ist die Unterscheidung, weil, wenn Jemand mehrere Wohnorte hat, nicht die Angabe irgend eines von diesen genügt, sondern die Angabe desjenigen erforderlich ist, welchen er mit Rücksicht auf das betreffende Preßgewerbe hat. Wird statt des Namens die Firma genannt, so ist statt des Wohnortes ihres Trägers das Domizil der Firma zu nennen, der Ort also, an welchem das Handelsregister, in das sie eingetragen ist, geführt wird.

Aus dem Gesagten folgt, daß, da eine Druckerei, eine Verlagshandlung sich nicht an mehreren Orten befinden kann, die Angaben: „gedruckt in Wien und Leipzig", „verlegt in Berlin und München" u. s. w. gesetzwidrig und thatsächlich falsch sind.

In Bezug auf die rechtliche Stellung mehrerer an derselben Druckschrift betheiligten Etablissements derselben oder verschiedener Personen ist das oben §. 8 IV Gesagte zu vergleichen.

§. 23.

Die von der Angabe befreiten Druckschriften.

I. Von der im vorigen Paragraphen besprochenen preßpolizeilichen Anordnung sieht das Gesetz ab gegenüber solchen Druckschriften, bei welchen die Befürchtung eines Mißbrauches der Preßfreiheit, die Gefahr der Begehung eines Preßdeliktes eine so geringe ist, daß der Grund jener Anordnung entfällt.

Das Reichspreßgesetz[1] nennt als von der Verpflichtung zur Angabe des Druckers und Verlegers befreit:

1. Die nur den Zwecken des Gewerbes und Verkehrs, des häuslichen und geselligen Lebens dienenden Druckschriften, als: Formulare, Preiszettel, Visitenkarten u. dgl.;
2. Stimmzettel für öffentliche Wahlen, sofern sie nichts weiter als Zweck, Zeit und Ort der Wahl und die Bezeichnung der zu wählenden Personen enthalten.

Bei diesen Druckschriften bedarf es mithin weder der Nennung des Verfassers, noch jener des Druckers.

II. Eine weitere Aufzählung von unter I 1 fallenden Druckschriften enthielt das sächsische Preßgesetz.[2] Seine Beispiele sind auch für das Reichspreßgesetz verwerthbar. Es nennt: Frachtbriefe, Avisbriefe, Wechsel, Kassenzettel, Anweisungen, Courszettel, Fakturen, Versendelisten, Versende- und Verlangszettel, Rechnungsabschlüsse, Bänder zur Versendung von Zeitschriften, Bücherumschläge, insoweit sie nur Büchertitel enthalten, Titel und Bücherrücken, Tabellenschemata, ferner Schemata zu den Ausfertigungen der öffentlichen Behörden, Etiquetten, Adreß-, Einladungs-, Verlobungs- und Vermählungskarten, Anzeigen anderer Familienereignisse „und ähnliche diesen gleich zu achtende kleine Preßerzeugnisse".

III. Bei der Anwendung des Gesetzes auf die Fälle des praktischen Lebens, die in ihrer reichen Fülle jeder juristischen Schematisirung spotten, muß die ratio legis als sichere Grundlage dienen. Mit ihr fällt die Befreiung. Auch die harm-

[1] RPG. §. 6 Abs. 1.

[2] Art. 7.

loseste Form kann zur Umgehung des Gesetzes mißbraucht, eine Todesfallanzeige[3] z. B. zu politischen Auseinandersetzungen verwerthet werden.

IV. Dabei sei, was häufig übersehen wird, besonders betont, daß, ehe die Frage nach dem Anspruche der Druckschrift auf die gesetzliche Begünstigung aufgeworfen werden kann, die Vorfrage, ob eine Druckschrift überhaupt vorliegt, bejahend entschieden sein muß. Von einer Druckschrift im Sinne des Preßgesetzes kann aber dann nicht gesprochen werden, wenn 1. es sich gar nicht um die Mittheilung eines Gedankens, um eine unter das Preßrecht fallende Gedankenäußerung handelt;[4] oder 2. wenn zwar die übrigen Merkmale einer Druckschrift vorliegen, dieselbe aber nicht zur Verbreitung bestimmt ist.[5] Ob dies der Fall, ist quaestio facti;[6] die meisten jener Fragen, welche die Praxis mit Rücksicht auf konkrete Fälle in allgemeiner Fassung aufgeworfen hat, lassen eine prinzipielle Entscheidung gar nicht zu. Statuten von Vereinen und Gesellschaften, Protokolle über Generalversammlungen, Jahresberichte, Circulare u. dgl. können „zur Verbreitung bestimmt“ sein oder nicht; im zweiten Fall sind sie keine Druckschriften, fallen also überhaupt nicht unter das Preßgesetz; im ersten Fall wird es sich dann erst weiter fragen, ob sie nach der ratio legis als befreit anzusehen sind. Genau dasselbe gilt von Gelegenheitsgedichten, Tischsprüchen,[7] Grundrissen zu akademischen Vorträgen u. dgl.; auch hier ist jede allgemeine Entscheidung unrichtig.

V. Erbietungen zum An- oder Verkauf, Aufforderungen zum Abschlusse von Geschäften dienen jedenfalls „den Zwecken

[3] Vgl. Liszt S. 190.
[4] Darüber oben §. 5 IV.
[5] Darüber oben §. 5 II c, III.
[6] Ueber den Begriff der Verbreitung vgl. unten §. 42.
[7] Vgl. Liszt S. 191.

des Gewerbes und Verkehrs" und sind somit von Nennung des Druckers und Verlegers befreit. Einladungen zum Zeitungsabonnement, geschäftliche Ankündigungen auf der Rückseite von Speisekarten, Kataloge von Buchhändlern und Antiquaren aller Art, selbst wenn sie mit einer kurzen Inhaltsangabe oder Beschreibung verbunden sein sollten (die sog. catalogues raisonnés), gehören hieher.[8]

VI. Kupferstiche avant la lettre („épreuves d'artiste") gehören nicht zu den im Gesetze genannten, von der Angabe des Druckers und Verlegers befreiten Druckschriften; aber die Praxis rechnet sie hieher, bei der Berathung des Preßgesetzes erklärte man ausdrücklich, sie ausnehmen zu wollen, und die Kommentatoren sind einstimmig der milderen Ansicht. Gesetzliche Anerkennung der Befreiung wäre jedenfalls wünschenswerth.

VII. Der ratio legis folgend, die im Gesetze ausdrücklich angeführten Beispiele berücksichtigend, werden wir umfangreichere Preßerzeugnisse, Kochbücher, Komplimentirbücher u. dgl. nicht zu den befreiten Druckschriften rechnen können.

§. 24.

Die Nennung des verantwortlichen Redakteurs auf periodischen Druckschriften.

I. Periodische Druckschriften in dem bereits[1] besprochenen Sinne müssen zunächst jene Angaben enthalten, welche das Gesetz von allen Druckschriften fordert; also den Namen und Wohnort des Druckers unter allen Umständen,

[8] Beispiele bei Liszt S. 190, 191 (aus der österr. Praxis).

[1] Vgl. oben §. 6.

den Namen und Wohnort des Verlegers dann, wenn sie zur gewerbsmäßigen Verbreitung bestimmt sind. Angabe der Firma genügt auch hier. Ferner entfällt die Verpflichtung zur Angabe von Drucker und Verleger, sobald das Blatt nur zu den Zwecken des Gewerbes und Verkehrs, des häuslichen und geselligen Lebens dient, also bei Intelligenzblättern u. s. w. Die im vor. Paragraphen besprochenen Bestimmungen sind allgemeiner Natur, finden in gleicher Weise auf periodische wie auf nichtperiodische Druckschriften Anwendung. Kaum der Bemerkung bedarf es, daß eine nicht zur Verbreitung bestimmte Schrift, auch wenn sie periodisch erscheint, keine periodische Druckschrift sein kann.

II. Außer den genannten Angaben muß aber die periodische Druckschrift noch eine weitere enthalten: Namen und Wohnort des verantwortlichen Redakteurs.[2] Mehrere Personen dürfen[3] nur dann als verantwortliche Redakteure desselben Blattes genannt werden, wenn aus Form und Inhalt der Benennung[4] mit Bestimmtheit zu ersehen ist, für welchen Theil der Druckschrift jede der benannten Personen die Redaktion besorgt. Wurden mehrere Personen genannt, ohne daß die Benennung den eben angeführten Voraussetzungen entspricht, so existirt sie für den Gesetzgeber nicht; die Druckschrift ist so zu behandeln, als hätte sie überhaupt keinen verantwortlichen Redakteur genannt. Unrichtig ist es,[5] in einem solchen Falle Solidarhaftung aller genannten

---

[2] Ueber diesen Begriff vgl. oben §. 11.

[3] RPG. §. 7 Abs. 2.

[4] Die Theilung der Verantwortlichkeit muß aus der Zeitung selbst klar ersichtlich sein. Bair. Kass.H. vom 15. Dezbr. 1874 (St. 4 S. 242, GA. 23 S. 591).

[5] Vgl. v. Schwarze S. 25, Thilo S. 22; dagegen die richtige Ansicht bei Marquardsen S. 75.

Personen anzunehmen; strafrechtliche Solidarhaftung ist ein so sehr mit den Fundamentalsätzen des Strafrechts im Widerspruch stehender Begriff, daß er ohne ausdrückliche gesetzliche Anerkennung keine Existenzberechtigung hat.

Zu nennen ist der verantwortliche Redakteur, d. i. dasjenige Mitglied der Redaktion, welches thatsächlich die Oberaufsicht über die Leitung des Blattes führt.[6] Der gesetzlichen Verpflichtung wird also nicht Genüge geleistet, wenn die auf dem Blatte genannte Person gar nicht,[7] oder in anderer als der vom Gesetze geforderten Weise an der Redaktion betheiligt ist.

III. Name und Wohnort ist anzugeben. Der Begriff des Wohnortes ist hier prinzipiell derselbe, wie in dem oben §. 22 IV. besprochenen Falle. Doch macht die Verschiedenheit der thatsächlichen Verhältnisse eine Modifikation nothwendig. Dem Orte, an welchem die Druckerei, die Verlagshandlung sich befindet, entspricht der Ort, an welchem das Redaktionsbüreau aufgerichtet ist; Wohnort des Redakteurs ist der Ort, an dem er seine Redaktionsgeschäfte besorgt. Dieser Ort ist zu nennen, mag auch der Redakteur nur wenige Stunden in der Woche hier seinem Berufe obliegen, den weitaus größten Theil seiner Zeit aber anderswo zubringen.[8] Dem Zwecke des Gesetzes wird genügt, da im Redaktionsbüreau wohl jederzeit der momentane thatsächliche Aufenthalt des Redakteurs ermittelt werden kann.[9]

Aus dem Gesagten ergibt sich auch, daß nur jene Abwesenheit des Redakteurs von dem auf dem Blatte ge-

---

[6] Vgl. oben §. 11 III 1.

[7] OT. vom 26. Juni 1874 (OR. 15 S. 456).

[8] Anerkannt v. OT. a. 5. September 1878 (GA. 26 S. 462; OR. 19 S. 384).

[9] Auch dieser Gesichtspunkt ist in der zit. Entscheidung betont.

nannten Orte überhaupt preßrechtlich in Betracht kommen kann, die mit einer Unterbrechung der Redaktionsthätigkeit verbunden ist.[10] Ist dies aber der Fall, so ist der Redakteur während dieser Zeit eben nicht an der Redaktion betheiligt; er darf mithin auch nicht als Redakteur auf der Druckschrift genannt werden. Sein Stellvertreter ist, und zwar nicht als stellvertretender, sondern als verantwortlicher Redakteur schlechtweg, auf den in der Zwischenzeit erscheinenden Nummern zu nennen.

IV. Die Nennung muß auf jeder Nummer, jedem Stücke, jedem Hefte der periodischen Druckschrift erfolgen. Besteht die Zeitung oder Zeitschrift aus einem Hauptblatte und einer oder mehreren Beilagen[11] (Nebenblättern), so genügt es, wenn die Angabe auf dem Hauptblatte erfolgt; andererseits muß sie hier erfolgen, und es könnte nicht als genügend betrachtet werden, wenn nur die Beilage die vom Gesetze geforderte Angabe enthielte.[12] Anders steht die Sache natürlich dann, wenn Hauptblatt und Beilage unter verschiedener Redaktion stehen; hier tritt die oben (unter II.) besprochene Bestimmung über gleichzeitige Nennung mehrerer Redakteure derselben periodischen Druckschrift in Kraft;[13] sind Hauptblatt und Nebenblatt ganz unabhängig von einander, so ist letzteres eben keine Beilage im technischen Sinne, sondern eine selbständige periodische Druckschrift, die daher auch allen an eine solche gerichteten gesetzlichen Anforderungen selbständig entsprechen muß.

[10] OT. vom 28. Dezbr. 1877 (GA. 26 S. 560; St. 7 S. 366); vgl. auch unten §. 50 I.

[11] Ueber diesen Begriff oben §. 6 II.

[12] Theilw. abweich. Barth S. 34, v. Schwarze S. 15 u. 27, Liszt S. 192; vgl. auch OT. vom 11. März 1869 (OR. 10 S. 140).

[13] OT. vom 8. Novbr. 1878 (GA. 26 S. 543).

§. 25.

Uebertretung dieser Anordnungen.

I. Zuwiderhandlungen gegen die oben in den §§. 22 und 24 besprochenen preßpolizeilichen Bestimmungen sind

1. mit Geldstrafe bis zu 1000 Mark oder mit Haft oder mit Gefängniß bis zu 6 Monaten bedroht,[1] wenn sie durch falsche Angaben mit Kenntniß der Unrichtigkeit begangen werden;
2. mit Geldstrafe bis zu 150 Mark oder mit Haft,[2] wenn diese Voraussetzungen fehlen, mithin entweder die Kenntniß der Unrichtigkeit der falschen Angabe fehlt, oder aber eine falsche Angabe überhaupt nicht vorliegt, sondern die Uebertretung auf andere Weise, z. B. durch Unterlassung oder Lückenhaftigkeit der Angaben begangen wurde.

Daß die Nennung einer Person, welche die von dem Gesetze in §. 8 geforderten Eigenschaften nicht besitzt, als verantwortlichen Redakteurs nie als eine falsche Angabe erscheinen kann, wurde bereits an anderer Stelle erwähnt.[3]

Die ad 1 erwähnte Strafe trifft den Verleger einer periodischen Druckschrift auch dann,[4] wenn er wissentlich geschehen läßt, daß auf derselben eine Person fälschlich als Redakteur benannt wird.

Druckschriften, welche, obwohl den Vorschriften der §§. 6 und 7 RPG. nicht entsprechend, ausgegeben werden, unterliegen der Beschlagnahme;[5] diese ist, von der Bestrafung des Schul-

[1] RPG. §. 18 Nr. 2.
[2] RPG. §. 19 Nr. 1.
[3] Vgl. oben §. 11 V.
[4] RPG. §. 18 Abs. 2.
[5] Vgl. unten §. 35 I.

digen abgesehen, das einzige Mittel, welches der Staatsgewalt zu Gebote steht, um die Beachtung ihrer Anordnungen, wenigstens auf indirektem Wege, zu erzwingen.

II. Die Anwendbarkeit der oben I 1 besprochenen schwereren Strafdrohungen des §. 18 RPG. ist bedingt durch den bösen Glauben des Angeklagten; sie entfällt mit der mala fides, sie ist ausgeschlossen, wenn die Ueberzeugung von der Richtigkeit der betreffenden Angabe bei dem Angeklagten vorhanden war;[6] dabei ist der Grund dieser Ueberzeugung durchaus gleichgiltig: selbst wenn sie auf einer unrichtigen Auslegung des Preßgesetzes, also auf einem „Strafrechtsirrthum“ beruht, schließt ihr Vorliegen die vom Gesetze verlangte mala fides, mithin auch die durch diese bedingte schwerere Strafe aus. Wenn daher z. B. der Angeklagte der Meinung war, daß nicht der Inhaber der Druckerei, sondern dessen Stellvertreter auf der Druckschrift zu nennen sei, und aus diesem Grunde die gemachte Angabe für eine richtige hielt, so ist §. 18 RPG. nicht anwendbar.[7]

III. Von der besonderen Haftung des Verlegers einer periodischen Druckschrift für die fälschliche Angabe des Redakteurs abgesehen, richtet sich die Verantwortlichkeit für die besprochenen Uebertretungen nach den allgemein-strafrechtlichen Grundsätzen. Jeder Schuldige haftet, im Falle unter I. 2 auch wegen Fahrlässigkeit. Daher kann der Drucker auch dann bestraft werden, wenn die Nichtnennung des Verlegers oder Redakteurs, oder eine falsche Angabe in Bezug auf diese Personen auf sein Verschulden zurückgeführt werden kann;[8] dasselbe gilt vom Verleger, Redakteur, sowie

[6] So richtig OT. v. 8. Oktbr. 1874 (OR. 15 S. 643).

[7] A. A. OT. v. 1. Juni 1876 (GA. 24 S. 375, OR. 17 S. 406); Vgl. oben §. 22 IV.

[8] Ebenso OT. vom 29. Mai

von allen Personen, welchen ein Verschulden zur Last fällt,[9] mögen sie auch außerhalb des Kreises der von dem Gesetze einer besonderen und erhöhten Verantwortlichkeit unterworfenen Personen stehen.[10] Eben darum kann aber der Verbreiter, der erst nach Herstellung der Druckschrift, also erst nachdem die hier besprochenen Delikte begangen sind, seine Thätigkeit beginnt, nicht wegen dieser Delikte zur Verantwortung gezogen werden.[11]

IV. Mit der Ausgabe[12] der Druckschrift sind die besprochenen Delikte vollendet. Diese Ansicht rechtfertigt sich durch die Erwägung, daß die hieher gehörigen preßpolizeilichen Bestimmungen jene Bedingungen normiren, unter welchen die Existenz einer Druckschrift dem Gesetze entspricht. Sie beziehen sich auf die Schaffung des Mittels zur Gedankenäußerung in Druckschriften. Diese selbst braucht noch nicht stattgefunden zu haben, aber das Mittel muß hergestellt sein. Die Druckschrift ist hergestellt, sobald sie ausgegeben, sobald sie erschienen ist; sie muß zur Verbrei-

1878 (GA. 26 S. 354, OR. 19 S. 290). Dagegen Würt. Kass.H. v. 15. Juni u. 7. Novbr. 1877 (GA. 26 S. 560, St. 7 S. 365). Zu eng OT. v. 27. Juni 1876 (GA. 24 S. 630, OR. 17 S. 462), welches nur dann den Drucker für die Nichtnennung des Verlegers verantwortlich macht, wenn ihm die Nennung vom Verleger ausdrücklich aufgetragen war, oder wenn er selbst zugleich als Verleger fungirt.

[9] A. A. Berner S. 266, Marquardsen S. 105 f., v. Schwarze S. 60.

[10] Bezüglich d. Eigenthümers und der auf dem Blatte nicht genannten Redaktionsmitglieder ausdrücklich anerkannt v. OT. a. 26. Juni 1874 (OR. 15 S. 456).

[11] München. Kass. v. 10. Mai 1878 (GA. 26 S. 560, St. 8 S. 55). Vgl. auch Marquardsen S. 107.

[12] Dagegen nimmt OT. vom 8. Oktbr. 1874 (OR. 15 S. 643) die Veröffentlichung (im Sinne von Verbreitung) als maßgebenden Zeitpunkt an.

tung bestimmt sein, aber daß sie verbreitet worden, ist begrifflich nicht nothwendig. Die deliktische Thätigkeit besteht mithin hier in der Ausgabe einer dem Gesetze nicht entsprechenden Druckschrift; mit ihr ist das Delikt vollendet, und dort, wo ausgegeben worden, die strafbare Handlung begangen, das forum delicti commissi begründet.

V. Wenn eine und dieselbe Druckschrift in mehr als einem Punkte dem Gesetze nicht entspricht, z. B. dieselbe Nummer des Blattes weder den Redakteur noch auch den Drucker nennt, so liegt nur eine strafbare Handlung (Ausgabe) und auch nur ein Delikt, nicht etwa eine ideale gleichartige Konkurrenz vor.

Ist durch längere Zeit hindurch auf sämmtlichen aufeinanderfolgenden Nummern einer periodischen Druckschrift eine thatsächlich an der Redaktion nicht betheiligte Person als verantwortlicher Redakteur genannt worden, so ist, die sonstigen Merkmale dieses Begriffes als gegeben vorausgesetzt, ein fortgesetztes Delikt anzunehmen.

Sind aus derselben Anstalt zu verschiedenen Malen dem Gesetze nicht entsprechende Druckschriften hervorgegangen, so kann, je nach den Umständen, Fortsetzung oder Wiederholung anzunehmen sein.

II. Die Pflichtexemplare.

§. 26.

I. Während die bereits oben §. 19 III. besprochenen Freiexemplare als eine das Preßgewerbe treffende Steuer sich darstellen, dienen die Pflichtexemplare lediglich polizeilichen Zwecken; sie sollen die überwachende Behörde rechtzeitig in Kenntniß davon setzen, daß ein Preßdelikt begangen worden, und ihr die Möglichkeit gewähren, sofort gegen die Schuldigen, vielleicht auch noch gegen die nicht in Verbreitung gesetzten Exemplare der Druckschrift einzuschreiten.

Das Reichspreßgesetz hat die von den meisten Gesetzgebungen geforderten Pflichtexemplare nach lebhaftem parlamentarischen Kampfe beibehalten, zugleich aber den Kreis der zur Ablieferung derselben verpflichteten Druckschriften — der Mehrzahl der bisherigen Gesetze gegenüber — so wesentlich eingeengt, daß dadurch die meisten der gegen diese Verpflichtung geltend gemachten Bedenken beseitigt sein dürften.

II. Nur die periodische[1] Presse ist nach geltendem Rechte[2] dieser Verpflichtung unterworfen. Von jeder Nummer, jedem Hefte, jedem Stücke einer solchen hat der Verleger, sobald die Austheilung oder Versendung beginnt, ein Exemplar gegen eine ihm sofort zu ertheilende Bescheinigung an die Polizeibehörde des Ausgabeorts unentgeltlich abzuliefern.

1. Das „Pflichtexemplar" umfaßt die ganze Druckschrift, das Hauptblatt wie die sämmtlichen Beilagen. Von jeder Nummer muß es abgeliefert werden, mag diese zu den regelmäßig erscheinenden gehören oder als „Extrablatt" ausgegeben werden. Gleichgiltig ist der Umfang der Druckschrift; die umfangreichste fällt so gut unter das Gesetz, wie die kleinste.

2. Die Ablieferung muß gleichzeitig mit dem Beginne der „Austheilung oder Versendung" geschehen. Diese Ausdrücke decken sich mit dem der Ausgabe, aber nicht nothwendig mit jenem der Verbreitung.[3] Wenn eine in

[1] Begriff vgl. oben §. 6.
[2] RPG. §. 9.
[3] Darüber unten §. 42, insbes. IV.

Dresden erscheinende Druckschrift jedesmal in sämmtlichen Exemplaren an den Kommissionär in Leipzig „versendet“ und von diesem „verbreitet“ wird, so muß die Ablieferung der Pflichtexemplare in dem Augenblicke erfolgen, in welchem der Bücherballen von Dresden nach Leipzig abgeht, nicht erst dann, wenn von Leipzig aus die Verbreitung beginnt. Damit korrespondirt die Anordnung des Gesetzes, nach welcher die Ablieferung an die Behörde des Ausgabeortes, nicht an die Behörde jenes Ortes, von dem aus die Verbreitung stattfindet, zu erfolgen hat.

3. Nicht nothwendig ist es, mit der Austheilung oder Versendung so lange zu warten, bis das Pflichtexemplar in die Hand des mit seiner Durchsicht betrauten Beamten gelangt oder gar etwa, bis die Bescheinigung erfolgt ist; sobald der Bote mit dem Pflichtexemplare sich auf den Weg macht, kann mit der Versendung oder Austheilung begonnen werden.[4]

4. Die Bescheinigung dient zum Beweise der rechtzeitigen Ablieferung; doch kann dieser Beweis auch mit allen andern Beweismitteln geführt werden. Die Bescheinigung muß sofort erfolgen; eine allgemeine Beschränkung der Entgegennahme auf bestimmte Polizeistunden wäre, weil auf die Ausgabe der Druckschrift verzögernd einwirkend, nicht im Einklange mit dem Gesetze; dagegen kann der Verleger, der zu ungewöhnlicher Stunde ein Extrablatt erscheinen läßt, wohl keinen Anspruch darauf erheben, „sofort“ einen mit der Bescheinigung beauftragten Beamten zur Stelle zu haben.[5]

5. Eine Vergütung der Exemplare findet nicht statt;

---

[4] Vgl. Thilo S. 31, Liszt S. 158.

[5] Vgl. Thilo S. 32, Liszt S. 160, Berner S. 219.

ebensowenig hat die Reichsgesetzgebung ihre weitere Verwendung geregelt. Rückstellung an den Verleger nach gemachtem Gebrauche ist jedenfalls gestattet.[6]

6. Für die Ablieferung hat der Verleger Sorge zu tragen.

III. Von der Verpflichtung zur Ablieferung der Pflichtexemplare sind jene Druckschriften befreit, welche ausschließlich den Zwecken der Wissenschaft, der Kunst, des Gewerbes oder der Industrie dienen. Aehnlich wie in den oben §. 23 besprochenen Fällen reduzirt sich auch hier die Gefahr eines Mißbrauches der Preßfreiheit, die Gefahr der Begehung eines Preßdeliktes auf ein Minimum. Die politische Presse einerseits, die der Unterhaltung gewidmeten Blätter andererseits, sind es vielmehr, die dem Gesetzgeber einer besonderen Ueberwachung bedürftig erscheinen. An diesem Gedanken wird bei der Entscheidung einzelner Fälle festzuhalten sein. Insbesondere wird es kaum anders als im konkreten Falle möglich sein, Politik und Wissenschaft scharf von einander zu unterscheiden. Es ist gewiß richtig,[7] daß Aufgabe der Wissenschaft das Erkennen, Ziel der Politik die That ist, daß die Wissenschaft ihr Auge nach innen, die Politik nach außen wendet, daß diese begrifflich den Gang der Gesetzgebung und der staatlichen Verwaltung zu beeinflussen strebt, daß sie nach Wesen und Erscheinung agitatorisch ist; aber mit all' diesen Antithesen ist für die Praxis wenig gewonnen.

Das Programm der Druckschrift entscheidet; eine vorübergehende Programmüberschreitung zieht die Verpflich-

---

[6] Liszt S. 160.

[7] Wie Berner S. 219 (ebenso Kayser S. 574) betont.

tung zur Ablieferung der Pflichtexemplare nicht nach sich, wohl aber ein Programmwechsel.[8]

IV. Jedes Zuwiderhandeln gegen die besprochene Vorschrift wird[9] mit Geldstrafe bis zu 150 Mark oder mit Haft bestraft. Nichtablieferung und verspätete Ablieferung gehören hieher. Nur der Verleger (d. h. eventuell sein Stellvertreter)[10] haftet; nicht etwa der Laufbursche, der das ihm übergebene Pflichtexemplar gar nicht oder zu spät abliefert. Der Verleger aber haftet auch wegen Fahrlässigkeit; vielleicht wegen eigener Fahrlässigkeit in der Auswahl des Laufburschen (culpa in eligendo); nicht aber hat er die Fahrlässigkeit seiner Leute zu „vertreten“:[11] eine Form der Schuld, die dem deutschen Rechte unbekannt ist.

III. Die Verpflichtung zur Aufnahme amtlicher Bekanntmachungen.

§. 27.

I. Im Anschlusse an die französische Gesetzgebung von 1835[1] haben die meisten Preßgesetze der periodischen Presse die Verpflichtung auferlegt, amtlichen Bekanntmachungen gegen Bezahlung der Einrückungsgebühren Aufnahme in das Blatt zu gewähren. Im öffentlichen Interesse gelegen, dem es nicht entsprechen würde, müßten öffentliche Behörden eventuell als Bittsteller bei den Zeitungsredaktionen

[8] Vgl. Liszt S. 130.

[9] RPG. §. 19 Nr. 2.

[10] Vgl. oben §. 8 III 2.

[11] In der Praxis weit verbreitete Ansicht.

[1] Ges. vom 9. Septbr. 1835 Art. 18, ersetzt durch Art. 19 des Dekrets v. 17. Febr. 1852.

von Thür zu Thür wandern; für die Presse kaum je eine Belästigung, in den meisten Fällen aber die Quelle bescheidenen doch sicheren und darum erwünschten Gewinnes; zahlreiche Analogien auf anderen Gebieten weisend, ist diese dem Preßgewerbe auferlegte Verpflichtung selten ernstlich angefochten, auch von den wärmsten Freunden der Presse vertheidigt[2] und im deutschen Parlamente ohne Diskussion angenommen worden.

II. Die Verpflichtung trifft alle periodischen Druckschriften, welche Anzeigen aufnehmen,[3] d. h. die Vermittelung zwischen Angebot und Nachfrage besorgen Wissenschaftliche Zeitschriften sind als solche gewiß nicht ausgenommen.[4] Der Inhalt der amtlichen Bekanntmachung braucht nicht im Zusammenhange mit dem regelmäßigen Inhalte jener Anzeigen zu stehen.

III. Aufzunehmen sind die dem Redakteur mit dem Verlangen um Aufnahme von öffentlichen Behörden (Staats- oder Gemeindebehörden u. s. w.) mitgetheilten amtlichen Bekanntmachungen. Die Bekanntmachung der wegen öffentlicher Beleidigung erfolgten Verurtheilung[5] gehört nur dann zu den „amtlichen“, wenn auf Ansuchen des Beleidigten die strafvollstreckende Behörde[6] dem Redakteur die Veröffentlichung aufgetragen hat.[7] Dabei macht es — für unsere Frage wenigstens — keinen Unterschied, ob die Verurtheilung nach dem ersten oder dem zweiten

[2] Vgl. insbes. Berner S. 221.
[3] RPG. §. 10.
[4] Liszt S. 142 gg. Berner S. 221.
[5] StrGB. §. 200.
[6] Staatsanwalt oder Amtsrichter nach StPO. §. 483.
[7] OT. vom 9. Septbr. 1874 (GA. 22 S. 608, OR. 15 S. 543); vom 28. Novbr. 1878 (GA. 26 S. 515, OR. 19 S. 553); sächs. OAG. vom 28. Januar 1878 (GA. 27 S. 130, St. 8 S. 153).

Absatze des §. 200 RStrG. erfolgte. Selbst dann, wenn die Beleidigung gegen eine Behörde, einen Beamten u. s. w.[8] begangen war, kann erst in dem direkt an den verantwortlichen Redakteur von der strafvollstreckenden Behörde gerichteten Auftrag zur Veröffentlichung eine „amtliche Bekanntmachung“ im Sinne des §. 10 Reichspreßgesetz erblickt werden.[9]

IV. Die Aufnahme erfolgt gegen Zahlung der üblichen Einrückungsgebühren. Die Behörde steht in dieser Beziehung jedem Privatmanne gleich; sie hat sogar vorauszubezahlen, wenn dies allgemein Sitte ist. Landesgesetze, welche unentgeltliche Aufnahme anordnen, sind selbstverständlich außer Kraft gesetzt, dagegen sind auf privatrechtlichen Titeln beruhende Verpflichtungen einzelner Redaktionen ebenso selbstverständlich nicht berührt.[10]

V. Ueber Art und Weise des Abdruckes enthält unsere Gesetzgebung keine andere Bestimmung, als daß derselbe in einer der beiden nächsten Nummern des Blattes zu erfolgen hat. Eine auf den Zweck der Bestimmung zurückgehende Auslegung wird im Einzelfalle leicht entscheiden können, ob der Redakteur durch den Abdruck der Bekanntmachung an einer Stelle, wo Niemand eine solche vermuthen würde, seiner Pflicht genügt. Eventuell hat die Behörde Ort und Art der Einrückung selbst zu bestimmen.[11]

VI. Direkter oder indirekter Zwang zur Aufnahme (etwa

---

[8] StrGB. §. 196.

[9] OT. vom 28. Novbr. 1878 (zit. in Anm. 7).

[10] Richtig Thilo S. 34, den Berner S. 221 mißverstanden zu haben scheint.

[11] OT. vom 13. März 1878 (OR. 19 S. 133), allerdings nur für den Fall des §. 200 StrGB.

Einstellung der Druckschrift) findet nicht statt. Bei Weigerung des Redakteurs tritt ein gerichtliches Verfahren, aber nur auf Antrag der zurückgewiesenen öffentlichen Behörde,[12] vor dem zuständigen Richter ein, das bei festgestellter unberechtigter Weigerung entweder

1. mit der Freisprechung des Redakteurs von Strafe und Kosten und gleichzeitiger Anordnung der nachträglichen Aufnahme endet, wenn die Verweigerung im guten Glauben (in der Annahme, daß sie berechtigt sei) erfolgt ist, oder
2. wenn der gute Glaube fehlte, zur Verurtheilung des Redakteurs (nie einer andern wenn auch betheiligten Person) zu Geldstrafe bis 150 Mark oder Haft und Anordnung der Aufnahme der Bekanntmachung in die nächstfolgende Nummer führt.[13]

Bei wiederholter Weigerung findet dasselbe Verfahren wiederholte Anwendung,[14] ohne daß sich aus dem Gesetze eine Grenze dafür nachweisen ließe. Jede Weigerung begründet eben ein selbständiges Delikt.[15]

---

[12] Diese ist immer, auch wenn eine Verurtheilung nach §. 200 StrGB. Anlaß zum amtlichen Einschreiten bietet, durch die Verweigerung der Aufnahme verletzt und mithin zur Antragstellung (allein) berechtigt.

[13] RPG. §. 19. Das hier angeordnete Verfahren (insbes. Antragserforderniß!) paßt wohl bei verweigerter Aufnahme einer Berichtigung (vgl. §. 30), nicht aber in unserem Falle. Dennoch läßt die bestimmte Ausdrucksweise des Gesetzes keinen Zweifel an seiner Anwendbarkeit aufkommen.

[14] Bayr. Kass.H. v. 22. Mai 1875 (GA. 24 S. 147, St. 5 S. 232) u. 4. Dezbr. 1875 (GA. 24 S. 649, St. 5 S. 234); OT. vom 13. Septbr. 1877 (GA. 24 S. 591, OR. 18 S. 558).

[15] Vgl. im Uebrigen unten §. 30.

IV. Der Berichtigungszwang.

§. 28.

Voraussetzungen des Entgegnungsrechtes.

I. Während amtliche Berichtigungen sich schon im 17. Jahrhunderte nachweisen lassen und gewiß wenig jünger sind als die periodische Presse selbst, hat erst die moderne Gesetzgebung das dem Einzelnen zustehende Berichtigungsrecht zum Zwecke der Vertheidigung privater Interessen anerkannt und ausgebildet. Das Vorbild, welches Frankreich mit dem Gesetze vom 25. März 1822, Belgien mit dem Dekret vom 20. Juli 1831 aufgestellt hatten, fand immer allgemeinere Beachtung; heute ist der Berichtigungszwang ein stehender Bestandtheil der Preßgesetze.

Der Grundgedanke, der diesem Institute zu Grunde liegt, ist der der Waffengleichheit, das audiatur et altera pars. Wer durch die Presse angegriffen worden ist, soll Gelegenheit zur Entgegnung erhalten; zur Entgegnung unter denselben Verhältnissen, unter welchen der erste Angriff erfolgte: an derselben Stelle, vor demselben Publikum; wie der Angriff öffentlich erfolgte, so soll auch die Vertheidigung eine öffentliche sein.

So einfach dieser Gedanke des Gesetzes ist, so häufig wird er mißverstanden. Für die gleiche Vertheilung von Sonne und Wind sorgt das Gesetz; aber nur das Publikum und Niemand Anderes als das Publikum sitzt über den Kampf zu Gericht. Am Allerwenigsten der Kämpfer selbst: der Redakteur darf die „Berichtigung“ nicht mit der Motivirung zurückweisen, daß nur das Unrichtige berichtigt werden könne, er aber schlagende Beweise für die Richtigkeit der von ihm gebrachten Thatsachen und für die Unwahrheit der in der angeblichen Berichtigung angeführten zur Hand habe; er darf sie nicht zurückweisen, weil zur Entscheidung über Wahrheit oder Unwahrheit nur das Publikum kompetent ist. Aus demselben Grunde — und nicht etwa, weil die Liquidstellung der fraglichen Thatsachen zu viele Zeit in Anspruch nehmen würde[1] — darf auch der Richter das Begehren um Anordnung der Aufnahme der Berichtigung nicht zurückweisen, weil der Redakteur die Wahrheit der Angaben seines Blattes behauptet und sich zum Beweise erbietet; er darf es auch dann nicht, wenn er persönlich von der Lügenhaftigkeit der Berichtigung überzeugt ist: denn die *Wahrheit* festzustellen, ist nicht *seines* Amtes.

II. Das Reichspreßgesetz hat[2] nach langen und lebhaften parlamentarischen Debatten den Berichtigungszwang — besser wäre es, von einem Entgegnungs*rechte* zu sprechen — beibehalten, denselben aber auf ein äußerst bescheidenes, den Bedürfnissen des praktischen Lebens gewiß nicht entsprechendes Maß reduzirt.

Das Entgegnungsrecht besteht nur gegenüber der *periodischen* Presse;[3] der nichtperidischen gegenüber muß §. 200 Strafgesetzbuch ausreichen. Gleichgiltig ist das Programm des Blattes; auch jene Blätter, die von der Ablieferung der Pflichtexemplare befreit sind;[4] auch jene, die im Allgemeinen Anzeigen nicht aufnehmen,[5] unterliegen dem

[1] Dies die gewöhnliche Begründung, während die richtige Ansicht mit aller Bestimmtheit ausgesprochen wurde v. OT. a. 27. April 1877 (GA. 25 S. 352, OR. 18 S. 294).

[2] RPG. §. 11.

[3] Begriff derselben oben §. 6.

[4] Siehe oben §. 26 III.

[5] Siehe oben §. 27 II.

Berichtigungszwange. Selbstverständlich ist auch die Regierungspresse, soweit sich ihr Inhalt nicht bloß auf amtliche Mittheilungen beschränkt,[6] nicht ausgenommen.

III. Die Berichtigung darf sich nur auf die in der betreffenden Druckschrift mitgetheilten Thatsachen beziehen. Aeußerungen, welche ein Urtheil enthalten, mag es ein anerkennendes oder tadelndes sein, Kritiken über Leistungen auf dem Gebiete der Kunst, der Wissenschaft, der Industrie, des politischen Lebens u. s. w., sind nie geeignet, das Recht auf Entgegnung zu begründen. Dagegen ist es andrerseits durchaus nicht erforderlich, daß die Mittheilung der Thatsache einen Angriff[7] auf eine öffentliche Behörde oder einen Einzelnen enthielt. Ob die Thatsache bona oder mala fide mitgetheilt wurde, ob sie aus dem Redaktionsbüreau oder aus der anonymen Zuschrift eines Unbekannten stammte, ist durchaus irrelevant.

IV. Das Entgegnungsrecht steht jeder betheiligten öffentlichen Behörde, sowie jedem betheiligten Einzelnen zu. Daß in der Mittheilung der Name der Behörde oder Privatperson genannt oder dieselbe anderweitig bezeichnet wurde, genügt nicht; wer nicht irgend ein Interesse an der Entgegnung hat, weil die mitgetheilte Thatsache in irgend einer Weise ihn direkt oder indirekt berührt: dem steht das Entgegnungsrecht nicht zu. Angehörige, Freunde, Schüler, Parteigenossen, Erben und Legatare können unter Umständen ein Interesse haben, zu Gunsten des unmittelbar Betroffenen zum Wort zu kommen; nur die Würdigung aller Umstände des konkreten Falles kann und wird hier die richtige Entscheidung an die Hand geben.

---

[6] Siehe oben §. 20 II.

[7] Ausdrücklich ausgesprochen v. OT. a. 27. April 1877 (GA. 25 S. 353, OR. 18 S. 294).

V. Das Entgegnungsrecht entfällt:

1. wenn die Berichtigung nicht von dem Einsender unterzeichnet ist. Schon deßhalb, weil hier die Legitimation zur Sache, das „Betheiligtsein“ nicht konstatirt werden kann; ferner deßhalb, weil ein Kampf mit geschlossenem Visir dem Wesen des auf dem Grundsatze der Oeffentlichkeit beruhenden Berichtigungszwanges widerspricht.
2. Wenn die Berichtigung strafbaren Inhalt hat. Das Entgegnungsrecht berechtigt nicht zur Begehung von Delikten; auch kann dem Redakteur, der für den Inhalt der Berichtigung verantwortlich ist,[8] nicht zugemuthet werden, eine Entgegnung strafbaren Inhaltes aufzunehmen.
3. Wenn die Berichtigung nicht auf thatsächliche Angaben beschränkt ist. Thatsachen gegen Thatsachen: das ist der Gedanke des Gesetzgebers. So wenig die Kritik das Entgegnungsrecht begründet, ebensowenig schließt das Entgegnungsrecht das Recht zur Kritik, zur Beurtheilung der Thatsachen in sich. Eine solche Berichtigung kann vollständig zurückgewiesen werden; es besteht keinerlei Verpflichtung für den Redakteur, vielleicht Thatsachen und Kritik, wenn und soweit sie sich scheiden lassen, zu sondern, und erstere aufzunehmen, während der Rest zurückgewiesen wird.[9] Die Zurückweisung ist ferner auch dann nicht nur gestattet, sondern auch geboten, wenn die Entgegnung das Programm des Blattes überschreitet; doch wird in einem solchen Falle wohl auch meist ein Hinaus-

[8] Vgl. unten §. 29 III.

[9] Vgl. Liszt S. 184.

greifen über das Gebiet des rein Thatsächlichen vorliegen, die Berichtigung also schon aus diesem Grunde zurückzuweisen sein.

VI. Wenn die ratio legis dahin geht, eine thatsächliche Erwiderung gegenüber einer thatsächlichen Behauptung zu ermöglichen, so liegt darin ausgesprochen die Nothwendigkeit einer unmittelbaren Wechselbeziehung zwischen der behaupteten Thatsache einerseits, der erwiderten andererseits. Besteht die behauptete Thatsache darin, daß von anderer Seite bestimmte Thatsachen behauptet worden sind, so darf die Entgegnung sich mit der Richtigkeit dieser Thatsachen nicht beschäftigen, sie kann einzig und allein darauf sich beziehen, daß diese Thatsachen nicht, wie das Blatt erzählte, von den von ihm genannten Personen behauptet worden sind.

Wenn daher in einem Parlamentsberichte die Behauptungen einzelner Abgeordneter als solche wiedergegeben sind, so kann sich die Entgegnung nicht gegen die Behauptungen der Abgeordneten wenden, sie kann vielmehr lediglich bes eiten, daß der betreffende Abgeordnete die ihm in den Mund gelegte Behauptung wirklich aufgestellt habe. Die Immunität der Parlamentsberichte hat mit diesem aus dem Begriffe des Entgegnungsrechtes folgenden Satze nichts zu thun.[10] Eben darum gilt er auch in allen analogen Fällen, überall dort, wo die Presse die Behauptungen Anderer als deren Behauptungen, nicht als eigene, wiedergibt; insbesondere dann, wenn ein Blatt die in einem anderen enthaltene Behauptung mit Angabe der Quelle nachdruckt.[11]

---

[10] Anders die Meisten, z. B. Marquardsen S. 89, Berner S. 241.

[11] Vgl. Liszt S. 179.

Dagegen ist die Form, in welcher die Mittheilung der Thatsachen erfolgte, gleichgiltig; ob sie zweifelnd, oder mit größtmöglicher Bestimmtheit erzählt, ob sie ausdrücklich erwähnt, oder zwischen den Zeilen angedeutet wurden, ob es sich um positive Behauptung, oder um Schweigen, während das Reden zu erwarten war, handeln mag: immer ist in gleicher Weise das Entgegnungsrecht begründet.

§. 29.

Inhalt der Aufnahmepflicht.

I. Dem Entgegnungsrechte korrespondirt die Verpflichtung des verantwortlichen Redakteurs, die ihm selbst, sei es mündlich, sei es schriftlich, zur Aufnahme mitgetheilte Entgegnung in sein Blatt aufzunehmen. Die Entgegnung muß als solche bezeichnet, die Aufnahme ausdrücklich verlangt, das Verlangen an den verantwortlichen Redakteur gerichtet sein. Damit ist die Verpflichtung zur Aufnahme, ohne daß es einer vorläufigen gerichtlichen Entscheidung bedürfte, gegeben, vorausgesetzt, daß das Entgegnungsrecht überhaupt besteht; die Nichtaufnahme ist ohne Weiteres eine Verletzung der Verpflichtung, eine Uebertretung des Gesetzes.

II. Die Wiedergabe der Entgegnung muß, um als eine Erfüllung der gesetzlichen Verpflichtung zu erscheinen, den gesetzlichen Voraussetzungen[1] entsprechen. Diese sind:

1. Die Aufnahme muß ohne Einschaltungen oder Weglassungen erfolgen. Der Antwortende muß gehört werden, er muß vollständig und ohne unterbrochen zu werden,

[1] RPG. §. 11.

zum Worte kommen. Es liegt dies im Begriffe des Entgegnungsrechtes, und muß daher mit strengster Konsequenz festgehalten werden. Selbst Frage- und Ausrufungszeichen, die Einschaltung eines „sic", eines „wörtlich" u. s. w. sind unbedingt verboten. Dagegen können an die abgedruckte Entgegnung weitere Bemerkungen geknüpft, Zusätze gemacht werden, die ihrerseits wieder zu einer neuen Entgegnung führen können.

2. Die Berichtigung ist in die nach Empfang der Einsendung nächstfolgende, für den Druck nicht bereits abgeschlossene Nummer aufzunehmen.

3. Der Abdruck der Entgegnung muß in demselben Theile der Druckschrift, in dem der zu berichtigende Artikel erschienen war, und mit derselben Schrift erfolgen. Daß auch in dem betreffenden Theile der Entgegnung genau dieselbe Stelle angewiesen werde, welche die ursprüngliche Mittheilung inne hatte (diese wäre z. B. die 6. Notiz im „Handelsblatte" gewesen), kann nicht gefordert werden (es genügt in unserem Beispiele der Abdruck im „Handelsblatte" und zwar an irgend einer Stelle desselben). Aus dem Begriffe des Entgegnungsrechtes — gleiches Gehör für beide Theile! — folgt ferner, daß die Entgegnung in derselben Sprache erfolgen muß, in der die zu berichtigende Mittheilung gemacht wurde; die entgegengesetzte[1] Ansicht, welche die Wahl der Sprache ganz in das Ermessen des Berichtigenden stellt, übersieht, daß diese Forderung schon an dem Mangel der nothwendigen Lettern, an dem Fehlen des sprachkundigen Personals in der Druckerei eine nothwendige Grenze hat. Auch der berichtigenden Behörde steht die Wahl der Sprache

[1] Marquardsen S. 86, Berner S. 236.

nicht frei; die Amtssprache kann nicht maßgebend sein, da es sich nicht um eine amtliche Bekanntmachung,[3] sondern um das der Behörde in gleichem Umfange wie jedem Privaten zustehende Recht der Erwiderung handelt.[4] Eine Abweichung kann nur im beiderseitigen Einverständnisse stattfinden.

4. Die Aufnahme erfolgt kostenfrei, soweit nicht die Entgegnung den Raum der zu berichtigenden Mittheilung überschreitet; für die über dieses Maß hinausgehenden Zeilen sind die üblichen Einrückungsgebühren zu entrichten. — Durch die Beschränkung auf den einfachen Raum der Mittheilung (während andere Gesetzgebungen das zweifache oder doch einfache Maß des zu berichtigenden Artikels gestatteten)[5] hat die Reichsgesetzgebung zwar den Interessen der periodischen Presse, nicht aber jenen der Berichtigenden Rechnung getragen.[6] Umsomehr bedarf es einer freien Interpretation des Gesetzes durch den Richter, soll nicht das Berichtigungsrecht selbst, und zwar gewiß gegen den Willen des Gesetzgebers, verkümmern. — Für den das gesetzliche Maß übersteigenden Theil der Berichtigung gelten alle das Entgegnungsrecht berührenden Bestimmungen, mit der einzigen Ausnahme jener Bestimmung, welche kostenfreie Aufnahme vorschreibt. Daher darf auch die weitläufigste Berichtigung nicht zurückgewiesen werden, wenn nur die Voraussetzungen des Entgegnungsrechtes gegeben sind; Einschaltungen und Weglassungen sind auch hier unbedingt verboten; andrerseits ist auch der Einsender auf thatsächliche Angaben beschränkt. — Nur die kostenfreie Aufnahme entfällt; an ihre Stelle tritt die Aufnahme gegen Bezahlung der üblichen

[3] RPG. §. 10.
[4] Vgl. Liszt S. 180.
[5] Liszt S. 181 Anm. 3.
[6] Vgl. Berner S. 240, Liszt S. 181.

Einrückungsgebühren. Ist Vorausbezahlung üblich, so kann auch diese begehrt, bei Weigerung die Entgegnung zurückgewiesen werden.[7] Nimmt das Blatt regelmäßig überhaupt Einsendungen nicht oder nicht gegen Bezahlung auf, so sind lediglich die, eventuell durch Sachverständige festzustellenden, Druckkosten zu ersetzen; Verweigerung der Aufnahme wegen Meinungsverschiedenheit über die zu bezahlende Summe ist hier ausgeschlossen.[8]

III. Durch die Aufnahme der Entgegnung erfüllt die Redaktion die ihr von dem Preßgesetz auferlegte Berichtigungspflicht; sie genügt dem §. 11 Reichspreßgesetz. Im Uebrigen wird die Verantwortlichkeit durch die Aufnahme weder beseitigt noch auch modifizirt. Die Redaktion hat nach wie vor die Haftung zu tragen, sowohl für den Inhalt der ursprünglichen nunmehr berichtigten Mittheilung als auch für den Inhalt der Berichtigung selbst.

§. 30.

Das Berichtigungsverfahren.

I. Die Reichsgesetzgebung hat sich dem Vorgange anderer Gesetze, welche die Verpflichtung zur Aufnahme der Berichtigung abhängig machen von einer vorhergehenden gerichtlichen Entscheidung,[1] nicht angeschlossen, sondern sich damit begnügt, die unberechtigte Verweigerung der Aufnahme mit Strafe zu bedrohen und die nachträgliche Anordnung der Aufnahme dem angerufenen Gerichte zu überlassen. Es

[7] Dagegen OT. v. 27. April 1877 (GA. 25 S. 352, OR. 18 S. 294).

[8] Vgl. v. Schwarze S. 43, Marquardsen S. 87, Berner S. 241.

[1] Das sog. „badische System“; ähnlich Oesterr. bis 1868.

sprach für diese Regelung die Erwägung, daß die Berichtigung, soll sie anders die volle vom Gesetze geforderte Wirkung haben, sofort erscheinen muß, während jedes vorhergehende, wenn auch noch so summarische, gerichtliche Verfahren eine Verzögerung der Aufnahme zur Folge hat.

II. Zuwiderhandlungen gegen §. 11 Reichspreßgesetz werden[2] mit Geldstrafe bis zu 150 Mark oder mit Haft bestraft. Es gehört hieher nicht nur die Verweigerung der Aufnahme, sondern auch ein verspäteter, durch Einschaltungen unterbrochener, durch Weglassungen verstümmelter Abdruck der eingesendeten Entgegnung; ebenso der Fall, wenn der Abdruck nicht in demselben Theile der Druckschrift oder nicht mit derselben Schrift erfolgte, wie jener der zu berichtigenden Mittheilung.

III. Die Haftung obliegt nur dem verantwortlichen Redakteur, eventuell den mehreren Personen, unter deren Verantwortung die Redaktion erfolgt. Dritte Personen können, auch wenn ein Verschulden auf ihrer Seite vorliegt, nie zur Verantwortung gezogen werden;[3] es haftet also z. B. der Setzer nicht, der doloser oder kulposer Weise den ihm ertheilten Auftrag, die Berichtigung aufzunehmen, nicht erfüllte. Der Redakteur aber kann nur bestraft werden, wenn ihm Vorsatz oder Fahrlässigkeit, vielleicht in der Ueberwachung der Ausführung des von ihm ertheilten Auftrages, zur Last fällt; ein Delikt ohne Schuld kann auch hier nicht gedacht werden.[4] Guter Glaube entschuldigt den verantwortlichen Redakteur nach ausdrücklicher Anordnung das Gesetz sowohl von der Bestrafung wie von der Zahlung der Kosten, und zwar selbst dann, wenn die bona fides auf Fahrlässigkeit be-

[2] Nach RPG. §. 19 Nr. 3.
[3] Vgl. darüber oben §. 21 II.
[4] Vgl. oben §. 21 I.

ruht. Guter Glaube im Sinne des Gesetzes besteht aber in der Annahme, zur Verweigerung der Aufnahme aus irgend einem Grunde[5] berechtigt zu sein.

IV. Die Verfolgung tritt nur auf Antrag ein. Antragsberechtigt ist derjenige, der die Aufnahme der Entgegnung verlangt hat. Das Entgegnungsrecht selbst ist der Verjährung nicht unterworfen, wenn auch längeres Schweigen es zweifelhaft machen kann, ob der Berichtigende „betheiligt" im Sinne des Gesetzes[6] ist; dagegen unterliegt die Antragsberechtigung der regelmäßigen[7] dreimonatlichen Verschweigungsfrist, die mit dem Tage, an welchem die Weigerung dem Entgegnungsberechtigten bekannt geworden, zu laufen beginnt.

V. Wird der Antrag gestellt, so hat das Gericht, die Existenz des Entgegnungsrechtes vorausgesetzt, unter allen Umständen die nachträgliche Aufnahme (soweit diese nicht schon erfolgt ist) anzuordnen. Mit dieser Anordnung ist, wenn ein Delikt auf Seiten des Redakteurs vorliegt, dessen Bestrafung zu verbinden. Jedoch kann auch jede der beiden Entscheidungen unabhängig von der andern gefällt werden:

1. Bestrafung ohne Anordnung der Aufnahme findet statt, wenn die Aufnahme verspätet erfolgte; ob ein verstümmelnder oder weglassender Abdruck[8] als Aufnahme der Entgegnung betrachtet werden kann, ist quaestio facti.
2. Anordnung der Aufnahme ohne Bestrafung des Redakteurs ist nicht nur dann möglich, wenn die unberechtigte Verweigerung in gutem Glauben geschah,

[5] Vgl. oben §. 28 V.
[6] Vgl. oben §. 28 IV.
[7] StGB. §. 61.
[8] Vgl. oben §. 29 II 1.

sondern auch dann, wenn das Delikt verjährt[9] oder die Bestrafung wegen des Todes, der Abwesenheit des Redakteurs oder aus anderen Gründen ausgeschlossen ist.

In beiden Fällen kann die Entscheidung des Gerichtes mit den regelmäßigen Rechtsmitteln angefochten werden.

Bei der Entscheidung über die Berechtigung der Weigerung hat das Gericht jene Formulirung der Entgegnung, die dem Redakteur vorgelegt worden war, allein ins Auge zu fassen; eine geänderte Fassung kann dem Gerichte erst dann zur Beurtheilung vorgelegt werden, wenn die Aufnahme der Berichtigung auch in dieser Fassung verweigert worden ist; Formulirung durch das Gericht ist unter allen Umständen ausgeschlossen.[10]

VI. Durch die richterliche Anordnung der Aufnahme verwandelt sich die Entgegnung nicht in eine amtliche Bekanntmachung; §. 11 und nicht §. 10 Reichspreßgesetz bleibt nach wie vor maßgebend.[11] Der verantwortliche Redakteur kann sich der richterlichen Anordnung gegenüber derselben Delikte schuldig machen wie gegenüber dem ersten Verlangen der Aufnahme:[12] Weigerung, verspäteter Abdruck, Weglassungen und Entstellungen u. s. w. sind eventuell mit wiederholter Strafe zu belegen,[13] während direkter oder indirekter Zwang (Einstellung der Druckschrift) auch hier nicht zugelassen ist.

VII. Das hier besprochene Delikt ist je nach seiner Erscheinungsform bald mit der Weigerung, bald mit dem ge-

---

[9] Dagegen hält Thilo S. 65 auch die Anordnung der Aufnahme hier für ausgeschlossen.

[10] Liszt S. 186.

[11] Anerkannt vom OT. am 13. Septb. 1877 (GA. 25 S. 591) in den Urtheilsgründen.

[12] Vgl. oben II.

[13] Vgl. die oben §. 27 Anm. 14 angeführten Entscheidungen.

setzwidrigen Abdrucke der Entgegnung, bald mit dem Erscheinen der nächsten, die Berichtigung nicht enthaltenden Nummer vollendet. Mehrfache Weglassungen, Entstellungen u. s. w. mit Bezug auf den Abdruck der Entgegnung begründen immer nur ein Delikt.

V. Das Verbot der Verbreitung.

§. 31.

Verbot ausländischer Druckschriften.

I. Während die Reichsgesetzgebung — von dem Falle der Beschlagnahme abgesehen[1] — ein sei es gerichtliches, sei es administratives Verbot der Verbreitung inländischen Druckschriften gegenüber, gemeinrechtlich wenigstens,[2] nicht kennt, glaubte sie, der ausländischen periodischen Presse gegenüber auf eine solche Maßregel nicht verzichten zu können. Freilich — die Betonung der in Elsaß-Lothringen herrschenden Zustände verlor ihre Bedeutung, sobald man einmal beschlossen hatte, vorläufig von der Einführung des Preßgesetzes in diesem Reichsgebiete abzusehen. Aber man verwies auf die Verletzung des Gastrechtes, deren die ausländische Presse durch Begehung strafbarer gegen inländische Rechtsgüter gerichteter Handlungen sich schuldig mache, und auf die Parallele, welche die Ausweisung des Ausländers für diesen Fall bietet; man wollte die Rechtsungleichheit vermieden wissen, die darin liege, daß der inländische Redakteur jederzeit zur Verantwortung gezogen werden könnte, während gegen den vom Auslande her begangenen Mißbrauch der

---

[1] Darüber unten §. 38.

[2] Ueber die Ausnahmsbestimmungen geg. die sozialist. Presse vgl. unten § 33.

Preßfreiheit gar keine Repressivmaßregeln zu Gebote stünden.[3] Diese Gründe gaben den Ausschlag für die Beibehaltung des Verbotes.[4]

II. Das Verbot der ferneren Verbreitung kann[5] nur gegen ausländische periodische Druckschriften ausgesprochen werden. Entscheidend ist lediglich der Umstand, daß die Druckschrift im Auslande erscheint;[6] gleichgiltig, ob sie im Inlande oder Auslande gedruckt, hier oder dort verbreitet wird. Betont sei auch hier, daß „Erscheinen" und „Beginn der Verbreitung" sowohl räumlich als zeitlich auseinander fallen können (eine in Paris erscheinende Druckschrift kann von Leipzig aus verbreitet werden), und daß auch in einem solchen Falle nicht der Ort, von dem aus die Verbreitung erfolgt, sondern jener, an welchem die Druckschrift erschienen ist, ihre Staatsangehörigkeit bestimmt.

Der Begriff der periodischen Druckschrift ist bekannt.[7] Die Ausnahme, welche das Reichspreßgesetz bezüglich der lithographirten u. s. w. Korrespondenzen aufstellt,[8] greift nicht Platz, soweit es sich um das Verbot der ferneren Verbreitung handelt. Nichtperiodische ausländische Druckschriften stehen den inländischen gleich: ihnen gegenüber kann das Verbot der Verbreitung nicht ausgesprochen werden.

III. Der Ausspruch des Verbotes ist — das Vorliegen der sofort zu besprechenden Vorbedingungen vorausgesetzt — in die Hand des Reichskanzlers gelegt. Das Verbot ist öffentlich bekannt zu machen.

---

[3] Vgl. Berner S. 247, Marquardsen S. 91.

[4] Ueber die gegen dasselbe sprechenden Gründe vgl. Liszt S. 45.

[5] RPG. §. 14.

[6] Vgl. oben §. 5 V.

[7] Vgl. oben §. 6.

[8] Vgl. oben §. 6 IV.

Die in den einzelnen Bundesstaaten auf Grund der Landesgesetzgebung bisher erlassenen Verbote ausländischer periodischer Druckschriften sind ausdrücklich außer Wirksamkeit gesetzt.

Auch die Aufhebung des Verbotes kann nur durch den Reichskanzler erfolgen.

IV. Die Zulässigkeit des Verbotes ist an die Voraussetzung geknüpft, daß gegen eine Nummer (Stück, Heft) der betreffenden Druckschrift binnen Jahresfrist zwei Mal eine Verurtheilung auf Grund der §§. 41 u. 42 des Strafgesetzbuches[9] erfolgte.

Das Gesetz hat hier den Rückfall im Auge: das Delikt, wegen dessen die zweite Verurtheilung erfolgt, muß nach der Verurtheilung wegen des ersten begangen sein.[10]

Für die Berechnung entscheidend sind die Tage, an welchen die Fällung des Erkenntnisses in der ersten Instanz erfolgte; nicht aber die Tage, an welchen die beiden Delikte begangen oder die beiden Erkenntnisse rechtskräftig wurden. Wenn das erste Delikt am 1. März 1876 begangen, am 1. April in erster und am 1. Mai in letzter Instanz abgeurtheilt worden; wenn ferner die Verurtheilung wegen des zweiten am 3. März 1877 begangenen Deliktes am 15. März in erster Instanz ausgesprochen und am 15. Mai rechtskräftig wurde: so sind die beiden Verurtheilungen binnen Jahresfrist (1. April 1876 und 15. März 1877) erfolgt; der Ausspruch des Verbotes ist mithin zulässig, obwohl nicht nur die Begehungstage (1. März 1876 und 3. März 1877), sondern auch die Tage, an welchen die Rechtskraft eintrat (1. Mai 1876 und 15. Mai 1877),

---

[9] Darüber unten §§. 54 ff.

[10] Berner S. 248 gegen Thilo S. 48.

um mehr als Jahresfrist auseinander liegen. Dagegen könnte das Verbot der ferneren Verbreitung dann nicht ausgesprochen werden, wenn entweder nur die Rechtskraft des ersten Erkenntnisses (das Delikt selbst wäre über ein Jahr vor der zweiten Verurtheilung begangen worden), oder nur die Begehung des zweiten Deliktes (seine Verurtheilung würde später als ein Jahr nach der ersten Verurtheilung erfolgen) in das Rechnungsjahr hereinfiele.

V. Das Verbot darf nur innerhalb zweier Monate nach Eintritt der Rechtskraft des zweiten Erkenntnisses und nur auf die Dauer von längstens zwei Jahren ausgesprochen werden.

VI. Das Verbot erstreckt sich nur auf die nach seiner Bekanntmachung erscheinenden Nummern. Gerade darin liegt ja eben das Eigenthümliche, das Polizeiliche, der Präventivcharakter dieser Maßregel, daß sie aus der begangenen Rechtsverletzung auf die künftige Begehung anderer Rechtsverletzungen schließt, daß sie sich nicht gegen das Geschehene, sondern gegen das zu Besorgende wendet, nicht die That, sondern die Tendenz richtet. Die periodische Druckschrift wird nicht als eine Summe, eine Reihe von einzelnen selbständigen Nummern oder Heften, sondern als eine Individualität von mehr oder weniger gleich bleibendem, oder doch nur allmälig modifizirbarem Charakter betrachtet.

VII. Mit der Bekanntmachung des Verbotes ist zugleich die Entziehung des Postdebits ausgesprochen.[11] Von dem Augenblicke an, in welchem die Bekanntmachung erfolgte, darf die Post weder eine Pränumeration auf die verbotene Druckschrift annehmen, noch die an sie gelangten Nummern

[11] Thilo S. 50, v. Schwarze S. 47, Marquardsen S. 95, Berner S. 249.

weiter befördern, noch auch die an dem Bestimmungsorte eingetroffenen Exemplare den Abonnenten ausfolgen.[12] Das Reichspostgesetz steht dieser Auffassung schon darum nicht entgegen, weil es[13] nur von inländischen Zeitungen spricht.[14]

§. 32.

Uebertretung des Verbotes.

I. Zuwiderhandlungen gegen das gehörig kundgemachte Verbot der ferneren Verbreitung einer ausländischen periodischen Druckschrift sind[1] mit Geldstrafe bis zu 1000 Mark oder mit Haft oder mit Gefängniß bis zu 6 Monaten bedroht.

II. Es ist bestritten, ob die Unkenntniß des Verbotes die Bestrafung ausschließe.[2] Die Frage muß bejaht werden. Allerdings ist Berner zuzugeben, daß das Verbot als integrirender Bestandtheil des mit der erwähnten Strafsanktion versehenen Gesetzes zu betrachten, die Nichtkenntniß des Verbotes der Nichtkenntniß des Strafgesetzes gleich zu achten, mithin — wenn das Gesetz nicht ausdrücklich oder stillschweigend das Gegentheil verfügt — rechtlich irrelevant ist. Dennoch lassen sich für die entgegengesetzte Ansicht schwerwiegende Gründe anführen. Einmal scheint aus der Höhe der angedrohten Strafe im Verhältnisse zu den Strafsätzen des §. 19 RPG., sowie aus der Vergleichung mit den

---

[12] Abweichend davon Laband Staatsrecht II S. 302 Anm. 1, der nur die Ausfolgung an die Abonnenten für ausgeschlossen hält.

[13] Ges. v. 28. Oktbr. 1871 §. 3.

[14] Vgl. übrigens noch unten §. 33 V.

[1] RPG. §. 18 Nr. 1.

[2] Für die strengere Ansicht Berner S. 249, Kayser S. 610 gegen Thilo S. 49.

übrigen im §. 18 RPG. bedrohten Delikten hervorzugehen, daß der Gesetzgeber nur die wissentliche Uebertretung des Verbotes im Auge gehabt hat. Ein weiteres Argument ergibt sich aus dem Sozialistengesetze, welches nur die wissentliche Uebertretung des Verbotes einer sozialistischen Druckschrift mit der in §. 18 RPG. normirten Strafe belegt,[3] die ohne Kenntniß des Verbotes erfolgte Verbreitung dagegen weit milder behandelt. Ein Grund für eine so weit gehende Begünstigung der sozialdemokratischen Presse läßt sich doch wohl nicht auffinden.

III. Jede Art der Verbreitung fällt unter das Verbot; der Begriff der Verbreitung ist auch hier der für das ganze Gebiet des Preßrechts geltende.[4] Ebendarum muß es sich aber auch um den Körper der Druckschrift handeln; Reproduktion ihres Inhaltes kann unter irgend einem anderen Gesichtspunkte, aber nicht unter dem der Verbreitung der verbotenen Druckschrift strafbar sein.[5]

IV. Das Verbot der Verbreitung trifft nur diejenige periodische Druckschrift, gegen welche dasselbe ausgesprochen ist. Identität der verbotenen und der verbreiteten Druckschrift ist unerläßlich, wenn die gesetzliche Strafdrohung realisirt werden soll. Diese Identität kann aber zweifelhaft sein, wenn an Stelle der verbotenen Druckschrift unter verändertem Titel eine im gleichen Geiste wirkende, von denselben Personen geleitete, an dasselbe Publikum sich wendende Druckschrift[6] erscheint. Nur die Erwägung aller Umstände des konkreten Falles kann hier zur richtigen Entscheidung führen. Titel und äußere Einrichtung können dabei in's Gewicht

---

[3] Vgl. unten §. 33 VII.
[4] Ueber denselben unten §. 42.
[5] Vgl. unten §. 42 VIII u. §. 43.
[6] Liszt S. 330.

fallen; die äußeren Umstände des Erscheinens, Ort und Zeit der Ausgabe, die Art der Verbreitung, Preis und Bedingungen des Abonnements werden ebenso zu berücksichtigen sein wie die Personen der Redakteure und Mitarbeiter, wie Programm und Tendenz des Blattes.[7] Gefährlich wäre es, eines dieser verschiedenen Momente als das allein maßgebende zu bezeichnen. Der „gänzliche Abbruch der Beziehungen zu dem Publikum und dem bisherigen Leserkreise,“[8] also die Anknüpfung durchaus neuer Beziehungen wird zwar genügen, aber nicht immer gefordert werden können. Mehr als die übrigen Momente wird die Veränderung des Titels Anspruch auf Beachtung verdienen;[9] denn der Titel ist es, der wie der Name des Menschen, wie die Firma des Geschäfts die Individualität am prägnantesten zum Ausdrucke bringt, der am sichersten Zukunft und Vergangenheit verknüpft, die Redaktion mit den Mitarbeitern einerseits, dem Publikum andererseits zusammenhält, so daß unter normalen Verhältnissen (von einer besonders strammen Parteiorganisation abgesehen) jede Aenderung des Titels eine wenn auch nur vorübergehende Verminderung der Abonnenten- und Inserentenzahl nach sich zieht. Wie schwer fällt es dem Manne, der seinen Namen geändert hat, die alten Beziehungen unverrückt aufrecht zu erhalten! Als das unter allen Umständen allein Entscheidende darf freilich auch die Beibehaltung oder Veränderung des Titels nicht betrachtet werden.

[7] v. Schwarze S. 48.

[8] Vom RGR. in der E. v. 14. Novbr. 1879 (I S. 67), die übrigens auf dem hier vertretenen Standpunkte steht, am Meisten betont.

[9] Liszt a. a. O.

§. 33.

Das Verbot sozialistischer Druckschriften.

I. Das Gesetz gegen die gemeingefährlichen Bestrebungen der Sozialdemokratie vom 21. Oktbr. 1878 weicht zunächst in doppelter Beziehung von dem gemeinen Rechte ab.

1. Nicht bloß ausländische, sondern auch inländische Druckschriften können von dem Verbote betroffen werden.
2. Das Verbot ist nicht nur gegen periodische, sondern auch gegen nichtperiodische Druckschriften zulässig.

Mit dieser Ausdehnung ist aber zugleich der Charakter des Verbotes, wie wir denselben auf Grund der Anordnungen des Preßgesetzes kennen lernten, verändert, seine prinzipielle Bedeutung aufgegeben; das Verbot selbst ist ein anderes geworden. Es ist keine polizeiliche Vorbeugungsmaßregel, sondern ein administratives Repressionsmittel; es hat (wenigstens nicht nothwendig) nicht künftig erscheinende, sondern bereits erschienene Druckschriften zum Gegenstande; es beruht nicht auf der Wahrscheinlichkeit erst zu begehender, sondern auf der Gewißheit bereits begangener Delikte. Prinzipiell läßt sich gegen die Angemessenheit eines solchen Verbotes, sobald wir von der Dehnbarkeit der im Gesetze gebrauchten Ausdrücke und von der Ueberweisung der Entscheidung an die Polizeibehörden absehen, nichts Stichhaltiges einwenden.

II. Objekte dieses Verbotes sind[1] Druckschriften, in welchen sozialdemokratische, sozialistische oder kommunistische auf den Umsturz der bestehenden

[1] Soz.Ges. §. 11.

Staats- oder Gesellschaftsordnung gerichtete Bestrebungen in einer, den öffentlichen Frieden, insbesondere die Eintracht der Bevölkerungsklassen gefährdenden Weise zu Tage treten.

Solche Druckschriften sind zu verbieten, auch kann bei periodischen Druckschriften das Verbot auf das fernere Erscheinen erstreckt werden, sobald auf Grund des Sozialistengesetzes das Verbot einer einzelnen Nummer erfolgte.

III. Zuständig für das Verbot ist[2] die Landespolizeibehörde, bei periodischen im Inlande erscheinenden Druckschriften die Landespolizeibehörde desjenigen Bezirkes, in welchem die Druckschrift erscheint.

Das Verbot der ferneren Verbreitung einer im Auslande erscheinenden periodischen Druckschrift steht dem Reichskanzler (wie nach dem Preßgesetz) zu, der aber in diesem Falle nicht an die im Reichspreßgesetz §. 14 aufgestellten Voraussetzungen[3] gebunden ist.

Das Verbot ist in der vorgeschriebenen Weise[4] bekannt zu machen und hat Wirksamkeit für das ganze Bundesgebiet.

IV. Das von der Landespolizeibehörde erlassene Verbot einer Druckschrift ist[5] dem Verleger oder dem Herausgeber, das Verbot einer nicht periodisch erscheinenden Druckschrift auch dem auf derselben benannten Verfasser, sofern diese Personen im Inlande vorhanden sind, durch schriftliche mit Gründen versehene Verfügung bekannt zu machen.

Gegen diese Verfügung steht dem Verleger oder dem Herausgeber sowie dem Verfasser die Beschwerde an die

[2] Soz.Ges. §. 12.
[3] Vgl. oben §. 31 IV.
[4] Soz.Ges. §. 6 Abs. 2.
[5] Soz.Ges. §. 13.

Reichskommission[6] (binnen einwöchiger Frist, ohne aufschiebende Wirkung) zu.

V. Der Inhalt des Verbotes ist, soweit es sich um das fernere Erscheinen einer periodischen Druckschrift handelt, kein anderer als der oben §. 31 VI und VII besprochene Inhalt des Verbotes ausländischer Druckschriften. Insbesondere ist mit dem Verbote auch die Entziehung des Postdebits im vollen Umfange verbunden, selbst wenn es sich um eine im Inlande erscheinende Druckschrift handelt;[7] §. 3 des Reichspostgesetzes vom 28. Oktober 1871 hat mithin eine nicht unwesentliche Einschränkung durch das Sozialistengesetz erlitten.

In allen anderen Fällen dagegen trifft das Verbot eine bestimmte in dem Verbote genau zu bezeichnende, bereits erschienene, sei es periodische, sei es nicht periodische Druckschrift. Obwohl das Sozialistengesetz es nicht ausdrücklich anordnet, werden wir doch, auch hier die Bestimmung des §. 27 Reichspreßgesetz (Beschlagnahme[8]) und §. 41 Strafgesetzbuch (Unbrauchbarmachung[9]) analog anwendend, behaupten müssen, daß trennbare Bestandtheile der Druckschrift (Beilagen einer Zeitung u. s. w.) von dem Verbote auszuschließen sind. Hat eine solche Ausschließung nicht stattgefunden, so ist die Druckschrift in ihrem ganzen Umfang von dem Verbote ergriffen. Ob in einem solchen Falle Auszüge, neue veränderte Auflagen, Bearbeitungen, Uebersetzungen, Dramatisirungen von Romanen u. dgl. mit von dem Verbote erfaßt werden, läßt sich als quaestio facti nicht durch eine allgemeine Regel entscheiden.[10]

---

[6] Soz.Ges. §. 26.

[7] Vgl. Gareis in Hirth's Annalen S. 323.

[8] Vgl. unten §. 37. II.

[9] Vgl. unten §. 56 II.

[10] Vgl. Liszt S. 138 f.

VI. Mit der veränderten Bedeutung des Verbotes verändert sich auch der Kreis derjenigen Handlungen, die als eine Mißachtung des Verbotes erscheinen. Nicht nur durch die Verbreitung der Druckschrift in all' den wechselnden Formen, in welchen der Begriff der Verbreitung in Erscheinung tritt, sondern auch auf andere Weise kann das Verbot übertreten werden. Das Sozialistengesetz bedroht[11] mit Strafe:

1. Das Verbreiten einer verbotenen Druckschrift. Es ist hier auf das unten[12] über den Begriff der Verbreitung Gesagte zu verweisen.

2. Die Fortsetzung einer verbotenen periodischen Druckschrift, nur dann denkbar, wenn das Verbot auch auf das fernere Erscheinen sich erstreckt hat. Identität[13] der fortgesetzten mit der verbotenen Druckschrift muß auch hier gefordert, bezw. von der Anklage nachgewiesen werden. Die Fortsetzung ist auch dann strafbar, wenn es sich um eine ausländische Druckschrift handelt, während das nach §. 14 Reichspreßgesetz erlassene Verbot nur die weitere Verbreitung, nicht aber das weitere Erscheinenlassen (und darin besteht die „Fortsetzung") in sich schließt. Ueber die Tragweite dieser Bestimmung ist sich der Gesetzgeber jedenfalls nicht klar geworden. Es ergibt sich dies zunächst aus der Diskrepanz der vom Gesetze gebrauchten Ausdrücke: dem „Verbote des ferneren Erscheinens" in §. 11 Abs. 2 Sozialistengesetz entspricht die Bedrohung der „Fortsetzung" in §. 19 daselbst, während der §. 12 nur das „Verbot der ferneren

---

[11] Soz.Ges. §§. 19 u. 21.

[12] Vgl. unten §. 42.

[13] Darüber oben §. 32 IV, bes. die daselbst in Anm. 8. angef. E. des RGR. v. 14. November 1879, die gerade den §. 19 d. Soz.Ges. zunächst im Auge hat.

Verbreitung" ausdrücklich in die Hand des Reichskanzlers legt. Es ergibt sich dies ferner aus dem unvermeidlichen Resultate, daß eine Handlung, deren Begehung nur im Auslande möglich ist (die im Auslande erscheinende Druckschrift kann nur im Auslande fortgesetzt werden, da eine „Fortsetzung" derselben im Inlande ganz gewiß eine Aufhebung der Identität, mithin eben keine „Fortsetzung" im gesetzlichen Sinne wäre), von der inländischen Gesetzgebung mit Strafe bedroht wird, obwohl es ihr regelmäßig[14] an den Mitteln fehlen wird, ihre Strafdrohung zu realisiren. Dennoch müssen wir dem entschiedenen Wortlaute des §. 19 Sozialistengesetz gegenüber an dem oben aufgestellten allgemeinen Satze festhalten. — Vollendet ist das Delikt der Fortsetzung mit der ersten nach Bekanntmachung des Verbotes erscheinenden Nummer; die weitere Fortsetzung erscheint als ein fortdauerndes Delikt.

3. Der Wiederabdruck einer verbotenen Druckschrift. Die selbständige Kriminalisirung des Wiederabdruckes, der (da es sich um den Inhalt und nicht um den Körper der verbotenen Druckschrift handelt) nicht unter den Begriff der Verbreitung gebracht werden kann,[15] hat die wesentliche Konsequenz, daß der über die Strafbarkeit desselben entscheidende Richter sich mit der Thatsache des ausgesprochenen Verbotes begnügen muß und den Inhalt der Druckschrift keiner weiteren Prüfung unterwerfen darf. Keines Beweises bedarf die Bemerkung, daß nicht der Wiederabdruck als solcher, der ja auch in Erwartung der Aufhebung des Verbotes erfolgen kann, sondern nur die Verbreitung desselben strafbar ist.[16]

[14] Abgesehen v. §§. 4ff. StrGB.
[15] Vgl. darüb. unt. §. 42 VIII.
[16] Vgl. auch unten §. 43 IV.

VII. Die Höhe der angedrohten Strafe wechselt, je nachdem Kenntniß des Verbotes bei dem Thäter vorhanden war oder nicht.

1. Hat der Thäter in Kenntniß des Verbotes gehandelt, so tritt Geldstrafe bis zu 1000 Mark oder Gefängniß bis zu 6 Monaten ein.[17]

2. War ohne Kenntniß des Verbotes, jedoch nach Bekanntmachung desselben durch den Reichsanzeiger, die verbotene Druckschrift verbreitet, fortgesetzt, wieder abgedruckt worden, so kann Geldstrafe bis zu 150 Mark oder Haft ausgesprochen werden.[18]

VIII. Die Strafbarkeit der unter VI besprochenen Handlungen, die während des Beschwerdezuges begangen wurden, entfällt nicht, wenn die Beschwerde die Aufhebung des Verbotes zur Folge hat.[19]

VI. Die Beschlagnahme.

§. 34.

Das Preßgesetz und die Strafprozeßordnung.

I. Die Beschlagnahme von Druckschriften kann, je nach ihrer verschiedenen Gestaltung durch die positive Gesetzgebung, verschiedene Bedeutung haben; sie kann den einen oder den andern Zweck verfolgen und wird darnach ihren Charakter ändern; sie kann die gleichzeitige Erreichung mehrerer Ziele anstreben und wird dann als Institut von gemischtem Charakter erscheinen.

1. Wird die Beschlagnahme vor dem Beginne der Ver-

---

[17] Soz.Ges. §. 19.

[18] Soz.Ges. §. 21.

[19] Vgl. unten §. 38 II.

breitung gestattet, so ist sie reine Präventivmaßregel; eine Konsequenz dieser Gestaltung ist dann die Anordnung, daß die Pflichtexemplare vor dem Beginne der Verbreitung an die Behörden abgeliefert werden, so wie wir umgekehrt aus dem Mangel dieser Anordnung darauf schließen können, daß die Beschlagnahme reinen Präventivcharakter nicht trägt.

2. Mit dem Beginne der Verbreitung ist das durch den Inhalt der Druckschrift begangene Preßdelikt vollendet;[1] tritt jetzt die Beschlagnahme ein, so wird durch dieselbe zwar auch der weiteren Verbreitung und damit der Vertiefung und Erweiterung der geschehenen Rechtsverletzung vorgebeugt, aber die Beschlagnahme hat doch, da ein begangenes Delikt vorliegt, in erster Linie repressiven Charakter.

3. Die Beschlagnahme kann den Zweck verfolgen, die Ausführung der im Urtheile auszusprechenden Einziehung oder Unbrauchbarmachung[2] zu sichern. Sie ist hier, analog dem dinglichen Arrest im Civilverfahren, Sicherung der Zwangsvollstreckung; sie kann auch, insbesondere im objektiven Verfahren,[3] als Sistirungsmittel, als cautio judicio sisti betrachtet werden. Wie in den Fällen unter 1 und 2 ist auch hier möglichst vollständige Beschlagnahme der ganzen Auflage durch den Zweck der Maßregel geboten.

4. Die Druckschrift erscheint endlich als Beweismittel für die durch sie oder an ihr begangenen Delikte, als Augenscheinsobjekt, in dem sich unmittelbar das deliktische Thun verkörpert. Die Beschlagnahme weniger Exemplare genügt hier vollständig, um die Benutzung dieses Beweismittels in dem späteren Verfahren zu sichern.

---

[1] Darüber unten §. 41 I.

[2] Strafges. §§. 40 bis 42.

[3] Vgl. unten §§. 54 ff.

II. Um die Bestimmungen über die Beschlagnahme in Preßsachen würdigen zu können, müssen wir einen Blick auf die Regelung der Beschlagnahme in der Strafprozeßordnung werfen.

1. Die Strafprozeßordnung gestattet[4] die Beschlagnahme von Gegenständen, welche a) für die Untersuchung von Bedeutung sein können (Beweismitteln), oder b) der Einziehung unterliegen. Zur Erlangung dieser Gegenstände ist unter gewissen Voraussetzungen Editionszwang,[5] zur Auffindung derselben[6] Haus- oder Personsdurchsuchung zulässig.

Verbunden mit den Anordnungen des Strafgesetzes[7] und angewendet auf Druckschriften, würden diese Bestimmungen der Strafprozeßordnung die Zulässigkeit der Beschlagnahme nach den oben unter 3 und 4 angeführten Gesichtspunkten, also der vollständigen Beschlagnahme der ganzen Auflage ergeben, sobald der Inhalt der Druckschrift strafbar ist.

2. Die Anordnung von Beschlagnahmen steht nach der Strafprozeßordnung[8] regelmäßig dem Richter, bei Gefahr im Verzuge auch der Staatsanwaltschaft und dem polizeilichen Hülfspersonale derselben zu. Erfolgt die Beschlagnahme ohne richterliche Anordnung, so hat der Beamte,[9] welcher dieselbe angeordnet hat, binnen 3 Tagen (aber nur in gewissen Fällen) die richterliche Bestätigung nachzusuchen, oder, wenn die öffentliche Klage bereits erhoben war, die in Beschlag genommenen Gegenstände dem zuständigen Richter zur Verfügung zu stellen. Die Nichtbeachtung dieser Vorschriften hat das Erlöschen der Beschlagnahme nicht zur Folge.

---

[4] StrPO. §. 94.
[5] StrPO. §§. 95. ff.
[6] StrPO. §§. 102 ff.
[7] StrGB. §§. 40—42.
[8] StrPO. §. 98.
[9] StrPO. §. 98 Abs. 2 u. 3.

Der von der Beschlagnahme Betroffene kann jederzeit die gerichtliche Entscheidung nachsuchen.

III. Die Anwendung dieser Bestimmungen auf die Preßerzeugnisse wurde vielfach und lebhaft bekämpft, allerdings nicht ohne manchen groben Irrthum über die Tragweite der allgemein-strafprozessualen Anordnungen.[10] Man betonte, daß die Beschlagnahme von Druckschriften ihren Zweck nicht nur selten erreiche, sondern regelmäßig das gerade Gegentheil des Angestrebten herbeiführe, die Leidenschaften entflamme, die Sympathien weiter Kreise dem betroffenen Blatte zuwende, für seine geheime Verbreitung die wirksamste Reklame mache u. s. w. Man wies darauf hin, daß gerade die Unschuldigen, der Abonnent, der Inserent, der Eigenthümer am schwersten von der Maßregel betroffen würden, während die eigentlich Schuldigen, Redakteur, Verfasser u. s. w., keinen oder nur geringen Nachtheil davon hätten. Man behauptete sogar, daß Strafe vor dem Urtheil eine gerichtliche Monstrosität, die Tödtung des Gedankens durch Einstampfen seines Trägers eine Barbarei, ein Verbrechen sei.

Man bekämpfte aber vor allem Anderen die nicht richterliche Beschlagnahme (unrichtig als „polizeiliche" bezeichnet), und zwar mit Gründen, die nicht widerlegt worden sind. Man bestritt die Fähigkeit der nichtrichterlichen, nicht-unabhängigen Organe, unbefangen, über den Parteien stehend, den Thatbestand gerade der meisten Preßdelikte zu würdigen; man erbrachte mit statistischen Belegen den Beweis für diese Behauptung und unterstützte ihr Gewicht durch die Betonung des Umstandes, daß ein Irrthum dieser Organe, soweit es

[10] Man vgl. zu dem folgenden die treffliche Darstellung bei Marquardsen S. 198 und Berner S. 301; ferner Liszt S. 163 ff. mit der weiteren Lit.

sich um die kurzlebigen Erzeugnisse der Tagespresse handle, nachträglich nicht wieder gut gemacht werden könne.

IV. Alle diese Gesichtspunkte fanden eingehende, vielseitige Beachtung bei den Berathungen des Reichspreßgesetzes.[11] Nur mit schwerer Mühe gelang die Versöhnung der Gegensätze. Das Resultat dieses Kompromisses sind die §§. 23—28 des Preßgesetzes. Ihr Vergleich mit den Anordnungen der Strafprozeßordnung ergibt Folgendes:

1. Die nichtrichterliche Beschlagnahme, in der Strafprozeßordnung im weitesten Umfange zugelassen, ist in dem Reichspreßgesetze auf gewisse, im Gesetze ausschließend aufgezählte Fälle beschränkt.
2. Gerichtliche Bestätigung derselben ist immer (also nicht bloß unter den von der Strafprozeßordnung angegebenen Voraussetzungen) nothwendig.
3. Die Frist, innerhalb welcher die gerichtliche Bestätigung nachgesucht werden muß, ist, der Strafprozeßordnung gegenüber, wesentlich abgekürzt.
4. Beschwerde gegen gerichtliche Aufhebung der nichtrichterlichen Beschlagnahme ist ausgeschlossen.
5. Nichteinhaltung der gesetzlichen Fristen hat Erlöschen der Beschlagnahme, Verzögerung der Strafverfolgung in der Hauptsache deren Aufhebung zur Folge.[12]

V. Die angeführten Bestimmungen (RPrG. §§ 23—26) regeln ausschließend die nichtrichterliche Beschlagnahme von Druckschriften; für die richterliche Beschlagnahme sind die Anordnungen der Strafprozeßordnung maßgebend.[13] Da-

[11] Man vgl. hierüber insbes. Marquardsen S. 190 ff.

[12] Aehnliche Bestimmungen schon in dem franz. Ges. vom 28. Febr. 1817.

[13] OT. v. 4. Mai 1876 (GA. 24 S. 235, OR. 17 S. 328).

gegen finden die §§. 27 und 28 RPG.[14] auf beide Arten der Beschlagnahme Anwendung, und dasselbe gilt umgekehrt von denjenigen Paragraphen der Strafprozeßordnung, welche nicht unmittelbar die Beschlagnahme, sondern mit derselben zusammenhängende Maßregeln (Editionszwang, Haus- und Personsdurchsuchung u. s. w.) regeln.

§. 35.

Voraussetzungen der Beschlagnahme.

I. Eine Beschlagnahme von Druckschriften ohne richterliche Anordnung findet nur statt:[1]

1. Wenn eine Druckschrift den Vorschriften der §§. 6 u. 7 RPG. nicht entspricht (die von dem Gesetze geforderten Angaben nicht enthält).[2]

   Dagegen ist die Beschlagnahme nicht zulässig, wenn die auf der periodischen Druckschrift als verantwortlicher Redakteur genannte und thatsächlich als solcher fungirende Person die gesetzlich geforderten Eigenschaften nicht besitzt: §. 8 RPG. ist in §. 23 RPG. nicht zitirt.[3]

2. Wenn eine Druckschrift den Vorschriften des §. 14 RPG. zuwider verbreitet wird (Verbreitung einer verbotenen Druckschrift).[4]

3. Wenn durch eine Druckschrift einem auf Grund des §. 15 RPG. erlassenen Verbote (Verbot von Veröffentlichungen über Truppenbewegungen u. s. w.)[5] zuwidergehandelt wird.

---

[14] Ueber diese unten §. 37 u. §. 38.

[1] RPG. §. 23.

[2] Vgl. oben §. 22 u. §. 24.

[3] Vgl. oben §. 11 V.

[4] Vgl. oben §. 32.

[5] Vgl. unten §. 46 II.

4. Wenn der Inhalt einer Druckschrift den Thatbestand einer der in den §§. 85 (öffentliche Aufforderung zu hochverrätherischen Handlungen), 95 (Majestätsbeleidigung), 111 (öffentliche Aufforderung zu strafbaren Handlungen), 130 (öffentliche Aufreizung zum Klassenkampf) oder 184 (Verbreitung unzüchtiger Darstellungen, Schriften und Abbildungen) des deutschen Strafgesetzbuchs mit Strafe bedrohten Handlungen begründet, in den Fällen der §§. 111 u. 130 jedoch nur dann, wenn dringende Gefahr besteht, daß bei Verzögerung der Beschlagnahme die Aufforderung oder Anreizung ein Verbrechen oder Vergehen unmittelbar zur Folge haben werde.

II. Nach der Strafprozeßordnung ist unerläßliche Voraussetzung der Beschlagnahme, daß ein begangenes (sei es als vollendetes, sei es als versuchtes) Delikt vorliegt. Da das Reichspreßgesetz lediglich die Delikte, welche zur richterlichen Beschlagnahme Veranlassung zu geben geeignet sind, aufzählen, nicht aber die nach gemeinem Recht erforderlichen Voraussetzungen derselben beseitigen wollte, müssen wir an dieser Bedingung der Beschlagnahme auch im Preßrechte festhalten. Es muß ein, mindestens versuchtes, Delikt vorliegen, damit die Beschlagnahme gestattet sein kann. Die Anwendung dieses Satzes auf die einzelnen oben unter I. aufgezählten Delikte führt zu folgender Unterscheidung:

a) In den unter 3 u. 4 erwähnten Fällen haben wir es mit einem durch den Inhalt der Druckschrift begangenen Preßdelikte zu thun; bei diesen liegt die strafbare Handlung in dem Verbreiten;[6] erst wenn dieses begonnen hat, ist die Beschlagnahme zulässig.

[6] Dazu unten §. 41 I.

b) Der Fall unter 2 ist strafbare Verbreitung an sich, ganz ohne Rücksicht auf den Inhalt der verbreiteten Druckschrift. Auch hier müssen wir also, wenn auch aus einem anderen Grunde, zu dem gleichen Resultate gelangen: Vor dem Beginne der Verbreitung keine Beschlagnahme.

c) Anders liegt die Sache in dem unter 1 angeführten Falle. Hier handelt es sich um die dem Gesetze nicht entsprechende Herstellung einer Druckschrift. Da zum Wesen der Druckschrift nicht nur gehört, daß sie zur Verbreitung bestimmt, sondern auch daß sie erschienen (ausgegeben) ist,[7] da ferner das Delikt der §§. 6 u. 7 RPG. als versuchtes nicht strafbar ist: kann die Beschlagnahme erst nach der Ausgabe der Druckschrift erfolgen, während andrerseits[8] der Beginn der Verbreitung nicht abgewartet zu werden braucht.[9]

III. Die Beschlagnahme setzt voraus, daß eine strafbare Handlung vorliegt, mag auch immerhin die Verfolgung oder Verurtheilung einer bestimmten Person nicht ausführbar sein. Sie ist daher in allen Fällen ausgeschlossen, in welchen auch das objektive Verfahren nicht zulässig ist.[10]

IV. Die preßgesetzlichen Bestimmungen über Beschlagnahme traten im Allgemeinen sofort mit dem 1. Juli 1874 für das ganze Geltungsgebiet der Reichspreßgesetzgebung in Kraft.[11] Dabei darf jedoch nicht außer Acht gelassen werden, daß die Zulässigkeit der Beschlagnahme von dem Vorliegen gewisser Preßdelikte abhängt. Fassen wir die oben unter I. besprochenen Fälle in's Auge, so ergibt sich:

---

[7] Vgl. oben §. 5 V.

[8] Vgl. oben §. 25 IV.

[9] A. A. die Meisten.

[10] Vgl. darüber unten §§. 54 u. 55.

[11] Vgl. oben §§. 3 u. 4.

ad 1. Nur im Inlande seit dem 1. Juli 1874 erschienene Druckschriften können sich einer Uebertretung dieser Vorschriften schuldig machen, mithin in Beschlag genommen werden.

ad 2. Nur ausländische, wenn auch vor dem 1. Juli 1874 erschienene Druckschriften unterliegen dem Verbote, mithin auch der Beschlagnahme.

ad 3 u. 4. Hier hängt die Zulässigkeit der Beschlagnahme (prinzipiell) weder von der Zeit noch von dem Orte der begangenen strafbaren Handlung ab.

§. 36.

Das Beschlagnahmeverfahren.

I. Die gerichtliche Entscheidung über die nichtrichterliche Beschlagnahme, in der Strafprozeßordnung nur ganz ausnahmsweise[1] vorgeschrieben, muß,[2] wenn es sich um Druckschriften handelt, unter allen Umständen eingeholt werden. Zur Entscheidung ist das zuständige Gericht berufen. Welches dieses sei, ersehen wir, da sich das Reichspreßgesetz selbst einer Bestimmung darüber enthält, aus der Strafprozeßordnung.[3] Nach dieser aber müssen wir unterscheiden:[4]

1. Wenn die öffentliche Klage wegen des betreffenden Preßdeliktes bereits erhoben ist, so unterliegt es keinem Zweifel, daß das mit der Klage befaßte, also das im der Hauptsache zuständige Gericht, sowie es selbständig zur Anordnung der Beschlagnahme befugt wäre, auch

[1] StrPO. §. 98.

[2] RPG. §. 24.

[3] StrPO. §. 98.

[4] Die entgegengesetzte Ansicht der Kommentatoren des RPG., welche immer das in der Hauptsache zuständige Gericht entscheiden lassen wollen, ist der StrPO. gegenüber nicht mehr haltbar.

über die Bestätigung oder Aufhebung der nichtrichterlichen Beschlagnahme zu entscheiden berufen ist.

2. Ist dagegen die Beschlagnahme erfolgt, noch ehe die öffentliche Klage erhoben wurde, so ist das „zuständige" Gericht der Amtsrichter, in dessen Bezirk die Beschlagnahme stattgefunden hat.[5] Es läßt sich nun allerdings nicht leugnen, daß, wenn wie leicht möglich die Beschlagnahme in verschiedenen Amtsgerichtsbezirken stattgefunden hat, widersprechende Entscheidungen von den verschiedenen Amtsrichtern gefällt werden können. Allein einerseits ist die gleiche Möglichkeit bei der richterlichen Beschlagnahme unzweifelhaft gegeben, andrerseits wird den ärgsten Mißständen dadurch vorgebeugt, daß binnen kurzer Frist die öffentliche Klage erhoben werden muß. Ein Argument gegen die hier vertretene Ansicht läßt sich daher aus diesen Konsequenzen nicht ableiten. So lange aber widersprechende gerichtliche Entscheidungen bestehen, muß diejenige, welche die Beschlagnahme aufrecht erhält, als die für das ganze Gebiet des deutschen Reichs maßgebende betrachtet werden.

II. Das zur Entscheidung berufene Gericht steht dem Antrage auf Bestätigung gerade so gegenüber, wie allen anderen staatsanwaltschaftlichen Anträgen. Es ist insbesondere gebunden durch die staatsanwaltschaftliche Bezeichnung der That, frei in der rechtlichen Beurtheilung derselben. Es muß die Beschlagnahme daher bestätigen, wenn es in den bezeichneten Stellen der Druckschrift zwar nicht das De-

---

[5] Vgl. Löwe, Kommentar zur StrPO. S. 947; auch die Motive zum Entw. des Einführungsges. zur StrPO. §. 5 (Hahn, Materialien S. 229).

likt des §. 111 StrGB., wegen dessen die Beschlagnahme erfolgte, wohl aber das des §. 130 StrGB. erblickt; es muß sie aufheben, wenn es der Ansicht ist, daß zwar nicht durch den von der Staatsanwaltschaft bezeichneten, wohl aber durch einen anderen Artikel derselben Druckschrift die von jener behauptete strafbare Handlung begründet sei.

III. Die Entscheidung des Gerichtes ist von der Staatsanwaltschaft einzuholen.[6]

1. Hat die Staatsanwaltschaft selbst die Beschlagnahme angeordnet, so muß sie binnen 24 Stunden nach Anordnung derselben um die gerichtliche Entscheidung nachsuchen. Das Gericht hat binnen 24 Stunden nach Empfang des Antrags seine Entscheidung zu erlassen.

2. Hat die Polizeibehörde ohne Anordnung der Staatsanwaltschaft die Beschlagnahme verfügt, so muß sie die Absendung der Verhandlungen an letztere ohne Verzug und spätestens binnen 12 Stunden bewirken. Die Staatsanwaltschaft hat entweder die Wiederaufhebung der Beschlagnahme mittelst einer sofort vollstreckbaren Verfügung anzuordnen, oder die gerichtliche Bestätigung binnen 12 Stunden nach Empfang der Verhandlungen zu beantragen.

Die Einhaltung dieser Fristen ist — im Gegensatze zu den Anordnungen der Strafprozeßordnung — unter besondere Garantie durch die Bestimmung gestellt, daß, wenn nicht bis zum Ablaufe des 5. Tages nach Anordnung der Beschlagnahme der bestätigende Gerichtsbeschluß jener Behörde, welche die Beschlagnahme angeordnet hat, zugegangen ist, die letztere erlischt und die Freigebung der einzelnen Stücke erfolgen muß.[7]

---

[6] RPG. §. 24.

[7] RPG. §. 24 Abs. 3.

IV. Gegen den Beschluß des Gerichts, welcher die vorläufige Beschlagnahme aufhebt, findet ein Rechtsmittel nicht statt,[8] während der bestätigende Beschluß mit der einfachen Beschwerde angefochten werden kann.[9] Die Beschwerde ist auch dann zulässig, wenn die Staatsanwaltschaft, ohne selbst die Beschlagnahme einzuleiten, die Anordnung derselben bei dem Gerichte beantragt hat und mit diesem Antrage zurückgewiesen wurde.

V. Aber auch die vom Gerichte bestätigte vorläufige Beschlagnahme (nicht aber die ursprünglich schon vom Richter angeordnete) ist wieder aufzuheben,[10] wenn nicht binnen 2 Wochen nach der Bestätigung die Strafverfolgung in der Hauptsache eingeleitet worden ist. Ein ipso jure Erlöschen der Beschlagnahme tritt hier jedoch nicht ein; es muß eine ausdrückliche Aufhebung durch dasjenige Gericht, welches die Bestätigung ausgesprochen hat (hier immer der Amtsrichter), erfolgen, so daß die Beschlagnahme trotz des Ablaufes der zweiwöchigen Frist bis zu dieser Verfügung in Kraft bleibt. Die Strafverfolgung in der Hauptsache muß binnen 2 Wochen eingeleitet sein, d. h. es muß die Eröffnung der Untersuchung (sei es der Voruntersuchung, sei es des Hauptverfahrens) beschlossen sein; im objektiven Verfahren[11] steht die Anordnung des Termins zur Hauptverhandlung der Eröffnung der Untersuchung gleich.[12]

VI. In dem in der Sache selbst ergehenden Endurtheile muß auch die Beschlagnahme, die ja nur die Sicherung des Beweises in dem durchzuführenden Strafverfahren oder die der Urtheilsvollstreckung bezweckt, ihre Erledigung

[8] RPG. §. 25.
[9] StrPO. §. 346.
[10] RPG. §. 26.
[11] Darüber vgl. unten §. 57 II.
[12] Vgl. Löwe, Kommentar zur StrPO. S. 948.

finden. Ist der Inhalt der Druckschrift ein strafbarer, so ist die Unbrauchbarmachung[13] der in Beschlag genommenen Exemplare auszusprechen: es sind das die oben §. 35 unter I. Nr. 3 u. 4 enthaltenen Fälle; kann die Unbrauchbarmachung nicht ausgesprochen werden — in den oben §. 35 I. Nr. 1 und 2 erwähnten Fällen — so sind die in Beschlag genommenen Exemplare den Eigenthümern zurückzustellen. Eine andere Art der Erledigung der Beschlagnahme, insbesondere Aufrechthaltung derselben auch nach Rechtskraft des Urtheils, gibt es nicht. Enthält daher das freisprechende Erkenntniß keine ausdrückliche Verfügung über die Beschlagnahme, so gilt diese stillschweigend als aufgehoben.[14]

§. 37.

Umfang der Beschlagnahme.

I. Bei der Anordnung der Beschlagnahme, mag diese eine richterliche oder eine nichtrichterliche sein, sind die dieselbe veranlassenden Stellen der Schrift unter Anführung der verletzten Gesetze zu bezeichnen.[1] Das Gleiche gilt von dem Gerichtsbeschluß, durch welchen die nichtrichterliche Beschlagnahme bestätigt wird. Doch kann dieser Bestätigungsbeschluß nicht nur in Bezug auf die angeführten gesetzlichen Bestimmungen (also die juristische Beurtheilung der That), sondern auch in der Bezeichnung der strafbaren Stellen (den thatsächlichen Feststellungen) von der durch ihn bestätigten nichtrichterlichen Anordnung abweichen, so lange er sich da-

[13] StrGB. §§. 41 u. 42. Vgl. unten §§. 54 ff.

[14] OT. vom 15. April 1875 (OR. 16 S. 290) gegen eine ältere E. v. 15. Septbr. 1853.

[1] RPG. §. 27 Abs. 2.

bei innerhalb der Grenzen der Identität der That hält, also über die von der Staatsanwaltschaft inkriminirte That nicht hinausgreift.[2]

II. Trennbare Theile der Druckschrift (Beilagen einer Zeitung u. s. w.), welche nichts Strafbares enthalten, sind von der Beschlagnahme auszuschließen.[3] Durch diese Anordnung, die so sehr in der Natur der Sache begründet ist, daß sie auch ohne ausdrückliche gesetzliche Anerkennung befolgt werden müßte,[4] schließt sich das Reichspreßgesetz an die schon im Strafgesetzbuch[5] ausgesprochene Bestimmung vollständig an. Voraussetzung ist die Möglichkeit einer physischen Ausscheidung, so daß der ausgeschiedene Theil den Charakter einer selbständigen Druckschrift nicht verliert. Wann dies der Fall, ist quaestio facti.[6] Ist die Ausscheidung unterblieben und die gegen den Beschluß etwa ergriffene Beschwerde erfolglos gewesen, so ist die ganze Druckschrift von der Beschlagnahme ergriffen.[7]

III. Die Beschlagnahme kann sich auf die zur Vervielfältigung dienenden Platten und Formen erstrecken.[8] Das freie Ermessen der anordnenden oder bestätigenden Behörde entscheidet hier, während die in dem Endurtheile auszusprechende Unbrauchbarmachung einer Druckschrift[9] sich nothwendig auch auf die Platten und Formen erstreckt. „Platten und Formen" sind im weiteren Sinne vom Gesetzgeber gemeint; es ist unrichtig, diese Ausdrücke, wie dies regelmäßig geschieht, nur auf Druckschriften im

[2] Vgl. auch oben §. 36 II.
[3] RPG. §. 27 Abs. 2.
[4] Vgl. OT. v. 1. April 1864 (GA. 12 S. 347); Liszt S. 172.
[5] §. 41; vgl. unten §. 56 II.
[6] Vgl. Berner S. 317 gg. Thilo S. 110.
[7] Vgl. oben §. 33 II.
[8] RPG. §. 27 Abs. 1.
[9] StrGB. §. 41.

engeren Sinne zu beziehen. Es fallen daher nicht bloß Stereotyp- oder Clichéplatten, sondern auch z. B. Negativplatten für photographische Abdrücke u. s. w. unter das Gesetz; ebenso nicht bloß die „Formen“ im Sinne der Buchdruckersprache, also die durch den eisernen Formenrahmen zusammengehaltenen 4 oder 8 gesetzten Kolumnen, sondern auch Guß- und Prägeformen aller Art. Das Gesetz meint die Vervielfältigungsmittel im Allgemeinen. Doch erstreckt sich die Beschlagnahme derselben nicht weiter, als die der Druckschrift selbst; die oben unter II. besprochenen Einschränkungen greifen also auch hier Platz. Bei Druckschriften im engeren Sinne muß auf Antrag des Betheiligten statt der Beschlagnahme des Satzes das (kunstgerechte) Ablegen desselben durch das von dem Betheiligten zu stellende Personal erfolgen.[10]

IV. Der Beschlagnahme unterliegen:

1. Alle bereits ausgegebenen und in Verbreitung[11] befindlichen Exemplare; nicht aber diejenigen, die bereits in Privatbesitz übergegangen sind.
2. Die noch nicht ausgegebenen, aber zur Verbreitung bestimmten Exemplare.[12] Daß in diesem Falle bei strafbarem Inhalte der Druckschrift aber bereits andere Exemplare derselben Druckschrift in Verbreitung sein müssen, folgt schon aus dem, was oben §. 35 II. über die Voraussetzungen der Beschlagnahme gesagt worden ist; ebenso aber auch, daß, wenn nur eine Verletzung der Formvorschriften der §§. 6 und 7 des Reichspreßgesetzes in Frage steht, nicht Beginn der

[10] RPG. §. 27 Abs. 1.

[11] Ueber diesen Begriff vgl. unten §. 42.

[12] RPG. §. 27 1. Satz; dazu Berner S. 314.

Verbreitung, sondern nur Ausgabe der Druckschrift als solcher erforderlich ist.[13]

V. Die Wirkung der richterlich angeordneten Beschlagnahme erstreckt sich auf alle mit Beschlag zu belegenden Exemplare der Druckschrift, auch auf diejenigen, welche sich an einem zur örtlichen Kompetenz des beschließenden Gerichts nicht gehörigen Orte befinden.[14] Daß der Inhaber der betreffenden Exemplare der Militärgerichtsbarkeit untersteht, kann Modalitäten in der Ausführung des Beschlagnahmebefehls bedingen, aber nicht die Kompetenz der Militärgerichte zur Prüfung des Befehls begründen.[15]

§. 38.

Wirkung der Beschlagnahme.

I. Während der Dauer der Beschlagnahme ist verboten:[1]

1. Die Verbreitung der von derselben betroffenen Druckschrift, ein Verbot, das die der thatsächlichen Beschlagnahme entgangenen Exemplare der Druckschrift im Auge hat. Die Verbreitung ist auch dann verboten, wenn die Beschlagnahme lediglich wegen Verletzung der Formvorschriften der §§. 6 u. 7 RPG. erfolgte; die entgegengesetzte Ansicht[2] hat weder in dem Gesetze selbst, noch auch in der Natur der Sache eine Stütze: Druckschriften, die durch ihre äußere Erscheinung allein, ganz abgesehen von ihrem Inhalte, den Anordnungen des Gesetzes Hohn sprechen, dürfen schon

[13] Vgl. auch unten §. 56 III.

[14] OT. v. 16. April 1875 (GA. 23 S. 210, OR. 16 S. 300).

[15] OT. zit.

[1] RPG. §. 28.

[2] Insbes. v. Berner S. 317 vertreten.

darum nicht verbreitet werden, quia mali exempli ea res est. Der Begriff der Verbreitung[3] ist auch hier derselbe wie auf dem ganzen Gebiete des Preßrechtes.

2. Der Wiederabdruck der die Beschlagnahme veranlassenden Stellen.[4]

Ist die Bezeichnung der Stellen im Beschlagnahmebeschluß unterblieben, so ist Abdruck einzelner Stellen nicht strafbar.[5]

II. Verbreitung und Wiederabdruck sind verboten, so lange die Beschlagnahme dauert. Das Verbot tritt in Kraft mit dem Augenblicke, in welchem die Beschlagnahme, sei es von dem Richter, sei es von dem Staatsanwalte oder der Polizeibehörde, angeordnet oder vollzogen wird; es entfällt erst mit dem Erlöschen oder der rechtskräftigen Aufhebung der Beschlagnahme. Die Strafbarkeit wird dadurch nicht berührt, daß Verbreitung oder Wiederabdruck zwar während der Dauer der Beschlagnahme erfolgte, die Beschlagnahme aber nachträglich als durchaus unbegründet vom Richter aufgehoben wurde.

III. Jedes Zuwiderhandeln gegen das Verbot ist[6] mit Geldstrafe bis 500 Mark oder mit Gefängniß bis zu 6 Monaten bedroht, mithin Vergehen. Doch ist zur Strafbarkeit Kenntniß der verfügten Beschlagnahme erforderlich, mag diese Kenntniß durch öffentliche Bekanntmachung oder durch individuelle Benachrichtigung von Seiten der Behörde oder aber durch zufällige Umstände erlangt sein.[7] Im guten

---

[3] Ueber diesen Begriff unten §. 42.

[4] Ueber den Wiederabdruck vgl. oben §. 33 VI, unten §. 43 IV.

[5] OT. vom 2. Novbr. 1876 (GA. 24 S. 633, OR. 17 S. 709).

[6] RPG. §. 28 Abs. 2.

[7] Vgl. Berner S. 318; OT. v. 24. Oktbr. 1860 (GA. 8 S. 816).

Glauben erfolgende Uebertretung des Verbotes bleibt absolut straffrei.

IV. Mit dem durch Verbreitung oder Wiederabdruck begangenen Delikte kann in idealer Konkurrenz ein durch den Inhalt der verbreiteten oder wiederabgedruckten Druckschrift begründetes Delikt verbunden sein.

§. 39.

Die Beschlagnahme nach dem Sozialistengesetz.

I. Wenn eine sozialdemokratische Druckschrift verboten worden ist,[1] so sind[2] auf Grund des Verbotes die von demselben betroffenen Druckschriften da, wo sie sich zum Zwecke der Verbreitung[3] vorfinden, in Beschlag zu nehmen. Die Beschlagnahme kann sich auf die zur Vervielfältigung dienenden Platten und Formen erstrecken; bei Druckschriften im engeren Sinne hat auf Antrag des Betheiligten statt Beschlagnahme des Satzes das Ablegen des letzteren zu geschehen.[4] Die in Beschlag genommenen Druckschriften, Platten und Formen sind, nachdem das Verbot endgültig geworden, unbrauchbar zu machen.

Die Beschwerde findet nur an die Aufsichtsbehörden statt.

II. Aber auch ohne vorhergegangenes Verbot können[5] Druckschriften, in welchen sozialdemokratische, sozialistische oder kommunistische auf den Umsturz der bestehenden Staats- oder Gesellschaftsordnung gerichtete Bestrebungen in einer den öffentlichen Frieden, insbesondere die Eintracht der Bevölkerungsklassen gefährdenden Weise zu Tage treten,[6] ebenso wie

---

[1] Ueber dieses Verbot s. oben §. 33.

[2] Soz.Ges. §. 14.

[3] Vgl. oben §. 37 IV.

[4] Vgl. oben §. 36 III.

[5] Soz.Ges. §. 15.

[6] Soz.Ges. §. 11.

die zu ihrer Vervielfältigung dienenden Platten und Formen von der Polizeibehörde vorläufig in Beschlag genommen werden. Die in Beschlag genommene Druckschrift ist innerhalb 24 Stunden der Landespolizeibehörde einzureichen. Diese hat entweder die Wiederaufhebung der Beschlagnahme sofort anzuordnen, oder innerhalb einer Woche das Verbot[7] zu erlassen. Erfolgt das Verbot nicht innerhalb dieser Frist, so erlischt die Beschlagnahme und die einzelnen Stücke, Platten und Formen müssen freigegeben werden.

III. Die Verbreitung, die Fortsetzung, der Wiederabdruck einer von der vorläufigen Beschlagnahme[8] betroffenen Druckschrift ist[9] mit Geldstrafe bis zu 1000 Mark oder mit Gefängniß bis zu 6 Monaten bedroht. Kenntniß der verfügten Beschlagnahme muß gefordert werden; in gutem Glauben erfolgende Verbreitung u. s. w. ist straflos gelassen.[10] Wenn es sich um eine nach §. 14 Soz.Ges.[11] in Beschlag genommene Druckschrift handelt, so erscheinen, da hier bereits erfolgtes Verbot vorausgesetzt wird, Verbreitung, Fortsetzung, Wiederabdruck als Verbreitung u. s. w. nicht sowohl einer in Beschlag genommenen, als vielmehr einer verbotenen Druckschrift und sind unter diesem Gesichtspunkte strafbar.[12]

[7] Vgl. oben §. 33.
[8] Soz.Ges. §. 15; oben unter II.
[9] Soz.Ges. §. 19.
[10] In Soz.Ges. §. 21 werden diese Handlungen nicht erwähnt.
[11] Oben unter I.
[12] Vgl. oben §. 33 VI.

Vierter Theil.

Das Preßstrafrecht.

I. Das Preßdelikt.

§. 40.

Der Begriff des Preßdeliktes.

I. Die innere Natur, das eigentliche Wesen der „Preßdelikte“ ist wiederholt Gegenstand eingehender scharfsinniger Untersuchung gewesen. Unter den hieher gehörigen Schriften nehmen die Gutachten von Glaser und John und die Abhandlung von Jaques[1] eine hervorragende Stellung ein. In neuester Zeit hat Oetker[2] die Lösung des Problems wesentlich gefördert. Die Frage ist aber nicht nur von hohem theoretischem Interesse, sondern auch von großer praktischer Bedeutung: eine Reihe von preßgesetzlichen Bestimmungen findet nur auf Preßdelikte Anwendung, setzt also einen feststehenden Begriff voraus; und andrerseits läßt sich eine Anzahl der wichtigsten Detailfragen ohne grundlegende Fixirung des Wesens der Preßdelikte nicht mit Sicherheit entscheiden.

[1] Die Schriften sind oben §. 1 IV zitirt.

[2] In Goltdammers Archiv 26 S. 249 ff.

II. Ehe die Untersuchung über das Wesen der Preßdelikte begonnen werden kann, muß eine Ausscheidung vorgenommen werden. Außer Betracht bleiben die Uebertretungen des Preßpolizeirechts. Sie haben mit dem im folgenden zu besprechenden Preßdelikten prinzipiell nichts gemein. Das Preßpolizeirecht ordnet in seinen Normen die Herstellung, Ausgabe, Verbreitung der Druckschriften, als der Mittel zur Gedankenäußerung; es schützt die Rechtsgüter, welche durch die Gedankenäußerung verletzt oder gefährdet werden können, nicht direkt sondern indirekt; wer diesen Normen zuwiderhandelt, begeht keinen Mißbrauch der Preßfreiheit.

Die durch die Preßdelikte übertretenen Normen dagegen gehören dem allgemeinen Strafrechte an, bezwecken direkten Schutz staatlicher, gesellschaftlicher oder privater Rechtsgüter; sie sind nicht erst durch die Preßgesetzgebung geschaffen, sondern vor allem Preßrechte da und unabhängig von diesem; ihre Uebertretung ist Mißbrauch der Preßfreiheit.

Es darf uns dabei nicht irre machen, wenn manche dieser Normen nur in dem Preßgesetze selbst ausdrücklich ausgesprochen sind; immer haben wir es in einem solchen Falle mit einer Unvollkommenheit des positiven Rechtes zu thun, das nicht alle Uebertretungen der betreffenden Norm, sondern nur die durch die Presse begangenen Uebertretungen derselben unter Strafe stellt.

Man hat die Preßpolizeidelikte als eigentliche Preßdelikte den „uneigentlichen“ oder wie die Gesetzgebung meist sich ausdrückt, „den durch den Inhalt von Druckschriften begangenen“ Preßdelikten entgegengestellt. Diese Terminologie ist weder sachlich noch sprachlich empfehlenswerth; wir werden im folgenden die erste Gruppe von Delikten als das was sie sind, als Preßpolizeidelikte, die zweite als Preßdelikte schlechtweg bezeichnen.

III. Diese Preßdelikte stehen nunmehr zur näheren Untersuchung.[3]

1. Wir werden dabei wohl von dem Grundgedanken ausgehen dürfen, daß das Preßdelikt Mißbrauch der Preßfreiheit ist. Preßfreiheit aber ist das Recht der freien Gedankenäußerung in Druckschriften. Normwidrige Gedankenäußerung — das Wort in dem oben[4] besprochenen weiteren Sinne genommen — wird also das erste Element in dem Begriffe der Preßdelikte sein müssen.

2. Normwidrige Gedankenäußerung in Druckschriften. In der Druckschrift hat der Gedanke zum Zwecke des Geäußertwerdens sich verkörpert; er ist herabgestiegen aus der Welt des Geistes in die der Erscheinung, ist fixirt, gebannt an das Papier, zur greifbaren Materie geworden. Und in dieser Form wird er nunmehr geäußert. Das Preßdelikt ist nicht unmittelbare, sondern mittelbare Gedankenäußerung. Der gedruckte Gedanke wird geäußert. Es ist wichtig, dies festzuhalten; das objektive Verfahren beruht auf der sinnlichen Gestalt, die der Gedanke angenommen hat.[5]

Eine Druckschrift im Sinne des Gesetzes muß demnach fertig vorliegen, ehe überhaupt von einem Preßdelikte gesprochen werden kann. Die Herstellung und das Ausgeben der Druckschrift erscheinen nur als die Herbeischaffung der Mittel zur Begehung eines Preßdeliktes, mithin als Handlungen, die vor der deliktischen Thätigkeit, vor dem Begehen des Preßdeliktes liegen, geradeso wie das Anschaffen

[3] Vgl. Art. Preßstrafrecht in v. Holtzendorff's Rechtslexikon 3. Aufl. (Liszt).

[4] §. 5 V.

[5] Vgl. unten §. 54 I.

und Laden des Revolvers nur Vorbereitungshandlung für die geplante Tödtung ist.

3. Die Gedankenäußerung muß aber ferner öffentlich erfolgen, d. h. sie muß gerichtet sein an das Publikum, an unbestimmt viele und unbestimmt welche Personen (Oetker's „Destinatäre"), an einen weder thatsächlich noch nach der Absicht des Aeußernden geschlossenen Kreis.[6]

Wer durch die Zeitung einem Freunde in chiffrirter oder in anderer nur diesem verständlicher Schrift eine vertrauliche Mittheilung macht, wer in ähnlicher Weise Druckschriften als Mittel zu privatem Gedankenaustausche benützt, der begeht kein Preßdelikt, mag er auch anderweitig vor dem Strafgesetze verantwortlich werden.

Daß aber das Moment der Oeffentlichkeit wesentlich ist für den Begriff des Preßdeliktes, wird allgemein zugegeben. Wenn das Gesetz eine Gruppe von Delikten wegen des bei Begehung derselben gebrauchten Mittels besonders hervorhebt, dann muß das Mittel in der seinem Wesen entsprechenden, seine Bestimmung erfüllenden Weise gebraucht werden. Es ist keine Tödtung durch eine Schußwaffe, wenn ich meinen Gegner mit dem Flintenkolben erschlage. In dem Wesen der Druckschrift aber liegt es, in die Oeffentlichkeit zu treten.[7] Wird sie darin gehindert, so hat sie ihren Beruf verfehlt.

Oeffentliche Gedankenäußerung: Damit haben wir zugleich jene größere Deliktsgruppe aufgefunden, innerhalb welcher die uneigentlichen Preßdelikte einen hervorragenden Platz einnehmen. Ob und wieweit die Bestrafung des öffent-

[6] Vgl. über den Begriff der „Oeffentlichkeit" die Lehrbücher und die Kommentare zum Strafgesetzbuch.

[7] Vgl. oben §. 5 III.

lich ausgesprochenen Gedankens gerechtfertigt ist, welche Rücksichten für den Gesetzgeber bei Aufstellung jener Deliktsgruppe maßgebend gewesen sind und maßgebend sein sollen, haben wir an dieser Stelle, an welcher wir uns nur mit dem positiven Rechte beschäftigen, nicht zu untersuchen. Aber ohne öffentliche Gedankenäußerung kein uneigentliches Preßdelikt: daran haben wir unbedingt festzuhalten. Mit jener entfällt dieses.

4. Die Gedankenäußerung erfolgt bei den Preßdelikten durch Verbreitung der Druckschrift. Sie sind mittelbare Gedankenäußerung, Aeußerung des gedruckten, des fixirten und vervielfältigten Gedankens. Die Druckschrift ist der Gedanke, ihre Verbreitung seine Aeußerung. Der Gedanke wurde gebannt an das Papier, er ist zum todten Buchstaben geworden; aber der Buchstabe wird wieder zum lebendigen Wort, wenn die Druckschrift hinausgeschickt wird in die Welt. Und das geschieht durch die Verbreitung, in welcher der Gedanke zu neuem Leben wieder aufersteht.

Aus dieser Auffassung, welche in der Verbreitung der Druckschrift die eigenthümliche Form erblickt, in welcher die Gedankenäußerung bei den Preßdelikten erfolgt, welche Verbreitung und Gedankenäußerung bei den Preßdelikten identifizirt, ergeben sich eine Reihe von Konsequenzen.[8] Sie ist der Kernpunkt der hier vertretenen Theorie.

Durch seine Metamorphose hat der Gedanke ein Doppeltes gewonnen. Durch seine Objektivirung in der Materie ist seine Existenz unabhängig geworden von dem Willen seines Schöpfers; der Gedanke führt ein selbständiges Dasein, zeit-

---

[8] Vgl. unten §. 41.

lich und räumlich getrennt von dem Dasein desjenigen, dem er sein Leben verdankt. Und durch die Vervielfältigung hat er seine Lebenskraft potenzirt, sie gestählt gegen die Wirkungen der Zeit und sich gewappnet zur Ueberwindung aller räumlichen Hindernisse.

Als selbständige, der Sinnenwelt angehörige Individualität und gerüstet zum Kampf gegen Raum und Zeit tritt der zur Druckschrift gewordene Gedanke durch die Verbreitung in die Welt. Auch das wird nur zu häufig übersehen oder doch nicht richtig gewürdigt.

5. Aber noch ein weiteres Merkmal muß gegeben sein, damit der Begriff des Preßdeliktes erfüllt wird. Die Gedankenäußerung selbst muß die Normwidrigkeit enthalten, ohne Rücksicht auf weitere, durch dieselbe herbeigeführte Erfolge. Sie darf nicht das Mittel zur Begehung eines Deliktes, sie muß selbst die Begehung eines Deliktes sein. Nur die an sich normwidrige Gedankenäußerung kann Preßdelikt sein.[9] Die innere Natur dieser Norm bleibt ohne juristische Bedeutung; sie kann die Verletzung eines bestimmten Rechtsgutes oder seine Gefährdung verbieten, sie kann, ohne jede Rücksicht auf Gefährdung im konkreten Falle, die Gedankenäußerung untersagen. Aber die Gedankenäußerung an sich muß normwidrig sein.

Es scheiden mithin aus dem Kreise der Preßdelikte alle jene Delikte aus, bei welchen die Gedankenäußerung nur das Mittel zur Herbeiführung der Rechtsverletzung bildet, diese selbst nur durch die Folgen der Gedankenäußerung bewirkt wird. Betrug, Erpressung u. s. w. gehören in keiner Gestalt zu den Preßdelikten, weil dort erst mit der Vermögens-

[9] Zu abweichendem Resultate gelangt Oetker.

beschädigung auf Seite des Betrogenen, hier erst mit der Handlung, Duldung oder Unterlassung des Vergewaltigten oder Bedrohten die Rechtsverletzung gegeben ist, die diese herbeiführende Gedankenäußerung aber nur als Mittel zum Zwecke erscheint. Wenn das Gründer-Konsortium in den Blättern einen schwindelhaften Prospekt veröffentlicht und in betrügerischer Absicht das Publikum zur Zeichnung der Aktien auffordert: so ist, sollte der gewünschte Erfolg, Irreführung einer bestimmten Anzahl von Personen und Beschädigung ihres Vermögens, eintreten, vielleicht Betrug, aber kein Preßdelikt gegeben. Hätten wir aber ein Gesetz, das die Aufforderung zur Aktienzeichnung mittelst lügenhafter Prospekte verbietet, dann wäre mit der Aufforderung die *Rechtsverletzung begangen*, die Annahme eines Preßdeliktes mithin möglich.

Das Preßdelikt erscheint demnach als die *an sich normwidrige*, durch *Verbreitung von Druckschriften begangene, öffentliche Gedankenäußerung*.

IV. Halten wir an diesem Begriffe fest, so werden wir als Fälle, in welchen das Vorliegen eines Preßdeliktes möglich ist, folgende anführen können:[10]

1. *Aus dem Reichsstrafgesetzbuche*:
   a) die strafbaren öffentlichen Aufforderungen, so zum Hochverrath (§. 85), zum Ungehorsam gegen Gesetz und Obrigkeit (§. 110), zu strafbaren Handlungen (§. 111); die öffentliche Aufreizung zum Klassenkampfe (§. 130); die Gefährdung des öffentlichen Friedens durch Geistliche oder Re-

[10] Die Aufzählung soll keine vollständige sein, sondern nur das früher Gesagte illustriren. Man vgl. auch hier Oetker insbes. S. 254 Anm. 12.

ligionsdiener (§. 130 a.), die Verbreitung von erdichteten oder entstellten Thatsachen, um Staatseinrichtungen oder Anordnungen der Obrigkeit verächtlich zu machen (§. 131) u. s w.

b) Die verschiedenen Fälle der Beleidigung. Neben der Beleidigung von Privaten die Majestätsbeleidigung (§§. 95 u. 97), die Beleidigung von Bundesfürsten (§§. 99 u. 101), des Landesherrn oder des Regenten eines befreundeten Staates (§. 103), des Gesandten eines solchen Staates (§. 104) u. s. w.

c) Verrath von Staatsgeheimnissen (§§. 92 u. 353 a.), Offenbarung von Privatgeheimnissen (§. 300), Gotteslästerung (§. 166), Verbreitung von unzüchtigen Schriften und Darstellungen (§. 184) u. s. w.

2. Aus dem Preßgesetze selbst:[11] §. 15 Veröffentlichungen über Truppenbewegungen u. s. w., §. 16 öffentliche Aufforderungen zur Deckung von Geldstrafen und Kosten, § 17 Veröffentlichung von amtlichen Schriftstücken eines Strafprozesses.

Die innere Struktur der zweiten Gruppe ist dieselbe wie jene der ersten. Es besteht zwischen den beiden Gruppen kein anderer Unterschied als der, daß die Delikte der ersten Gruppe auch, die der zweiten nur durch die Presse begangen werden können. Aber dieser Unterschied selbst ist nur positivrechtlicher Natur; es steht nichts im Wege, die in den §§. 15, 16, 17 RPG. enthaltenen Strafdrohungen auf jede Veröffentlichung, jede öffentliche Aufforderung auszudehnen,

---

[11] Diese Delikte werden unten in §. 46 eingehender besprochen werden.

dadurch würden sie vollständig in der ersten Gruppe aufgehen.

Neben die angeführten Uebertretungen reichsrechtlicher Normen treten dann noch die Uebertretungen von Normen, die, wie das Verbot der Ankündigung auswärtiger Lotterien, dem Landesstrafrechte angehören. Ihrer inneren Natur nach sind diese uneigentlichen Preßdilikte von den übrigen nicht verschieden; je nachdem sie allgemein oder nur dann bestraft werden, wenn mittelst der Presse begangen, sind sie der ersten oder der zweiten Gruppe zuzutheilen.

V. Nur dann, wenn es sich um Preßdelikte in dem (unter III) besprochenen Sinne handelt, finden die im 3. Abschnitte unseres Preßgesetzes enthaltenen Bestimmungen[12] Anwendung. Daran muß trotz des scheinbar weiter reichenden Wortlautes des Gesetzes, welches von „Handlungen“ spricht, „deren Strafbarkeit durch den Inhalt einer Druckschrift begründet wird,“ unbedingt festgehalten werden.

§. 41.

Fortsetzung. Konsequenzen.

In den folgenden Paragraphen werden wir uns mit denjenigen Sonderbestimmungen zu beschäftigen haben, welche die Reichspreßgesetzgebung für die Preßdelikte in dem eben besprochenen Sinne aufgestellt hat. An dieser Stelle aber müssen wir einige Konsequenzen aus dem aufgestellten Begriffe der Preßdelikte ziehen, die, weil einer solchen nicht bedürftig, ausdrückliche und direkte Anerkennung seitens der Gesetzgebung nicht gefunden haben.

I. Das Preßdelikt ist Gedankenäußerung durch Verbreiten

[12] RPG. §§. 20, 21. Vgl. unten §§. 49 ff.

von Druckschriften. In dem Verbreiten der Druckschrift, als der Verkörperung des Gedankens, liegt die deliktische Thätigkeit bei dem Preßdelikte. Die Gedankenäußerung erfolgt dadurch, daß der fixirte, greifbar und sichtbar gewordene Gedanke, daß sein Niederschlag, die Druckschrift, hinausgeschickt wird in die Welt. Die Druckschrift ist der Gedanke, ihre Verbreitung seine Aeußerung. Die Verbreitung der Druckschrift ist mithin nicht eine Modalität der Begehung des Deliktes ohne begriffliche Bedeutung, sie ist auch nicht[1] das nothwendige Begehungsmittel der Preßdelikte, sie ist vielmehr die Begehung des Preßdeliktes selbst. Sie ist Gedankenäußerung.

Daher ist das Delikt dann und dort begangen, wann und wo die Druckschrift verbreitet wird. Und das ist die wichtigste Konsequenz aus dem aufgestellten Begriffe; eine Konsequenz, die von den Meisten im wesentlichen gebilligt, aber, da ein fester Begriff des Preßdeliktes mangelt, vielfach durchbrochen wird.

Der Begriff der Verbreitung wird noch[2] Gegenstand besonderer Auseinandersetzungen sein. Hier nur einige Bemerkungen, die sich auf den Ort der Begehung und den Zeitpunkt der Vollendung bei den Preßdelikten beziehen.[3]

Das eigenthümliche der Verbreitungsthätigkeit liegt darin, daß sie an sich zeitliche und örtliche Schranken nicht kennt. Die Druckschrift kann die ganze Erde durchfliegen und Jahrhunderte und Jahrtausende hindurch kann der Schriftsteller zum Publikum sprechen. Aber eben daraus ergibt sich, daß schon an dem ersten Orte, in dem ersten Zeittheilchen, an

[1] Wie Oetker a. a. O. S. 291 meint.

[2] Vgl. unten §. 42.

[3] Vgl. Liszt Gutachten an den 15. deutschen Juristentag.

und in welchem die Verbreitungsthätigkeit ihren Anfang genommen hat, „verbreitet" worden ist. Mit anderen Worten: das Preßdelikt ist vollendet mit dem Beginne der Verbreitung, es ist an demjenigen Orte begangen, von dem aus verbreitet worden ist. Die Verbreitung kann weitere Kreise ziehen, aber nicht mehr und nichts Anderes werden als Verbreitung.

In dem angegebenen Augenblicke und an dem angegebenen Orte ist das Delikt begangen und zwar als vollendetes begangen von allen Personen, welche wegen ihrer geistigen oder körperlichen Betheiligung an Herstellung und Ausgabe der Druckschrift für deren Inhalt verantwortlich sind, insbesondere von Verfasser, Herausgeber, Redakteur, Drucker, Verleger; und ebenso auch von demjenigen, von welchem der Beginn der Verbreitung ausging.

Einer besonderen Erwähnung bedarf nur der Fall, wenn eine Druckschrift von verschiedenen Orten aus verbreitet worden ist, und zwar so, daß die einzelnen Verbreitungszentren unabhängig von einander sind; wenn also z. B. eine in Petersburg erschienene Druckschrift zu 3 Theilen an die drei Agenten in Paris, Berlin, London geschickt und nun von diesen an die Sortimenter in Frankreich, Deutschland, England versendet wird.[4] In diesem Falle ist das Delikt von den oben genannten Personen an jedem der drei Orte, in Paris, Berlin und London, begangen worden.[5] Und zwar sind, da das strafbare Thun eben in dem Verbreiten liegt, drei verschiedene selbständige Handlungen begangen worden;

[4] Vgl. Liszt Gutachten und unten §. 42 V.

[5] Ebenso OT. v. 16. Septbr. 1875 (OR. 16 S. 584); nicht widersprechend OT. v. 7. Septbr. 1877 (OR. 18 S. 550).

die Voraussetzungen der Annahme einer realen Konkurrenz sind mithin gegeben.

II. Wenn aber mit dem Beginne der Verbreitung das Preßdelikt vollendet ist, welche juristische Bedeutung hat dann die weitere Verbreitung? Wir werden unterscheiden müssen.[6] Für diejenigen Personen, deren Thätigkeit bereits abgeschlossen ist, für Verfasser, Drucker, Verleger, Redakteur u. s. w. kommt die weitere Verbreitung gar nicht mehr in Betracht.[7] Anders steht es bezüglich derjenigen Personen, die, bisher unbetheiligt, Verbreitungsakte setzen, nachdem die Verbreitung bereits begonnen hatte. Diese Personen können nicht als Theilnehmer an dem bereits vollendeten Delikte, sie können in den seltensten Fällen als Begünstiger zur Strafe gezogen werden.[8] Sie können nur dann strafbar werden, wenn in der Verbreitung selbst ein neues selbständiges, von dem ersten bereits vollendeten Delikte verschiedenes, Preßdelikt liegt; und dies kann entweder dann der Fall sein, wenn die Verbreitung als solche ohne Rücksicht auf den Inhalt verboten ist,[9] oder aber wenn der ganze subjektive und objektive Thatbestand des betreffenden in der Druckschrift enthaltenen Deliktes auf's neue gesetzt wird. Eine Modifizirung dieses Satzes wird allerdings durch die eigenthümliche Konstruktion der preßrechtlichen Fahrlässigkeit nothwendig.

III. Ein Versuch des Verbreitens ist nicht denkbar und eben darum auch kein Versuch eines Preßdeliktes.[10] Denn in dem Augenblicke, in welchem die verbreitende Thätigkeit

---

[6] Die Frage ist sehr bestritten.

[7] Vgl. Thilo S. 93, Marquardsen S. 188 f., Berner S. 299, Kayser S. 607.

[8] Vgl. die analogen Fragen bei d. Reproduktion; unt. §. 43 II.

[9] Man denke an die Verbreitung einer verbotenen oder in Beschlag genommenen Druckschrift.

[10] Dagegen Berner S. 279.

beginnt, liegt bereits Verbreitung, mithin vollendetes Preßdelikt vor; was aber vorhergeht, ist lediglich Vorbereitungshandlung.

IV. Von dieser eigenthümlichen Natur der „Verbreitung", die im ersten wie im letzten Augenblicke begrifflich immer nicht weniger und nicht mehr als Verbreitung sein kann, abgesehen, ist der Begriff der Handlung bei den Preßdelikten derselbe, wie im Strafrechte überhaupt. Ob eine Handlung, ob mehrere vorliegen, ob Fortsetzung oder Wiederholung, ob Gesetzes- oder Deliktskonkurrenz anzunehmen ist, haben wir auch im Preßrechte nach den allgemeinen Regeln des Strafrechtes, die hier nicht darzustellen sind, zu entscheiden. In einer und derselben Druckschrift können mehrere selbständige deliktische Handlungeu enthalten sein, oder eine Handlung, die mehrere Normen verletzt; es kann aber auch die Veröffentlichung einer ganzen Reihe von Artikeln in derselben oder in verschiedenen Druckschriften sich als ein fortgesetztes Delikt darstellen. Es muß daher in jedem einzelnen Falle die ganze Sachlage geprüft werden.[11]

Anhang. Die Aburtheilung der Preßdelikte steht

[11] Man vgl. für diese Ansicht Merkel in v. Holtzendorff's Handbuch des Strafrechts IV S. 227 Anm. 5, H. Meyer Lehrbuch S. 343 Anm. 13, Liszt S. 263 ff. Die frühere Praxis schwankte. Vgl. OT. v. 31. Oktober 1872 (GA. 20 S. 509), v. 11. Juli 1873 (OR. 14 S. 500), OAG. München v. 13. Juni 1874 (St. 4 S. 133), OT. v. 17. Februar 1875 (OR. 16 S. 128). Unrichtig nimmt OT. v. 4. Februar 1876 (GA. 24 S. 25, OR. 17 S. 93) an, daß die Thätigkeit des Redakteurs immer nur Idealkonkurrenz begründen könne. Mit dem im Texte Gesagten stimmen überein OT. v. 11. Juni 1877 (GA. 24 S. 481, OR. 18 S. 392), v. 29. Juni 1877 (GA. 25 S. 514) u. v. 7. Septbr. 1877 (OR. 18 S. 550).

reichsgesetzlich den gewöhnlichen Gerichten zu. So entscheidet z. B. das Schöffengericht über die Privatklage wegen einer durch die Presse begangenen Beleidigung. Doch hat das Einführungsgesetz zum Gerichtsverfassungsgesetz (§. 6) die bestehenden landesgesetzlichen Vorschriften über die Zuständigkeit der Schwurgerichte für die durch die Presse begangenen strafbaren Handlungen unberührt gelassen (wichtig für Bayern, Württemberg, Baden).

§. 42.

Die „Verbreitung“ von Druckschriften.

I. Der Begriff der Verbreitung ist einer der wichtigsten auf dem Gebiete des Preßrechts. Bei dem Preßdelikte selbst (im Sinne des oben §. 40 III Gesagten) ist die Verbreitung die eigentliche deliktische Thätigkeit, und in mehreren Fällen — Verbreitung einer verbotenen, einer mit Beschlag belegten Druckschrift[1] — bildet die Verbreitung den Thatbestand eines besonderen Preßpolizeideliktes. Der Begriff der Verbreitung bedarf daher einer näheren Untersuchung, um so mehr, da eine Klärung der in Wissenschaft und Praxis zu Tage geförderten Ansichten noch lange nicht eingetreten ist.

II. Das Preßgesetz hat an Stelle einer Definition eine Aufzählung von Beispielen gegeben. Als Verbreitung einer Druckschrift gilt[2] auch das Anschlagen, Ausstellen oder Auslegen derselben an Orten, wo sie der Kenntnißnahme durch das Publikum zugänglich ist. Wir müssen trachten, aus diesen Beispielen den leitenden Gedanken des Gesetzes herauszufinden.

[1] Vgl. oben §§. 32, 33, 38. | [2] RPG. §. 3.

III. Verbreiten heißt zugänglich machen für das Publikum, für die Allgemeinheit, für eine individuell nicht begrenzte Mehrzahl von Personen. Die Schrift, die verbreitet worden ist, ist allen zugänglich, steht allen offen (omnibus patet), kann von allen, die es wünschen, zur Kenntniß genommen werden (ad usum omnium pertinet).[3] Der Begriff ist nahe verwandt dem „Veröffentlichen", er ist in dem eben erwähnten Merkmale identisch mit ihm.[4]

IV. Nicht zu verwechseln mit dem Verbreiten der Druckschrift ist das regelmäßig mit demselben identifizirte Erscheinenlassen oder Ausgeben der Druckschrift.[5] Dieses ist die spezifische Thätigkeit des Verlegers, der ja auch zugleich und zwar in Bezug auf dieselbe Druckschrift Verbreiter sein kann, aber nur dann, wenn er neben der seine Verlegerqualität begründenden Thätigkeit noch ein weiteres selbständiges Thun setzt. Das Verbreiten setzt eine bereits erschienene, ausgegebene Druckschrift voraus, ist ein weiterer Abschnitt in dem vielbewegten Leben der Druckschrift. In dem Ausgeben liegt ein doppeltes Moment:

1. ein subjektives: die Absicht, die ausdrücklich oder durch konkludentes Handeln erklärt sein kann, nunmehr die Verbreitung beginnen zu lassen;
2. ein objektives: die Vorbereitung, die Ermöglichung der Verbreitung.

Aus dem Gesagten ergibt sich, daß erst, wenn die Thätigkeit des Verlegers abgeschlossen ist, mit der Verbreitung

---

[3] Vgl. Thilo S. 7, Marquardsen S. 67, Kayser S. 567, Liszt S. 86.

[4] Daher sei Allgemein auf das in Lehrbüchern u. Kommentaren über diesen Begriff Gesagte verwiesen.

[5] Vgl. oben §. 5 V, §. 9.

begonnen werden kann. Nicht als Verbreitung ist daher zu betrachten die Uebersendung der fertigen Exemplare aus der Druckerei an den Verleger;[6] nicht die Ueberschickung der periodischen Druckschrift von dem Redakteur an die Verlagshandlung, welche erst die Weitersendung an die Abonnenten zu besorgen hat;[7] nicht ist es Verbreitung, wenn der Verleger die sämmtlichen Bücherballen an den Leipziger Kommissionär verfrachtet, der die Geschäftsverbindung mit den Sortimentsbuchhändlern zu vermitteln hat.[8]

Dagegen muß allerdings Verbreitung angenommen werden, wenn die Versendung an die Sortimentsbuchhandlungen erfolgt;[9] denn diese Versendung greift über den Rahmen der Verlagsthätigkeit hinaus, die „Sortimenter" — eine sehr beträchtliche Zahl — sind der erste jener konzentrischen Kreise, in welchen die Verbreitung centrifugal weiter schreitet, und die kleinste Verbreitung muß schon als Verbreitung gelten.

Ob Uebergabe an den Kolporteur bereits Verbreitung ist, läßt sich nicht allgemein entscheiden; übernimmt ein Kolporteur die ganze Auflage, vielleicht um sie dann partienweise an Subkolporteure weiterzugeben, so ist die Frage zu verneinen; erfolgt dagegen die Ausgabe an mehrere Dutzend Austräger, Ausrufer u. s. w., so müssen diese den Sortimentsbuchhandlungen gleichgestellt werden.

V. Vor einem häufig begangenen Irrthum ist besonders zu warnen. Die „Verbreitung" im Sinne des Preßgesetzes ist eine Thätigkeit und nicht ein Erfolg; bezeichnet das

[6] OT. vom 14. Oktbr. 1858 (GA. 2 S. 108).

[7] OT. vom 16. Septbr. 1875 (GA. 23 S. 596, OR. 16 S. 584).

[8] Vgl. auch OT. vom 7. März 1866 (OR. 7 S. 755).

[9] So Thilo S. 6; dagegen v. Schwarze S. 9, Marquardsen S. 59, Berner S. 169.

dem Publikum-zugänglich-machen und nicht das zugänglich-sein; eine „verbreitete" Druckschrift ist nicht eine solche, die verbreitet ist, sondern eine solche, die verbreitet wird. Und diese Thätigkeit ist eine kontinuirliche, zeitlich und räumlich unbegrenzte, aber eben darum auch im kleinsten Zeit- und Raumtheilchen gegebene; mit anderen Worten, eine Thätigkeit, die keinen Versuch zuläßt, sondern sobald sie überhaupt beginnt, vollendet ist, keine weitere begriffliche Steigerung, sondern nur eine quantitative Ausdehnung zuläßt.

Darum ist vollendete Verbreitung in dem Augenblicke anzunehmen, in dem die Bücherballen zur Versendung aufgegeben werden,[10] vorausgesetzt, daß sie nicht an den Kommissionär, sondern an die Sortimenter adressirt sind; das Gleiche gilt von der Aufgabe zur Post bei Zeitungen u. s. w. Dabei kann es — vom Standpunkte dieser Ansicht aus selbstverständlich — keinerlei Unterschied machen, ob versiegelte Packete oder Kreuzbandsendungen oder offene gedruckte Briefe und Postkarten verschickt werden.[11]

Daß das Publikum auch wirklich die ihm zugänglich gemachte Druckschrift zur Kenntniß nimmt, ist nach dem Gesagten gewiß nicht erforderlich; auch eine Druckschrift, die Niemand kauft und Niemand liest, deren sämmtliche Exemplare in den Magazinen der Buchhändler ruhen, bis die Einstampfung sie von der Last eines verfehlten Daseins befreit: ist verbreitet im Sinne des Preßrechtes.[12]

VI. Daß auch ein einziges Exemplar verbreitet werden

---

[10] Eine sehr bestrittene Frage. Vgl. v. Schwarze S. 8, Thilo S. 7, Marquardsen S. 57, Berner S. 170. Weitere Lit. bei Liszt S. 89 Anm. 1.

[11] A. A. v. Schwarze S. 9, Berner S. 170.

[12] Vgl. v. Schwarze S. 7, Berner S. 168.

kann, ergibt sich schon aus dem Wortlaute des Gesetzes, dessen „Anschlagen, Ausstellen oder Auslegen" gerade auf die Verbreitung eines einzigen Exemplares bezogen werden kann. Nur muß auch hier die Zugänglichkeit eine allgemeine, wenn auch erst successiv eintretende sein.[13]

VII. Den Gegensatz zur Verbreitung, dem Zugänglichmachen für das Publikum bildet die vertrauliche Mittheilung an eine oder mehrere Personen, an einen geschlossenen Kreis, mag dieser durch verwandtschaftliche oder kollegialische, durch freundschaftliche oder geschäftliche Berührungspunkte gezogen sein. In einzelnen praktischen Fällen mag es schwierig sein, hier die richtige Grenzlinie beider Begriffe zu ziehen; theoretisch ist der Gegensatz ein möglichst scharfer. Es ist keine Verbreitung im Sinne des Preßgesetzes, wenn Grundrisse zu akademischen Vorlesungen ausschließlich an die Zuhörer des Professors, sei es durch diesen selbst, sei es durch irgend eine Buchhandlung gegen Vorweisung einer Legitimation vertheilt werden; es erscheint nicht als Verbreitung die Vertheilung einer Druckschrift an die Mitglieder einer Volksvertretung,[14] einer geschlossenen Gesellschaft;[15] es kann dagegen das Auflegen in dem Vereinslokale dann als Verbreitung betrachtet werden, wenn der Besuch desselben auch Nichtmitgliedern „als Gästen" offen steht. Daß die Ablieferung der Pflichtexemplare an die überwachende Behörde,[16] der Freiexemplare an die bezugsberech-

[13] v. Schwarze S. 10, Thilo S. 5, Berner S. 168, 173; Liszt S. 88 mit weiteren Literaturangaben in Anm. 4.

[14] Dagegen Thilo S. 5, Kayser S. 568, OT. v. 6. Dzbr. 1865 (OR. 6 S. 518).

[15] Vgl. OT. vom 17. Dezbr. 1850 (GA. 5 S. 82); Barth S. 31, v. Schwarze S. 10, 22; dagegen Thilo S. 5.

[16] Uebereinstimmend OT. v. 8. Oktbr. 1874 (OR. 15 S. 643).

tigte Büchersammlung nicht Verbreitung ist, kann kaum einem Zweifel unterliegen.

VIII. Von dem Verbreiten der Druckschrift selbst, als eines der Sinneswelt angehörigen Objektes, muß strenge geschieden werden die Veröffentlichung ihres Inhaltes,[17] die unter irgend einem anderen Gesichtspunkte, aber nie unter dem der Verbreitung der Druckschrift strafbar sein kann. Die Art und Weise, in welcher jene Veröffentlichung erfolgt, macht dabei keinen Unterschied; das Vorlesen oder Hersagen einer gedruckten Rede, das Absingen eines Liedes ist ebenso wenig Verbreitung der Druckschrift selbst als Wiederabdruck, Auszüge, Uebersetzungen und dergl.

IX. Nicht als Verbreitung sondern als Vorbereitung oder Unterstützung derselben sind alle jene Akte aufzufassen, durch welche das Publikum auf eine bereits erschienene oder erst erscheinende Druckschrift aufmerksam gemacht werden soll; durch welche die Schrift nicht zugänglich gemacht sondern bekannt gegeben wird, daß sie zugänglich sei: Inserate, Reklamen, Aufforderungen zum Kaufe, Prospekte, Abonnementseinladungen u. dergl.[18] Ob das Ausstellen eines Buches oder eines Bildes in dem Schaufenster einer Buchhandlung, das Auflegen auf dem Novitätentische der Buchhandlung, einer Bibliothek u. s. w. als Verbreitung der Druckschrift oder als Kaufseinladung zu betrachten ist, hängt von der Lage der Umstände (anders werden wir beim Bilde, anders bei einer Broschüre urtheilen müssen), insbesondere aber davon

---

[17] Vgl. Marquardsen S. 58, Berner S. 169, Liszt S. 90 Anm. 4. Vgl. auch OT. vom 12. Juli 1877 (GA. 25 S. 532, OR. 18 S. 527).

[18] v. Schwarze S. 8, Thilo S. 7, Marquardsen S. 58, Liszt S. 90 Anm. 2.

ab, ob die Druckschrift und mit ihr deren Inhalt wirklich dem Publikum zugänglich gemacht wird.[19] Daß wir in diesen und ähnlichen Fällen von versuchter Verbreitung nie sprechen dürfen, wurde bereits erwähnt.

X. Zum Schlusse sei noch betont, daß der Begriff der Verbreitung durchaus unabhängig davon ist, ob die Zugänglichmachung für das Publikum gewerbsmäßig oder nicht gewerbsmäßig, ob sie — eine Unterscheidung die mit der früheren durchaus nicht nothwendig zusammenfällt — gegen Entgelt oder unentgeltlich erfolgte.[20] Spricht doch das Preßgesetz selbst[21] von der „nichtgewerbsmäßigen öffentlichen Verbreitung."[22]

§. 43.

Die preßrechtliche Bedeutung der Reproduktion von Druckschriften.

I. Bereits wiederholt wurde erwähnt, daß die Reproduktion des Inhaltes einer Druckschrift scharf zu unterscheiden sei von der Verbreitung der Druckschrift selbst, d. h. ihres Körpers.[1] Die Gesetzgebung selbst hat diesen aus der Natur der Sache sich ergebenden Unterschied ausdrücklich anerkannt, indem sie neben der Verbreitung der Druckschrift den Wiederabdruck derselben selbständig ins Auge faßt.[2] Aber nicht nur der Wiederabdruck der ganzen Druckschrift oder eines Theiles derselben fällt unter den Begriff der Re-

[19] Vgl. Hartmann S. 165, Thilo S. 6, v. Schwarze S. 8, Berner S. 173, Marquardsen S. 58, Kayser S. 567, Liszt S. 89 Nr. 7 mit vielfachen Abweichungen von einander.

[20] Ebenso die übereinstimmende Ansicht d. Kommentatoren.

[21] RPG. §. 5.

[22] Vgl. noch oben §. 13 IV 2.

[1] Vgl. insbes. oben §. 42 VIII.

[2] Vgl. oben §§. 33 VI, 38 I.

produktion, sondern auch Ueberarbeitungen; Auszüge, Uebersetzungen, Uebertragungen in eine andere Darstellungsform wie die Dramatisirung eines Romans und umgekehrt, die Versifizirung einer ursprünglich in Prosa geschriebenen Erzählung oder die Wiedergabe eines Gedichtes in gebundener Rede u. s. w.

II. Die juristische Konstruktion der Reproduktion einer Druckschrift strafbaren Inhaltes hat, soweit es sich nicht eben um die selbständige Strafbarkeit des Wiederabdruckes einer verbotenen oder in Beschlag genommenen Druckschrift handelt, vielfache Kontroversen hervorgerufen.

Vor Allem muß die Möglichkeit einer Theilnahme an dem durch die reproduzirte Druckschrift begangenen Delikte entschieden in Abrede gestellt werden. Mit dem Beginne der Verbreitung, im allerersten Augenblicke derselben ist das Preßdelikt begangen, und zwar als vollendetes begangen; an dem bereits vollendeten Delikte aber ist Theilnahme begrifflich nicht mehr möglich.[3]

Begünstigung des Thäters, um diesem die aus seiner That erlangten Vortheile zu sichern, um die von ihm begangene Rechtsverletzung zu vertiefen und zu erweitern, kann möglicherweise vorliegen, wenn die sonstigen gesetzlichen Voraussetzungen der Begünstigung gegeben sind;[4] doch wird dies nur in wenigen Fällen nachweisbar sein.

Die Behauptung endlich, es könne die Reproduktion eines Preßdeliktes überhaupt nicht gestraft werden, da man Echos nicht verantwortlich machen könne für das, was sie sagen,[5]

[3] Vgl. Hartmann S. 167, John S. 353, v. Schwarze S. 95, Berner S. 285. Dagegen OT. vom 29. Juni 1854 (GA. 3 S. 68).

[4] So v. Schwarze S. 95, Berner S. 285, Kayser S. 596, Liszt S. 270.

[5] John S. 353.

hat keine Billigung gefunden und läßt sich dem positiven Rechte gegenüber überhaupt nicht halten.

III. Wir müssen, um zu einer richtigen Entscheidung zu gelangen, die Sache von einem weiteren Gesichtspunkte aus betrachten. Die Reproduktion des Thatbestandes einer strafbaren Handlung, die früher einmal durch den Inhalt einer Druckschrift begangen worden, mittels einer neuen Druckschrift steht jeder auf anderem Wege herbeigeführten Reproduktion eines strafbaren Thatbestandes prinzipiell durchaus gleich. Das heißt: wenn der ganze objektive und subjektive Thatbestand wiederholt ist, dann ist eben ein neues selbständiges, wenn auch dem erstbegangenen kongruentes, Delikt gesetzt. Ebenso gut wie das mündliche Nachsprechen einer beleidigenden Aeußerung in beleidigender Absicht ist auch die druckschriftliche Wiederholung einer in einer anderen Druckschrift enthalten gewesenen Beleidigung eine neue selbständige Beleidigung. Und das Gleiche gilt auch bezüglich aller übrigen Delikte. Dabei sei der Vollständigkeit halber noch auf die beiden anderen möglichen und in durchaus gleicher Weise zu beurtheilenden Permutationen aufmerksam gemacht: druckschriftliche Wiederholung einer mündlichen, mündliche Wiederholung einer druckschriftlichen Beleidigung.[6]

IV. Daraus ergeben sich eine Reihe von Konsequenzen. Ist das reproduzirte Delikt ein Antrags- oder Ermächtigungsdelikt, so bedarf es zur Verfolgung des reproduzirenden Artikels eines neuen selbständigen Antrags, einer neuen Ermächtigung.[7] Der Wahrheitsbeweis ist, wenn es sich um eine Beleidigung handelt, neuerdings zulässig, die Rechts-

[6] Uebereinstimmend Berner S. 285, v. Schwarze S. 94, Kayser S. 596.

[7] OT. v. 15. Mai 1879 (OR. 20 S. 261).

widrigkeit des Thuns ist ebenso wie seine Strafbarkeit neuerdings und selbständig, ohne daß die frühere Entscheidung den jetzigen Richter binden würde, zu prüfen; eine in der Zwischenzeit eingetretene Veränderung in der Gesetzgebung muß berücksichtigt werden; die erste Druckschrift kann unter der Herrschaft des ausländischen, die reproduzirende unter der Herrschaft des inländischen Rechtes stehen.

Eben darum, weil ein neues Delikt in Frage steht, kann die Verfolgung desselben auch dann eintreten, wenn dem identischen früheren Artikel gegenüber die Verfolgung aus irgend einem Grunde unterblieb.[8]

Soll die Reproduktion als Preßdelikt strafbar sein, so muß sie auch alle Elemente eines solchen enthalten. Insbesondere besteht auch hier die deliktische Thätigkeit in dem Verbreiten der Druckschrift;[9] was vorhergeht, die Herstellung der reproduzirenden Druckschrift und ihre Ausgabe, ist lediglich straflose Vorbereitungshandlung. Nicht der Wiederabdruck, sondern die Verbreitung desselben ist Reproduktion des früheren Preßdeliktes.

§. 44.

Berichte über Gerichtsverhandlungen.

I. Der in dem vorigen Paragraphen besprochene Grundsatz findet auch auf Berichte „aus dem Gerichtssaale“ uneingeschränkte Anwendung. Dabei müssen jedoch bezüglich der juristischen Konstruktion zwei im übrigen gleich zu behandelnde Fälle auseinandergehalten werden:

[8] Thilo S. 76, Berner S. 286, Kayser S. 596; OT. v. 20. Juni 1861 (OR. 1 S. 457); v. 16. Oktbr. 1867 (OR. 8. S. 599). Vgl. auch OT. v. 13. Oktbr. 1875 (OR. 16 S. 654).

[9] Vgl. oben §. 41 I.

1. Die druckschriftliche Wiedergabe der in der Gerichtsverhandlung verlesenen Druckschriften. Sind diese mit Verbot oder Beschlag belegt gewesen, so kann ihr Wiederabdruck wegen dieser Eigenschaft der reproduzirten Schriftstücke als Preßpolizeidelikt strafbar sein.[1] Abgesehen von diesem Falle haben wir den strafbaren oder nicht strafbaren Inhalt der wiederabgedruckten und der wiederabdruckenden Druckschrift in's Auge zu fassen und auf das Vorliegen eines Preßdeliktes zu prüfen.
2. Das Referat über den Inhalt der in der Verhandlung verlesenen anderen (nicht gedruckten) Schriftstücke, sowie über den sonstigen Gang der Verhandlung. Hier ist die Art des Referates, ob mündlich, schriftlich oder in Druckschriften, durchaus irrelevant.

In beiden Fällen ist der reproduzirende Artikel selbständig zu beurtheilen: enthält er, objektiv und subjektiv, den Thatbestand eines Deliktes, so kann die Verfolgung eingeleitet werden ohne Rücksicht darauf, daß ein Referat über eine Gerichtsverhandlung in Frage steht. Insbesondere ist die Beurtheilung des reproduzirenden Artikels ganz unabhängig von der Strafbarkeit der reproduzirten mündlichen, schriftlichen oder gedruckten Aeußerung: hier kann z. B. die Rechtswidrigkeit fehlen, dort kann sie gegeben sein. Die Ausführungen, zu welchen der Vertheidiger berechtigt ist,[2] darf deßhalb der Redakteur nicht straflos wiederholen; die lebhafte Schilderung eines unsittlichen Aktes durch den vor Gericht geladenen Zeugen hat eine ganz andere rechtliche Bedeutung als dieselbe Schilderung, aus der Feder des

[1] Vgl. oben §§. 32, 33, 38.

[2] Man vgl. z. B. StrGB. §. 193.

Gerichtssaalreporters stammend, in den Spalten eines Blattes.

II. Man hat nun vielfach, und zwar von Seite bedeutender Autoritäten,[3] die Behauptung aufgestellt, daß die Strafbarkeit der uns hier beschäftigenden Referate dann entfalle, wenn die betreffende Gerichtsverhandlung öffentlich durchgeführt worden sei.

Allein diese Behauptung ist unhaltbar. Ein den Berichten über öffentliche Gerichtsverhandlungen in ähnlicher Weise wie etwa den Parlamentsberichten[4] eingeräumtes besonderes ausdrückliches Privilegium kennt unsere Gesetzgebung nicht. Der unten[5] zu besprechende §. 17 Reichspreßgesetz, der die Veröffentlichung amtlicher Schriftstücke des Strafprozesses vor einem gewissen Stadium des Verfahrens verbietet und zwar ohne jede Rücksicht auf den Inhalt derselben, hat die Frage nach der Verantwortlichkeit für den Inhalt des Referates überhaupt nicht entscheiden wollen. Und aus der Oeffentlichkeit der Verhandlung kann die Straflosigkeit der Berichterstattung auch nicht gefolgert werden. Denn die Oeffentlichkeit des Verhandlungssaales und die Oeffentlichkeit der Presse sind, mögen wir sie nach ihrer inneren Natur, mögen wir sie nach ihren Wirkungen ins Auge fassen, durchaus von einander verschieden. Oeffentlichkeit der Verhandlung bedeutet die Möglichkeit der Gegenwart des Publikums bei der mündlichen Verhandlung; das Publikum soll sehen und hören können, was in dem Gerichtssaale vor sich geht, es soll, wie das erkennende Gericht selbst, den lebendigen Eindruck empfangen, den die Unmittelbarkeit und Mündlichkeit des Verfahrens, insbesondere der Beweisführung

[3] So Berner S. 260 ff., John S. 337, Barth S. 18 u. A.

[4] Ueber diese unten §. 45.

[5] §. 46 IV.

hervorzurufen bestimmt und allein geeignet ist. So wenig die Verhandlung überhaupt durch Referate ersetzt werden kann, weil diesen die Unmittelbarkeit fehlt, so wenig kann sie es für das Publikum. Es heißt die prinzipielle Bedeutung des öffentlichen mündlichen Verfahrens total verkennen, wollte man Referate ihr gleichstellen. Und das Gleiche gilt von der Wirkung der öffentlichen Verhandlung einerseits, der Berichterstattung andererseits. Dort wird, wenn die handelnden Personen, Gericht, Staatsanwalt, Vertheidiger nur halbwegs ihrer Aufgabe gewachsen sind, die Macht der Gerechtigkeit sich allen Anwesenden vielleicht gegen ihren Willen aufdrängen; ob auch hier? Ist es denn wirklich dasselbe, ob ich, am Frühstückstische sitzend, die mehr oder weniger schalen Witze des Reporters lese oder dem tragischen Schauspiele der zwangsweisen Beugung des Verbrecherwillens unter das Gesetz in eigener Person beiwohne? So lange der Beweis der Identität dieser beiden Arten von Oeffentlichkeit nicht erbracht ist, werden wir aus der Oeffentlichkeit der Verhandlung nicht auf die unbedingte Straflosigkeit der Berichterstattung schließen dürfen.[6] Mit vollem Rechte hat daher die Praxis bis in die jüngsten Tage an der hier vertheidigten Ansicht festgehalten, unbeirrt durch die entgegenstehenden Ausführungen der Theoretiker.[7]

III. Umgekehrt müssen wir aber die ad I besprochenen Grundsätze auch dann uneingeschränkt zur Anwendung bringen, wenn die Verhandlung bei geschlossenen Thüren geführt

[6] Vgl. Liszt S. 273 ff.

[7] Vgl. ältere Entscheidungen in GA. 8 S. 816, 11 S. 351, 12 S. 66, 14 S. 387; ferner OT. v. 27. Septbr. 1876 (GA. 24 S. 632, OR. 17 S. 598); Bayr. Kass.H. v. 11. Mai 1877 (GA. 26 S. 229); RGR. vom 20. Novbr. 1879 (I S. 89).

wurde. Ein absolutes Verbot der Berichterstattung über Gerichtsverhandlungen, die mit Ausschluß der Oeffentlichkeit durchgeführt worden sind, wie dasselbe in anderen Gesetzgebungen sich findet, kennt unser Reichsrecht nicht. Strafe tritt also auch hier nur dann, aber auch immer dann ein, wenn der reproduzirende Artikel den Thatbestand einer strafbaren Handlung nach der objektiven wie nach der subjektiven Seite in sich schließt.[8]

§. 45.

Parlamentsberichte.

I. Während die Berichte über Gerichtsverhandlungen der Herrschaft der allgemeinen Grundsätze unterliegen,[1] stehen die Parlamentsberichte unter dem besonderen Schutze einer Ausnahmsnorm.[2]

Wahrheitsgetreue Berichte

1. über Verhandlungen in den öffentlichen Sitzungen des Reichstages,[3]
2. über Verhandlungen eines Landtages oder einer Kammer eines zum Reiche gehörigen Staats[4]

bleiben von jeder Verantwortlichkeit frei.

Diese in den meisten modernen Gesetzgebungen wiederkehrenden Bestimmungen enthalten weder ein Privilegium der Presse noch ein solches der Volksvertreter. Daß sie

---

[8] v. Schwarze S. 55, Liszt S. 276 f.

[1] Vgl. den vorigen Paragraph.

[2] Vgl. Heinze die Straflosigkeit parlamentarischer Rechtsverletzungen 1879 S. 9 ff.; Schleiden die Disziplinar- u. Strafgewalt parlam. Versammlungen 1879 (mit reichem Materiale); der strafrechtliche Schutz des Parlamentarismus in Oesterreich (Anonym) 1879 S. 38 ff.

[3] Reichsverf. Art. 22 Abs. 2.

[4] StrGB. §. 12.

letzteres nicht sind und nicht sein sollen, kann keinem Zweifel unterliegen; denn die Befreiung der Berichterstattung umfaßt auch die Aeußerungen jener Personen, die, weil nicht Mitglieder der Volksvertretung, an deren persönlichen Immunität keinen Antheil haben: die Aeußerungen von Ministern, von Regierungsvertretern, von Sachverständigen u. s. w. Und während die persönliche Immunität den Abgeordneten nur soweit schützt, als es sich um Abstimmungen und Aeußerungen handelt, steht die Berichterstattung auch dann unter dem Schutze des Gesetzes, wenn sie sich auf die Vorgänge in der Sitzung, auf die Handlungen der Abgeordneten erstreckt. Persönliche Immunität der Abgeordneten und sachliche Immunität der Parlamentsberichte sind wesentlich verschiedene Dinge.

Aber auch von einem Privilegium der Presse ist dabei keine Rede, mag dies auch von vielen Seiten behauptet werden. Die besondere Stellung der Parlamentsberichte beruht vielmehr auf staatsrechtlichen Gründen; sie gehört streng genommen gar nicht in das Preßrecht, sondern in das Staatsrecht. Sie sichert und erweitert die Oeffentlichkeit der Parlamentsverhandlungen.[5] „Die Oeffentlichkeit und die durch dieselbe vermittelte fortwährende Wechselwirkung zwischen dem Reichstage und der öffentlichen Meinung gehört zum Wesen aller parlamentarischen Thätigkeit.“[6] Die Oeffentlichkeit der Parlamentsverhandlungen besteht aber nicht nur darin, daß dem Publikum der Zutritt zu denselben gestattet wird; das Volk soll auch wissen, was seine Vertreter verhandeln und beschließen. Denn seine Sache ist es, die verhandelt wird. Darum enthält auch nicht das Preßgesetz

[5] Vgl. Liszt S. 220.

[6] Laband Staatsrecht I. S. 561.

die fraglichen Anordnungen, sondern die Reichsverfassung in demselben Artikel, welcher die Oeffentlichkeit der Parlamentsberichte ausspricht, und das Strafgesetzbuch in seinen einleitenden Paragraphen. Jede andere Auffassung ist theoretisch unhaltbar und praktisch — die Erfahrung hat es gelehrt — gefährlich.

II. Die Berichterstattung über Parlamentsverhandlungen ist nicht nur in keinem Falle strafbar, sie ist auch niemals normwidrig. Wer dem Volke sagt, was verhandelt worden, der wird nicht lediglich aus Billigkeitsrücksichten mit Strafe verschont, er hat überhaupt keine verbietende Norm übertreten. Die objektive Fassung: „Berichte ... bleiben straflos" mag sprachlich inkorrekt sein (so Heinze und Andere), sachlich ist sie richtig, weil sie den absoluten und objektiven Mangel eines strafbaren Thuns bezeichnet. Eben darum sind auch objektive Maßregeln gegen die berichterstattende Druckschrift, so die Unbrauchbarmachung derselben, durchaus unzulässig,[7] soweit es sich nur um den Inhalt derselben handelt; denn das Vorliegen eines Deliktes ist Voraussetzung ihrer Zulässigkeit. Sollte bei der Veröffentlichung eine Vorschrift des Preßpolizeirechtes übertreten sein (die Druckschrift enthält z. B. den Namen und Wohnort des Druckers nicht), so liegt darin, also ganz abgesehen von dem Inhalte, eine strafbare Normwidrigkeit, die möglicherweise zu einer Beschlagnahme der Druckschrift führen kann.[8]

III. Nur wahrheitsgetreue Berichte haben Anspruch auf den Schutz des Gesetzes. Was wahrheitsgetreu ist, läßt sich in einer juristischen Formel nicht sagen; die Praxis hat bisher das Richtige herausgefunden und wird es wohl auch

---

[7] Vgl. unten §. 55 I.

[8] Vgl. oben §. 35 I.

ferner im Stande sein. Daß vollständige und wortgetreue Wiedergabe nicht nothwendig ist, wird allgemein zugegeben;[9] auch im „verjüngten Maßstabe“ (Heinze) kann das Bild ein treues sein, in der Seele des Beschauers die richtige Vorstellung von der Gestalt des Objektes hervorrufen, wenn die Dimensionen entsprechend wiedergegeben, nichts Wesentliches unberücksichtigt geblieben, nichts Unwesentliches in den Vordergrund gerückt, kein falsches Licht, kein falscher Schatten auf einzelne Theile geworfen ist. Auslassungen, Verstümmelungen, Unterdrückung eines Ordnungsrufes, Nichterwähnung einer Abbitte, der Rücknahme einer Aeußerung u. s. w. können, trotz sonstiger wortgetreuer Wiedergabe, dem Berichte den Charakter der Wahrheitstreue benehmen. Der Wiederabdruck einer einzelnen Rede kann, wenn sie, aus dem Zusammenhange der Verhandlungen losgerissen, in tendenziöser Weise wiedergegeben wird, dem Berichterstatter die gesetzliche Befreiung entziehen;[10] aber wann dies der Fall, ist quaestio facti.

Der Bericht über die Verhandlungen umfaßt nicht nur die von den Abgeordneten oder anderen Personen gehaltenen Reden, sondern alle Vorgänge in der Sitzung; die etwaige Verlesung eingelaufener Schriftstücke, die Ergebnisse der Abstimmung, Zeichen der Billigung oder Mißbilligung, Zwischenfälle aller Art.

Selbständige Ausführungen des Berichterstatters, Randglossen und Zwischenbemerkungen, Lob und Tadel, Er-

---

[9] OT. v. 9. Juni 1865, v. 20. April 1866, v. 3. April 1867 (OR. 6 S. 177, 7 S. 236, 8 S. 232).

[10] Nur diesen Satz hat die häufig falsch zitirte OT. vom 28. Juni 1876 (GA. 24 S. 534) ausgesprochen.

gänzungen und Widerlegungen u. s. w. fallen unter die allgemeinen straf- und preßrechtlichen Grundsätze.[11]

Die Art der Berichterstattung ist irrelevant; sie kann mündlich oder schriftlich, in periodischen politischen Blättern oder in einzelnen Flugschriften, durch einen Dritten oder durch den Abgeordneten selbst erfolgen. Auch gedruckte Rechenschaftsberichte der Abgeordneten an ihre Wähler genießen, wenn die sonstigen Voraussetzungen gegeben sind, die gesetzliche Befreiung.[12]

Nur die Berichterstattung über öffentliche Sitzungen des Plenums fällt unter die hier besprochene Bestimmung. Die Gründe für diese nicht unbestrittene Ansicht[13] liegen in der oben unter I. dargelegten prinzipiellen Bedeutung der gesetzlichen Befreiung. Berichte über nichtöffentliche Plenarverhandlungen, über Klub- und Fraktionssitzungen, über Abtheilungs- und Kommissionsberathungen können auf die Befreiung keinen Anspruch machen; dabei macht es, trotz der nur scheinbar verschiedenen Fassung der bezüglichen gesetzlichen Bestimmungen, keinen Unterschied, ob Verhandlungen des Reichstages oder eines Landtages in Frage stehen.

§. 46.

Die im Preßgesetze selbst bedrohten Preßdelikte.

I. Es wurde bereits erwähnt,[1] daß die innere Natur der (durch den Inhalt von Druckschriften begangenen) Preßdelikte

[11] OT. v. 31. März 1864, v. 14. März 1866, v. 23. Februar 1875 (OR. 4 S. 429, 7 S. 171, 16 S. 147); OAG. Mannheim v. 31. März 1872 (Ger.Saal 25 S. 268); Lit. bei Liszt S. 221 Anm. 5.

[12] OAG. Baden v. 31. Dzbr. 1872, v. 26. April 1873 (St. 3 S. 154, GA. 22 S. 654), OT. v. 23. Febr. 1875 (OR. 16 S. 147).

[13] Man vgl. die Kommentare zu §. 12 StrGB.; Heinze a. O.

[1] Vgl. oben §. 40 IV.

von dem Umstande unabhängig ist, ob die Strafdrohung gegen das Delikt sich in dem allgemeinen Strafgesetze oder in irgend einem anderen Gesetze, insbesondere in dem Preßgesetze selbst, findet. Unser Reichspreßgesetz enthält nun auch wirklich drei solche Delikte in den §§. 15, 16 u. 17. Sie müssen in jeder Beziehung, so in Bezug auf die Konstruktion der strafbaren Thätigkeit, auf die Bestimmung des forum delicti commissi, den Anfangspunkt der Verjährung, die Möglichkeit einer objektiven Verfolgung, die Verantwortlichkeit des Redakteurs, Verlegers, Herausgebers, Druckers, Verbreiters u. s. w. den außerpreßgesetzlichen (wenn dieser Ausdruck gestattet ist) Preßdelikten gleichgestellt werden.

II. In dem ersten der hieher gehörigen Paragraphen[1] ist bestimmt, daß in Zeiten der Kriegsgefahr oder des Krieges Veröffentlichungen über Truppenbewegungen oder Vertheidigungsmittel durch den Reichskanzler mittels öffentlicher Bekanntmachung verboten werden können.

Das Reichspreßgesetz hat mit dieser Bestimmung eine Vorschrift reproduzirt, welche nach dem Vorbilde des Bundesbeschlusses von 1854 in verschiedenen deutschen Preßgesetzen (so Baden und Sachsen) Aufnahme gefunden hatte. Mag es auch mehr als zweifelhaft sein, ob gerade das Preßgesetz der passendste Ort für eine solche Strafdrohung ist, so kann doch die innere Berechtigung derselben nicht in Abrede gestellt werden.

Die Uebertretung des Verbots ist[2] ist mit Geldstrafe bis zu 1000 Mark oder mit Haft oder mit Gefängniß bis zu 6 Monaten bedroht.

Kenntniß des Verbotes werden wir aus den oben §. 32 II.

---

[1] RPG. §. 15.

[2] RPG. §. 18.

entwickelten Gründen verlangen müssen, um die angedrohte Strafe eintreten lassen zu können.

Ob die Veröffentlichung durch einen Originalartikel erfolgt, oder lediglich Wiederabdruck aus anderen, vielleicht sogar auswärtigen Blättern ist, kommt bei Beurtheilung der That in keiner Weise in Betracht. Es ergibt sich dies übrigens schon aus den allgemeinen Regeln über die preßrechtliche Bedeutung der Reproduktion.[4] Die Druckschrift, durch welche dem Verbote zuwidergehandelt wird, unterliegt der Beschlagnahme.[5]

III. Oeffentliche Aufforderungen mittels der Presse zur Aufbringung der wegen einer strafbaren Handlung erkannten Geldstrafen und Kosten, sowie öffentliche Bescheinigungen mittels der Presse über den Empfang der zu solchen Zwecken gezahlten Beiträge sind verboten.[6] Die Uebertretung des Verbotes ist[7] mit Geldstrafe bis zu 1000 Mark oder mit Haft oder mit Gefängniß bis zu 6 Monaten bedroht.

Auch diese Bestimmung des Reichspreßgesetzes hat zahlreiche Vorbilder; sie weist in letzter Linie zurück auf das französische Gesetz vom 9. September 1835 (eines der bekannten Septembergesetze).[8]

Nur Geldstrafen und Kosten sind im Gesetze erwähnt; Sammlungen zu Gunsten der Familie des Verurtheilten gehören nicht hieher; ob öffentliche Aufforderungen zur Deckung der bei Beleidigungen oder anderen Delikten zuerkannten Buße unter diesem Gesichtspunkte strafbar sind, hängt davon ab, ob die Buße als Strafe oder Entschädi-

[4] Vgl. oben §. 43.
[5] Vgl. oben §. 35 I.
[6] RPG. §. 16.
[7] RPG. §. 18.
[8] Ersetzt durch d. Ges. vom 27. Juli 1849 Art. 5.

gung anzusehen oder ob, wenn sie als eine Verbindung beider Elemente erscheint, das eine oder das andere derselben in den Vordergrund zu stellen ist. Ob die Kosten im Feststellungs- oder im Vollstreckungsverfahren aufgelaufen sind, macht keinen Unterschied. Immer aber muß es sich um eine bereits erkannte Strafe[9] oder um bereits aufgelaufene Kosten handeln; Sammlungen zur Bildung eines fonds perdu, aus welchem alle von den Gesellschaftern künftig etwa zu bezahlenden Geldstrafen gedeckt werden sollen, können nicht nach §. 16 RPG. bestraft werden.

Die Natur des begangenen Deliktes ist irrelevant. Die Reichsgesetzgebung hat die sonst regelmäßige Beschränkung auf Sammlungen zur Aufbringung von wegen Preßdelikten erkannten Geldstrafen nicht beibehalten. Verbrechen, Vergehen, Uebertretungen aller Art gehören hieher.

Daß kulpose Begehung dieses Deliktes nicht möglich ist, folgt schon aus dem Worte „auffordern“. Im Uebrigen ist, den Vorsatz vorausgesetzt, die Absicht gleichgiltig; mag Mitleid mit der Person des Verurtheilten, mag prinzipielle Gegnerschaft gegenüber der herrschenden Gesellschaftsordnung, mag das Streben nach Verhöhnung des Gesetzes treibendes Motiv für den Thäter sein: immer verfällt er in gleicher Weise der Strafe des Gesetzes.

Schließlich sei noch erwähnt, daß die Deckung der von einem anderen zu bezahlenden oder bereits bezahlten Geldstrafe an sich nicht als Begünstigung im Sinne des Strafgesetzes aufgefaßt werden kann.[10]

---

[9] Ausdrücklich im Gesetze be-
tont; dennoch a. A. Thilo S. 52.

[10] Vgl. insbes. OT. v. 7. Aug.
1878 (GA. 16 S. 127, OR. 19
S. 122). Die Lit. über die Frage
bei Gretener, Begünstigung u.
Hehlerei 1879 S. 146 ff.

Das zufolge solcher Aufforderungen Empfangene oder dessen Werth ist, mag es sich noch in den Händen des Sammlers oder schon in jenen des Verurtheilten befinden, für verfallen zu erklären. Bezugsberechtigt ist die Armenkasse des Orts der Sammlung, d. h. desjenigen Ortes oder derjenigen Orte, an welchen die strafbare Handlung, das Auffordern, begangen worden ist.

IV. Im Anschlusse an das französische Gesetz vom 27. Juli 1849[11] und die demselben folgenden deutschen Gesetze, unter welchen das preußische Preßgesetz von 1851 und der Bundesbeschluß von 1854 hervorzuheben sind, verbietet auch das Reichspreßgesetz[12] die Veröffentlichung der Anklageschrift oder anderer amtlicher Schriftstücke eines Strafprozesses durch die Presse, so lange dieselben nicht in öffentlicher Verhandlung kund gegeben worden sind oder das Verfahren sein Ende erreicht hat. Das Verbot steht im engsten Zusammenhange mit dem unser ganzes Strafverfahren bis zum Beginne der Hauptverhandlung beherrschenden Prinzipe der Nichtöffentlichkeit, und will die Unbefangenheit der Entscheidung auf Grundlage der Hauptverhandlung sichern, freilich ohne diesen Zweck bei länger dauernden Verhandlungen, bei welchen die später zu vernehmenden Zeugen die Aussagen ihrer Vorgänger aus den Zeitungsblättern erfahren, erreichen zu können.

Alle amtlichen Schriftstücke fallen unter das Verbot; Schriftstücke sowohl, die als Beweismittel, wie solche die als die Fixirung der Ergebnisse der Beweisführung er-

[11] Während das Ges. vom 9. Septb. 1835, welches die Veröffentlichung der Namen der Geschworenen verboten hatte, ebenfalls vielfache Nachahmung in Deutschland fand.

[12] RPG. §. 17.

scheinen; Schriftstücke über prozessuale Handlungen und solche, die selbst die prozessuale Handlung enthalten, mögen dabei richterliche oder von den Parteien vorgenommene Handlungen in Frage stehen.[13] Keinem Zweifel unterliegt es, daß auch die Voruntersuchung,[14] sowie das dieselbe abschließende[15] und zur Hauptverhandlung hinüberleitende Stadium des Prozesses mit hieher gehören. Dagegen kann das staatsanwaltschaftliche Vorverfahren, das noch kein Strafprozeß, sondern die Vorbereitung eines solchen ist, das nicht die Feststellung des staatlichen Strafanspruches bezweckt, sondern die Entscheidung der Vorfrage, ob eine solche Feststellung angeregt werden soll, — nicht als in dem Verbote inbegriffen betrachtet werden.[16]

Das Verbot der Veröffentlichung entfällt:

1. Mit der Kundgebung der Schriftstücke in öffentlicher Verhandlung, so daß das Verbot (vorläufig) in Kraft bleibt, wenn die Oeffentlichkeit aus irgend einem Grunde ausgeschlossen war. Wir werden, um dem Geiste des Gesetzes gerecht zu werden, seinem Wortlaute Gewalt anthun müssen. Nicht nur mit der Kundgebung des Schriftstückes, sondern auch mit der Vornahme derjenigen prozessualen Handlung, die an seine Stelle tritt, ist die Möglichkeit der Veröffentlichung gegeben. Sobald der Zeuge mündlich ausgesagt hat, steht der Veröffentlichung des Zeugenprotokolles der Voruntersuchung nichts mehr im Wege; sobald das corpus delicti in der Hauptverhandlung vorgelegt

[13] Vgl. v. Schwarze S. 52. Entscheidungen üb. Rekusationsgesuche Würt. Kass.-H. v. 31. Mai 1876 (GA. 24 S. 650, St. 6 S. 101).

[14] OT. v. 15. Novbr. 1855 (GA. 3 S. 827).

[15] OT. v. 4. März 1870 (GA. 18 S. 329).

[16] Berner S. 263 gegen v. Schwarze S. 52.

ist, kann das Voruntersuchungsprotokoll über den an diesem Objekte genommenen Augenschein veröffentlicht werden u. s. w.

2. Mit der rechtskräftigen Beendigung des Verfahrens. Wichtig ist dies für jene Schriftstücke, die in der Hauptverhandlung gar nicht oder die in nicht öffentlicher Sitzung kundgegeben worden sind. Die Art der Beendigung macht dabei keinen Unterschied; Urtheile der ersten oder höherer Instanzen, Einstellungsbeschlüsse in den verschiedenen Stadien des Verfahrens bewirken den Wegfall des Verbotes.[17]

Uebertretung des Verbotes ist[18] mit Geldstrafe bis zu 1000 Mark oder mit Haft oder mit Gefängniß bis zu 6 Monaten bedroht.

Wortgetreue Mittheilung ist durchaus nicht nothwendig, um die Strafbarkeit zu begründen;[19] Auszüge können genügen.[20]

Mit dem Wegfall des in §. 17 Reichspreßgesetz ausgesprochenen Verbotes entfällt selbstverständlich nicht die Haftung für den Inhalt der mitgetheilten Schriftstücke;[21] und umgekehrt ist die Haftung aus §. 17 Reichspreßgesetz durchaus nicht von dem Inhalte des veröffentlichten Schriftstückes abhängig.

Keines Beweises bedarf der Satz, daß amtliche Publikationen nicht unter die besprochene Bestimmung fallen. Der tiefere Grund liegt in der allgemeinen Regel, daß nur eine rechtswidrige Handlung Delikt sein kann. Eben darum reicht aber auch jener Satz nicht weiter als diese Regel.

---

17 Vgl. v. Schwarze S. 53, Thilo S. 59, Marquardsen S. 103.

18 RPG. §. 18.

19 Das oben §. 45 Gesagte ist analog anzuwenden.

20 OT. vom 24. Juni 1868 (OR. 9 S. 403).

21 Man vgl. dazu §. 44.

II. Die Verantwortlichkeit für Preßdelikte.

§. 47.

Die verschiedenen Haftsysteme.[1]

I. Von dem Gedanken ausgehend, daß die Presse eine Sonderstellung im Rechtsleben eines Volkes einzunehmen nicht berufen ist, gleichviel, ob zu Gunsten oder ob zu Ungunsten derselben von den allgemeinen Rechtsregeln abgewichen werden soll, daß die Preßdelikte nur eine Unterart in der großen Gruppe jener Delikte bilden, welche durch den Mißbrauch des Rechts der freien Gedankenäußerung begangen werden, nicht aber als selbständige Deliktsgruppe betrachtet werden können: würden wir zu dem Resultate gelangen, daß die Grundsätze des allgemeinen Strafrechtes auch dann uneingeschränkt zur Anwendung zu bringen wären, wenn die Verantwortlichkeit für ein Preßdelikt in Frage steht.

Die Thatsachen haben indessen den Beweis geliefert, daß diese Grundsätze der Presse gegenüber nicht ausreichen. Diese Erscheinung kann auf folgende Gründe zurückgeführt werden:

1. Die Anonymität der Presse, welche der Erforschung des schuldigen Verfassers schwere Hindernisse in den Weg legt und durch den Zeugnißzwang nur theilweise durchbrochen werden kann.

2. Die Schwierigkeiten, mit welchen der Nachweis des Vorsatzes dem Drucker, Verleger, Redakteur u. s. w. gegenüber

[1] Man vgl. insbes. die eingehende Darstellung bei Marquardsen S. 113 ff. und die Uebersicht in den Motiven zu dem Regierungsentwurf des RPG.

verbunden ist, wenn diese Personen die Kenntnißnahme von dem Inhalte des Artikels in Abrede stellen.

3. Die den übrigen Delikten gegenüber eigenthümliche Mitwirkung einer ganzen Reihe von Personen zur Herstellung, Ausgabe und Verbreitung der Druckschrift strafbaren Inhaltes. Abgesehen davon, daß die Betheiligung des Einzelnen bald eine rein mechanische, bald eine rein geistige, bald eine kombinirte Thätigkeit ist; abgesehen davon, daß diese Betheiligung in weit auseinanderliegenden Zeitpunkten einsetzt, ist es bei den Preßdelikten die von dem geäußerten Gedanken durchgemachte Metamorphose, welche der juristischen Konstruktion große Schwierigkeiten bereitet, Schwierigkeiten, die wohl von Niemandem übersehen werden können, der jemals der Sache näher getreten ist.

Das Preßdelikt ist normwidrige Gedankenäußerung; Thäter mithin derjenige, der den Gedanken äußert. Die Aeußerung des Gedankens geschieht durch Verbreitung der Druckschrift; derjenige, von dem die Verbreitung ausgeht, ist der Thäter. Ihm aber wird meist oder doch in vielen Fällen der zu dem Delikt erforderliche Vorsatz fehlen.

Andererseits ist es doch der Autor, der zu seinem Leserkreise spricht, der durch die verbreitete Druckschrift seine Gedanken äußert; auch er ist mithin als Thäter zu betrachten.

Mit anderen Worten: Die geistige und die körperliche Seite der die Ausführungshandlung bildenden Thätigkeit fallen bei den Preßdelikten vollständig auseinander und werden durch die beliebte Annahme der Mitthäterschaft nur künstlich zusammengehalten. Und der Grund dieser Erscheinung liegt eben darin, daß der Gedanke mit seiner Fixirung und Vervielfältigung selbständige Existenz gewonnen hat; daß das Buch spricht, nachdem sein Autor längst aufgehört hat, zu denken und zu sprechen.

Eine klarere Stellung nehmen Drucker und Verleger ein. Sie besorgen die Herstellung der Druckschrift, des Mittels zur Begehung des Preßdeliktes. Ihre Thätigkeit ist demnach immer Gehilfenhandlung, nie — wenn nicht anderweitiges Thun hinzutritt — Ausführungshandlung. Anders wäre bezüglich des Verlegers zu entscheiden, wollte man das Ausgeben (Erscheinenlassen) schon als Beginn der Verbreitung auffassen.

Mit dem Eintritte neuer Personen erhöht sich die Schwierigkeit der Konstruktion. Der Herausgeber, der Redakteur, derjenige, der nach Beginn der Verbreitung die Druckschrift weiter verbreitet — sie alle sollen unter die einfachen strafrechtlichen Begriffe: Thäterschaft, Anstiftung, Beihilfe subsumirt werden.

Wissenschaft und Gesetzgebung haben sich daher veranlaßt gesehen, durch die Aufstellung von mehr oder weniger willkürlichen Systemen diese Schwierigkeiten, statt sie zu lösen, zu umgehen, die Verhältnisse des Lebens, die sich nicht gutwillig den allgemein-juristischen Begriffen anpassen wollten, gewaltsam denselben zu unterwerfen.

II. Das meistbesprochene dieser Systeme ist das belgische, das der „responsabilité successive et isolée," der „responsabilité par cascades," auch „System van Maanen" genannt. Aus äußerst dürftigen gesetzlichen Bestimmungen erst allmälig durch Theorie und Praxis weiter gebildet, beruht dasselbe heute auf folgenden Grundsätzen. Die an der Herstellung, Ausgabe und Verbreitung einer Druckschrift betheiligten Personen werden in einer bestimmten Reihenfolge zur Verantwortung gezogen. Die Reihenfolge lautet: 1. Verfasser, 2. Herausgeber, 3. Verleger, 4. Drucker, 5. Verbreiter. Jede dieser Personen kann, ohne daß ein besonderer Nachweis der Schuld erforderlich wäre, mit der vollen Strafe des Thäters belegt werden; doch schließt die Bestrafung des Einen die aller Uebrigen aus. Jeder Nachmann kann sich ferner durch die Nennung eines seiner Vormänner von der Haftung befreien, vorausgesetzt, daß diese nominatio auctoris gewissen Bedingungen entspricht, insbesondere der genannte Vormann vor die inländischen Gerichte gestellt werden kann Der Verfasser haftet demnach immer; der Herausgeber nur dann, wenn er den Verfasser nicht nennen kann oder will u. s. w.[3]

Dieses System, vielfach wenn auch mit theilweise bedeutenden Modifikationen nachgeahmt, zeichnet sich durch die Einfachheit und Sicherheit aus, mit der es arbeitet; aber indem es Schuld und Nichtschuld nach rein äußerlichen Momenten bestimmt, geräth es in schroffsten Widerspruch mit den Anforderungen der Gerechtigkeit, läßt eventuell den Schuldigen straffrei, um den vielleicht Unschuldigen, der seinen Vormann nicht nennen kann, mit der vollen Strafe des dolosen Thäters zu belegen. Die Reichsgesetzgebung hat, ohne das System selbst zu adoptiren, den ihm zu Grunde liegenden Gedanken zu verwerthen gewußt.

III. Wenn die an der Herstellung, Ausgabe, Verbreitung einer Druckschrift betheiligten Personen auch keine Kenntniß von dem strafbaren Inhalte derselben hatten, von doloser Begehung des betreffenden Deliktes mithin ihnen gegenüber keine Rede sein kann, so wäre es doch ihre Aufgabe gewesen, den Inhalt zu prüfen, ehe sie ihre Mitwirkung liehen.

[3] Lit. bei Liszt S. 208 ff., bes. S. 210 Anm. 1. u. 2.

Haben sie es nicht gethan, so liegt in dem Unterlassen der Prüfung, in der Nichtanwendung der durch die Sachlage gebotenen Sorgfalt ihr Verschulden. Dies ist der Gedanke, auf dem das System der Fahrlässigkeits- oder Ordnungsstrafen beruht.[3] Es vermeidet die ungerechten Fiktionen des belgischen Systems, indem es Denjenigen, der sich der Kausalität seines Thuns nicht bewußt war, eben nicht als dolosen Thäter straft, und ermöglicht es, eventuell auch mehrere Personen, wenn sie ein Verschulden trifft, zur Verantwortung zu ziehen.

Auch läßt sich das System der Fahrlässigkeitsstrafen leicht mit dem belgischen Systeme verbinden. Wer die Schrift von einem ihm bekannten und zwar als verläßlich bekannten Vormann übernimmt, wird sich für berechtigt halten können, von der Prüfung des Inhaltes Umgang zu nehmen; umgekehrt wird doppelte Sorgfalt erforderlich sein, wenn der Vormann nicht bekannt oder keine über jeden Verdacht erhabene Persönlichkeit ist. Nennung eines geeigneten Vormannes kann daher der Beweis sein, daß die erforderliche Sorgfalt angewendet wurde, während als Folge der Nichtnennung die volle Verantwortlichkeit für die Nichtanwendung der pflichtgemäßen Aufmerksamkeit eintritt.

Dennoch muß auch gegen dieses System ein schwerwiegender Vorwurf erhoben werden. Die „preßrechtliche Fahrlässigkeit“ ist nicht, wie regelmäßig behauptet wird, etwas qualitativ anderes als die Fahrlässigkeit des allgemeinen Strafrechts.[4] Schuldhafte Nichtanwendung der durch

---

[3] Vgl. Liszt S. 213.

[4] Ich glaube den Beweis für diese Behauptung in meinem Lehrbuch des österr. Preßrechts S. 221 ff. erbracht zu haben. Wenigstens steht der Gegen-

die Umstände gebotenen Sorgfalt; ein rechtswidriger Erfolg; Kausalzusammenhang zwischen jenem schuldhaften Verhalten und diesem Erfolge; und eben darum die Strafe: Das sind die bekannten Elemente, aus welchen der Begriff der Fahrlässigkeit sich zusammensetzt. Worin der Unterschied zwischen der strafrechtlichen und der preßrechtlichen Fahrlässigkeit gelegen sein soll, ist unerfindlich. Daß das Verfassen, Herstellen, Verbreiten von Druckschriften besondere Sorgfalt erfordert, kann diesen Unterschied gewiß nicht begründen; denn ganz ausnahmslos bestimmt sich Art und Grad der anzuwendenden Sorgfalt nach Art und Bedeutung der vorgenommenen Handlung.

Das System der preßrechtlichen Fahrlässigkeitsstrafe bedeutet also: Haftung wegen fahrlässiger Begehung des durch den Inhalt der Druckschrift begründeten Deliktes. Das System schafft also keine neuen Normen, sondern neue Strafgesetze für die Uebertretung längst vorhandener Normen. Und darin liegt auch das Bedenkliche des Systems: Ist es zweckentsprechend und mit den sonst von der Reichsgesetzgebung festgehaltenen Grundsätzen vereinbar, fahrlässige Beleidigung, fahrlässige Gotteslästerung, fahrlässige Aufforderung zum Ungehorsam u. s. w. unter Strafe zu stellen?

IV. Der periodischen Presse gegenüber hat man nach einer weiteren Ergänzung des Verantwortlichkeitssystems gesucht, und diese darin gefunden, daß man den verantwortlichen Redakteur wegen der in der Druckschrift enthaltenen Delikte mit der Strafe des dolosen Thäters belegt. Man ging davon aus, daß man, ohne den thatsächlichen

beweis noch aus. Bedenken gegen die Richtigkeit der herrschenden Ansicht scheinen auch bei Oetker GA. 26 S. 253 vorhanden zu sein.

Verhältnissen Gewalt anzuthun, den Redakteur als den Verfasser der ganzen Zeitung betrachten könne;[5] er sei es, der die ihm zugegangenen Artikel prüfe, zusammenlege und aus diesem Rohmateriale den Inhalt der einzelnen Nummer herstelle; erst durch das Erscheinen in dem durch seine ganze Haltung individualisirten Blatte erhalte der einzelne Aufsatz seine Bedeutung; und wenn der Name des leitenden Redakteurs das Blatt repräsentire und charakterisire, so sei es eben darum, weil jede Nummer Geist von seinem Geiste, eine Emanation seiner Persönlichkeit sei. Darum sei auch der strafbare Inhalt der Druckschrift die eigene That des Redakteurs, mögen immerhin auch andere als Mitthäter, Anstifter, Gehilfen betheiligt sein.[6] Für jene Ausnahmsfälle, in welchen diese Voraussetzungen nicht einträten, könne die Gesetzgebung immerhin Vorsorge treffen.

Aber auch diese Auffassung hält näherer Prüfung nicht Stand.[7] Sie verwechselt die Redaktion mit dem verantwortlichen Redakteur, die Thätigkeit der einzelnen Fachredakteure mit jener des Redakteurs en chef. Sie mag kleinen Blättern gegenüber haltbar sein, bei welchen allerdings, wenn die autographirte Korrespondenz, die Inserate und die Nachdrucke mit oder ohne Quellenangabe abgerechnet werden, der Rest auf Rechnung des Redakteurs kommen kann; wenn sie aber große Blätter, von welchen jedes eigentlich eine Summe von Zeitungen ist, die nach dem Prinzipe der Arbeitstheilung und zugleich dem der gegenseitigen Vertretung in den übernommenen Funktionen arbeiten — mit umfassen

[5] Vgl. insbes. John's maßgebend gewordenes Gutachten; auch oben §. 11 I.

[6] Vgl. auch DT. v. 9. Oktbr. 1876 (GA. 24 S. 527) und vom 25. April 1878 (GA. 26 S. 463).

[7] Liszt S. 212 f., 391 f.

will, so ist sie eine Fiktion.[8] Oder will man im Ernste behaupten, daß unsere verantwortlichen Redakteure den Blättern, für welche sie bestellt sind, den Stempel ihrer Persönlichkeit ausdrücken?

§. 48.

Das Haftsystem der Reichsgesetzgebung.

I. Während der langwierigen Vorbereitungen unseres Reichspreßgesetzes kam die Verschiedenheit der Anschauungen deutlich zum Ausdrucke. Ebenso aber auch die Thatsache, daß die Frage nach dem besten Haftsysteme in Preßstrafsachen, mag auch manches Vorurtheil geschwunden sein, noch immer als eine offene betrachtet werden muß.

Der Kommissionsentwurf von 1873, unter dem Einflusse Biedermanns und der Beschlüsse des deutschen Journalistentages stehend, hatte das belgische System der ausschließlichen und stufenweisen Verantwortlichkeit zu Grunde gelegt. Kurz vorher, auf dem deutschen Juristentage von 1872, dem Dr. Jaques einen ausführlichen Bericht erstattete, war dagegen jenes System abgelehnt und an seiner Stelle das Festhalten an den Grundsätzen des allgemeinen Strafrechtes, ergänzt durch Fahrlässigkeitsstrafen, empfohlen worden.

Der Regierungsentwurf stellte sich auf den von der 1873er Kommission eingenommenen Standpunkt. Nur kleine Modifikationen waren in Vorschlag gebracht. Inzwischen aber hatte die von dem Juristentage ausgegangene Strömung Oberwasser gewonnen. Von den Regierungen selbst nur lau vertheidigt, wurde das dem Entwurfe zu Grund gelegte

---

[8] Vgl. auch oben §. 11.

System in der Reichstagskommission von 1874 als eine juristische Monstrosität bezeichnet und endlich über Bord geworfen. Auf dem Kommissionsentwurfe von 1874 beruht das heute geltende Recht.

II. Das Reichspreßgesetz geht aus von der Schuldlehre des allgemeinen Strafrechtes. Sie bildet die Basis seiner Anordnungen.[1] Demnach erscheinen, den von dem Gesetze geforderten Vorsatz vorausgesetzt, Verfasser und Verbreiter als Thäter, bez. Mitthäter, Drucker und Verleger als Gehilfen; der Herausgeber je nach Lage der Sache als Thäter oder Gehilfe. Das wäre ungefähr das normale Verhältniß, das durch die verschiedensten Kombinationen modifizirt werden kann.

Auch dem verantwortlichen Redakteur einer periodischen Druckschrift gegenüber sollen die Grundsätze des allgemeinen Strafrechts zur Anwendung kommen. Da aber — und hier schließt sich das Reichspreßgesetz der oben §. 47 unter IV. besprochenen Auffassung an — der verantwortliche Redakteur der Verfasser der ganzen Zeitung ist, so bedarf es ihm gegenüber nicht erst eines besonderen Nachweises seiner Thäterschaft. Unter normalen Verhältnissen kann der Erfolg (der strafbare Inhalt der Druckschrift) ohne Weiteres auf sein vorsätzliches Thun zurückgeführt werden. Es müssen ganz besondere Umstände vorliegen, soll einmal dieser den thatsächlichen Verhältnissen entnommene Schluß sich als ein ungerechtfertigter darstellen. Bis zur Feststellung dieser Umstände können wir an der allgemeinen Regel festhalten. Ist die Druckschrift eine periodische, so ist der verantwortliche Redakteur als Thäter zu bestrafen,

[1] RPG. §. 20 Abs. 1.

wenn nicht durch besondere Umstände die Annahme seiner Thäterschaft ausgeschlossen wird.[2]

III. Während somit die Haftung des verantwortlichen Redakteurs nur als die Anwendung der allgemeinen Regel auf die besonderen bei der periodischen Presse vorliegenden Verhältnisse erscheint, keine Abweichung von jenen, keine Ergänzung derselben sein soll, werden jene Grundsätze des allgemeinen Strafrechtes selbst und mit ihnen die Haftung des Redakteurs als dolosen Thäters ergänzt durch das System der Fahrlässigkeitsstrafen.[3] Redakteur, Verleger, Drucker und Verbreiter haben für die „Anwendung der pflichtgemäßen Sorgfalt" zu haften; begründet der Inhalt einer Druckschrift den Thatbestand einer strafbaren Handlung, so obliegt nicht dem Kläger der Nachweis ihres Verschuldens, sondern ihnen der Nachweis ihrer Unschuld.

Aber innerhalb dieser Fahrlässigkeitsstrafen kommt der Grundgedanke des belgischen Systems zur Geltung. Die Nennung des Vormannes befreit, vorausgesetzt, daß er dem Arm der inländischen Strafgerechtigkeit erreichbar ist oder wenigstens erreichbar war. Und außerdem wird dem Verbreiter ausländischer Druckschriften Befreiung gewährt, wenn sie ihm auf dem Wege des Buchhandels zugekommen sind.

IV. Es wurde bereits erwähnt,[4] daß diese Bestimmungen nur auf die Preßdelikte im engeren Sinne, aber auch auf alle Preßdelikte, auch auf die im Preßgesetze selbst enthaltenen, Anwendung finden.

Wir haben uns im Folgenden mit einer genaueren Analyse dieser Bestimmungen zu beschäftigen.

---

[2] RPG. §. 20 Abs. 2.

[3] RPG. §. 21.

[4] §. 40 V.

§. 49.

Die Haftung des verantwortlichen Redakteurs.

I. Verantwortlicher Redakteur[1] ist jenes Mitglied der Redaktion, welches

a) mit einer gewissen Oberaufsicht über die Leitung des Blattes betraut, und

b) als verantwortlicher Redakteur auf dem Blatte genannt ist. Nur der verantwortliche Redakteur (in dem angegebenen Sinne) trägt die Haftung für den Inhalt des Blattes, wie sie die §§. 20 u. 21 RPG. normiren. Daraus folgt:

1. daß die Nennung auf dem Blatte allein nicht genügt, wenn nicht die unter a erwähnte Stellung in der Redaktion hinzutritt. Wer als verantwortlicher Redakteur genannt ist, ohne mit der Redaktion etwas zu thun zu haben oder ohne die Oberaufsicht über das Blatt zu führen, kann nicht zur Verantwortung gezogen werden für den Inhalt des Blattes.[2] Es liegt in diesem Falle eben eine falsche Angabe vor, die nach §. 18 RPG. an jedem Schuldigen, mithin unter Umständen auch an der mit ihrem Wissen und Wollen fälschlich genannten Person, eventuell mit Gefängniß bis zu 6 Monaten bestraft werden kann. Daß Nennung ohne Wissen des Genannten seine Haftung nicht begründen kann, wird allgemein zugegeben.

---

[1] Vgl. oben §. 11 III 1.

[2] A. A. v. Schwarze S. 26, Groschuff GA. 23 S. 27 ff.

2. Daß die auf dem Blatte als verantwortliche Redakteure nicht genannten Mitglieder der Redaktion in keinem Falle nach §§. 20 und 21 RPG. zur Verantwortung gezogen werden können,[3] selbst wenn sie jene Stellung thatsächlich einnehmen, welche das Gesetz bei dem verantwortlichen Redakteur voraussetzt. Jede Nachforschung nach dem „eigentlichen" Redakteur, um denselben für den Inhalt des Blattes verantwortlich zu machen, widerspricht dem Gesetze, das nicht den Redakteur schlechtweg, sondern den verantwortlichen Redakteur für haftbar erklärt. Dies muß selbst dann angenommen werden, wenn gegen die Vorschrift des Gesetzes das Blatt ohne Angabe eines verantwortlichen Redakteurs erschienen ist.[4] Die Bestrafung wegen falscher oder unterlassener Angabe wird dadurch nicht berührt.

II. Das Gesetz[5] betrachtet den verantwortlichen Redakteur als dolosen Thäter der durch den Inhalt der Druckschrift begründeten Delikte, so lange nicht das Gegentheil ausdrücklich festgestellt ist. Das Gesetz will damit keine Fiktion aufstellen, sondern nur den Thatsachen gesetzlichen Ausdruck geben; eben darum stellt es eine Präsumption auf, die nur durch den Beweis des Gegentheils umgestoßen werden kann. Das Gesetz befreit durch

[3] So richtig OT. v. 9. Septbr. 1875 (GA. 23 S. 453, OR. 16 S. 571); dagegen OT. v. 16. Mai 1876 (GA. 24 S. 677, OR. 17 S. 351).

[4] A. A. Groschuff a. a. O.

[5] RPG. §. 20 Abs. 2.

diese Präsumption den Ankläger von der Führung des Schuldbeweises, ohne den Unschuldsbeweis irgendwie einschränken zu wollen.

Der gesetzlichen Präsumption gegenüber führt ein doppelter Weg zur Freisprechung des angeklagten Redakteurs, genauer gesprochen, zur Negirung seiner dolosen Thäterschaft. a) Der Nachweis, daß jene Thatsache, von welcher das Gesetz auf die Thäterschaft schließt, im gegebenen Falle nicht vorliegt, daß also die auf dem Blatte als verantwortlicher Redakteur genannte Person thatsächlich die Redaktion überhaupt oder in Bezug auf die einzelne Nummer nicht geführt habe. b) daß der im Allgemeinen richtige Schluß von jener Thatsache auf die Thäterschaft des Redakteurs im konkreten Falle nicht zutreffe. Beispiele werden wir im nächsten Paragraphen kennen lernen.

Das Gesetz hat die Kraft dieses Gegenbeweises nicht, wie dies bezüglich des Gegenbeweises gegen die Präsumption der Fahrlässigkeit der Fall ist,[6] dem Angeklagten aufgebürdet. Will er ihn führen, so steht ihm das Recht dazu uneingeschränkt zu. Will er die Beweislast nicht übernehmen, so bliebe es zunächst bei der allgemeinen Regel des Strafprozeßrechtes, nach welcher alle relevanten Thatsachen von Amtswegen festzustellen sind. Würde diese Regel strikte durchgeführt, hätte das Gericht in jedem einzelnen Falle erst die Schuld des Angeklagten nach ihrer objektiven wie nach ihrer subjektiven Seite hin positiv festzustellen, so wäre damit offenbar jene Präsumption selbst illusorisch gemacht. Das Preßgesetz hat nun einen Mittelweg eingeschlagen, indem es anordnet: Der Redakteur ist als Thäter zu bestrafen, wenn

[6] Vgl. unten §. 51 II.

nicht durch besondere Umstände die Annahme seiner Thäterschaft ausgeschlossen wird. Das heißt: Die Präsumption der Thäterschaft macht die Feststellung des wirklichen Sachverhaltes von Amtswegen, wie sie sonst im Strafprozesse stattfindet, nicht nur überflüssig, sondern auch unzulässig; nur wenn besondere Umstände vorliegen, tritt die Zulässigkeit und mit ihr die Nothwendigkeit der Feststellung von Amtswegen ein. Mit anderen Worten: das Gesetz sagt nicht, daß der Redakteur nur wegen besonderer Umstände nicht als Thäter gestraft werden solle, sondern daß nur wegen besonderer Umstände die Präsumption entfallen und daher die Thäterschaft besonders festgestellt werden solle. Leugnet z. B. der verantwortliche Redakteur, den nach dem Gesetze zu dem betreffenden Delikte erforderlichen bösen Vorsatz gehabt zu haben, so hat sein Nachweis der Richtigkeit dieser Behauptung die Freisprechung zur Folge; das Gericht hat von Amtswegen den Vorsatz nur dann festzustellen, wenn besondere Veranlassungsgründe, wenn „besondere Umstände" vorliegen, welche dem Leugnen des Angeklagten Gewicht verleihen.

Immer aber bedarf es besonderer positiver Feststellung der die Annahme der Nichtschuld des angeklagten Redakteurs begründenden Thatsachen, mag diese Feststellung auf Grund des von dem Angeklagten geführten Beweises, oder aber auf Grund amtlicher Ermittelungen erfolgen. Bloße Bedenken, Zweifel, Negativfeststellungen genügen nicht.[7] Und ebensowenig selbstverständlich einfache unbewiesene Behauptungen des Angeklagten, den fraglichen Artikel nicht gelesen zu haben[8] u. s. w.

---

[7] OT. v. 23. Febr. 1876 (GA. 24 S. 146, OR. 17 S. 138).

[8] OT. v. 5. Febr. 1879 (OR. 20 S. 72).

III. Durch die Aufstellung der besprochenen Präsumption hat das Gesetz lediglich die Beweisfrage geregelt, ohne materiell von den Grundsätzen des allgemeinen Strafrechtes abzuweichen. Die Begriffe der Thäterschaft, Mitthäterschaft, Theilnahme kommen neben Reichspreßgesetz §. 20 Abs. 2 zur uneingeschränkten Anwendung. So steht der Bestrafung anderer Personen neben dem als Thäter bestraften Redakteur nichts im Wege; insbesondere kann der Verfasser neben ihm als Mitthäter bestraft werden.[9] Und umgekehrt schließt die Freisprechung des Redakteurs nach §. 20 Abs. 2 Reichspreßgesetz die Bestrafung anderer Personen nicht aus, wenn die den Redakteur entlastenden Umstände bei ihnen eben nicht vorliegen.[10] Daraus folgt auch, daß die Nennung des Verfassers oder anderer betheiligter Personen den Redakteur ebensowenig von der Bestrafung entschuldigen kann, wie irgend einen anderen Delinquenten die Angabe seiner Mitschuldigen.[11] Und endlich sei noch betont, daß das Gericht, auch wenn es auf Grund des §. 20 Abs. 2 Reichspreßgesetz die dolose Thäterschaft des Redakteurs verneint, denselben doch immer der Anstiftung oder Theilnahme oder der Fahrlässigkeit im Sinne des §. 21 Reichspreßgesetz schuldig sprechen kann.

IV. Alle landesgesetzlichen Bestimmungen, welche die Ver-

[9] OT. v. 4. Juni 1875 (OR. 16 S. 432); OT. v. 12. Dezbr. 1877 (OR. 18 S. 781); Bayr. Kass.H. v. 7. Juni 1878 (GA. 27 S. 125). Vgl. auch Marquardsen S. 170, Berner S. 281.

[10] OT. v. 8. Febr. 1876 (GA. 24 S. 144, OR. 17 S. 94); OT. v. 16. Mai 1877 (GA. 25 S. 354, OR. 18 S. 340); OT. v. 29. Mai 1877 (GA. 25 S. 462, OR. 18 S. 347).

[11] OT. v. 27. Mai 1875 (GA. 23 S. 452, OR. 16 S. 392); OT. v. 17. Febr. 1876 (GA. 24 S. 220, OR. 17 S. 118); OT. v. 27. Septbr. 1876 (GA. 24 S. 632, OR. 17 S. 598); OT. vom 23. Oktbr. 1877 (OR. 18 S. 660).

antwortlichkeit des Redakteurs für strafbare Handlungen, die mittels der von ihm redigirten periodischen Druckschriften begangen werden, regeln, sind durch die Anordnungen der Reichsgesetzgebung außer Kraft gesetzt. Dies gilt selbst bezüglich jener Handlungen, die nur landesgesetzlich mit Strafe bedroht sind.[12]

Anhang. Daß durch die gesetzliche Präsumption der Thäterschaft des verantwortlichen Redakteurs die Frage nach der Anwendbarkeit des Zeugnißzwanges gegen denselben nicht berührt wird, sollte keinem Zweifel unterliegen.[13] Die „Rolle des Beschuldigten“ überweist nicht das Gesetz einer bestimmten Person, sondern einzig und allein der Antrag des Klägers. Es steht demnach nichts im Wege, den nicht angeschuldigten Redakteur als Zeugen zu behandeln.

§. 50.

Fortsetzung. Kasuistik.

I. Wer als verantwortlicher Redakteur auf Grund der im §. 20 Abs. 2 Reichspreßgesetz ausgesprochenen Präsumption angeklagt wird, kann zunächst geltend machen, daß er die Redaktion überhaupt nicht oder in Bezug auf die in Frage stehende Nummer nicht geführt habe, daß also dem Schlusse auf seine Thäterschaft die vom Gesetze selbst verlangte Unterlage fehle.

Der Redakteur, der nicht redigirt, ist, juristisch betrachtet, nicht Redakteur, kann mithin auch nicht verantwortlicher Redakteur sein. Und zwar macht es nach unserem positiven

[12] Bayr. Kass.H. v. 7. Juni 1878 (GA. 27 S. 125).

[13] Dennoch in neuester Zeit wieder a. A. Löwe Kommentar zur StrPO. S. 945.

Rechte keinen Unterschied, ob er überhaupt nicht oder nur bezüglich einer Nummer der Druckschrift die ihm obliegenden Funktionen nicht ausgeübt hat. Auf jeder Nummer muß der verantwortliche Redakteur genannt sein. Das oben §. 49 unter I Gesagte beansprucht auch hier volle Geltung. Die Nennung einer nicht redigirenden Person kann als falsche Angabe (auch an dem Genannten) strafbar sein, aber nicht die Verantwortlichkeit begründen.

Ist das Gesagte richtig, dann wird es nur darauf ankommen können, ob der genannte verantwortliche Redakteur diejenige Nummer, deren Inhalt in Frage steht, redigirt, d. h.[1] ob er die Aufsicht über die Redaktion geführt hat; gleichgiltig wird es dagegen sein, aus welchen Gründen seine Thätigkeit unterblieben ist.

Es ist daher juristisch irrelevant, ob diese Gründe in dem freien Willen des Redakteurs oder in äußeren von seinem Willen unabhängigen Umständen gelegen haben;[2] insbesondere ist auch dann die Verantwortlichkeit nicht anzunehmen, wenn die als verantwortlicher Redakteur genannte Person die Führung der Redaktion in einem einzelnen Falle freiwillig einem Anderen übertragen hat.[3] Durch strenge Handhabung der Strafbestimmungen des §. 18 Reichspreßgesetz, die in einem solchen Falle sowohl gegen den Verleger als auch gegen den genannten wie den nicht genannten Redakteur anwendbar sind, wird der Gefahr einer Umgehung des Gesetzes wirksam gesteuert werden können.

Jede Verhinderung an der thatsächlichen Er-

[1] Vgl. oben §. 11 III 1.

[2] Es kann daher dem RGR. vom 14. Novbr. 1879 (I S. 65) nicht beigetreten werden.

[3] A. A. OT. v. 23. Febr. 1876 (GA. 24 S. 146, OR. 17 S. 138); OT. v. 19. Septbr. 1877 (GA. 25 S. 596, OR. 18 S. 570).

füllung der dem verantwortlichen Redakteur obliegenden Verpflichtungen schließt mithin die Haftung nach den §§. 20 und 21 Reichspreßgesetz aus;[4] so plötzliche Erkrankung, Ueberbürdung mit Geschäften,[5] vorübergehende Abwesenheit dann, wenn sie die Führung der Redaktion verhindert, was durchaus nicht immer der Fall zu sein braucht.[6] Gleichzustellen sind diejenigen Fälle, in welchen mit Bezug auf einen einzelnen Artikel, eine einzelne Notiz, vielleicht ein einzelnes Wort die redaktionelle Thätigkeit ausgeschlossen war; so wenn ein Artikel ohne Wissen und Willen des Redakteurs in die Druckerei gelangt ist, oder wenn der Setzer nicht in dem redigirten Artikel stehende Sätze oder Worte absichtlich oder unabsichtlich gesetzt hat u. s. w. Ebenso der Fall, wenn die Ausgabe der Druckschrift gegen den Willen des Redakteurs erfolgte.[7]

II. Um den verantworlichen Redakteur nach §. 20 Abs. 2 RPG. als Thäter bestrafen zu können, bedarf es keines besonderen Nachweises seiner Schuld, keiner ausdrücklichen Feststellung jener Elemente, aus welchen der Schuldbegriff sich zusammensetzt. Aber wird umgekehrt das Fehlen eines dieser Elemente konstatirt, sei es auf Grund amtlicher Ermittelungen, sei es auf Grund des vom Angeklagten geführten Unschuldsbeweises, so ist Freisprechung die nothwendige Folge.

Es ist also nicht nothwendig, daß dem Redakteur die Vorsätzlichkeit seines Handelns nachgewiesen werde;[8] in

---

[4] OT. v. 23. Oktbr. 1877 (OR. 18 S. 660).

[5] Dagegen OT. v. 22. Dzbr. 1876 (OR. 17 S. 845).

[6] Vgl. Württemb. Kass.H. v. 7. März 1877 (GA. 26 S. 560); OT. v. 30. April 1879 (OR. 20 S. 234); vgl. auch oben §. 24 III.

[7] OT. vom 26. Oktbr. 1877 (OR. 18 S. 675).

[8] Ebenso OT. v. 23. Febr. 1876 (GA. 24 S. 146, OR. 17

Anwendung auf den konkreten Fall: Verurtheilung wegen Beleidigung kann erfolgen, auch wenn die Kenntniß des beleidigenden Charakters des Artikels nicht nachgewiesen ist.[9] Dagegen muß umgekehrt freigesprochen werden, sobald feststeht, daß es an dem erforderlichen Vorsatze fehlte, weil z. B. Irrthum in Bezug auf ein wesentliches Thatbestandsmerkmal (StrGB.) vorlag.[10] Dasselbe muß angenommen werden, wenn die Zurechnungsfähigkeit des Redakteurs in Frage steht; nur wenn Taubstummheit, Jugend u. s. w. positiv festgestellt sind, wird Freisprechung nothwendig.

Der verantwortliche Redakteur kann überhaupt alle jene Entschuldigungsumstände, die er geltend machen könnte, wenn er nach den Grundsätzen des allgemeinen Strafrechts angeklagt wäre, auch der Anklage aus §. 20 Abs. 2 RPG. entgegensetzen.[11] Ist z. B. die übertretene Norm eine solche, die nur von gewissen Kreisen Gehorsam heischt, so kann der diesen Kreisen nicht angehörende Redakteur nicht nach §. 20 Abs. 2 zur Verantwortung gezogen werden.[12] Und ebenso umgekehrt. Entschuldigungsgründe, die dem allgemeinen Strafgesetze gegenüber kraftlos sind, können auch der Anklage aus §. 20 RPG. gegenüber nicht geltend gemacht werden.

S. 138); OT. v. 25. Febr. 1876 (GA. 24 S. 144, OR. 17 S. 140). Ferner OT. v. 5. Oktbr. 1875 (GA. 23 S. 504, OR. 16 S. 631); OT. v. 9. Dezbr. 1875 (OR. 16 S. 786).

[9] OT. v. 13. Juli 1876 (GA. 24 S. 632); dagegen (unrichtig) Hess. Kass.-H. v. 28. Septbr. 1877 (St. 8 S. 140), welcher den Nachweis der Kenntniß verlangt.

[10] OT. v. 9. Oktbr. 1876 (GA. 24 S. 527, OR. 17 S. 645; interessante Plenarentscheidung); OT. v. 14. Juni 1877 (GA. 25 S. 444, OR. 18 S. 426).

[11] v. Schwarze S. 99, Marquardsen S. 168, Berner S. 281; Bayr. Kass.-H. vom 15. Dezbr. 1874) GA. 23 S. 591, St. 4 S. 242).

[12] OT. vom 9. Septbr. 1875 (GA. 23 S. 574, OR. 16 S. 575); OT. v. 21. Juni 1877 (GA. 25 S. 595, OR. 18 S. 463).

So wird die Strafbarkeit der durch die Presse begangenen Beleidigung dadurch nicht ausgeschlossen, daß der Beleidigte eine dem Redakteur nicht bekannte Persönlichkeit ist;[13] und die ausdrückliche Erklärung des im Allgemeinen als verantwortlich genannten Redakteurs, für gewisse Theile des Blattes z. B. den Inseratentheil nicht haften zu wollen, ist juristisch so lange irrelevant,[14] als nicht für diesen Theil ein besonderer verantwortlicher Redakteur bestellt ist.

III. Liegt ein rechtswidriges Thun überhaupt nicht vor, so kann auch von der Bestrafung des verantwortlichen Redakteurs selbstverständlich keine Rede sein, sobald der Mangel der Rechtswidrigkeit festgestellt ist. Alle jene Umstände, welche nach allgemein strafrechtlichen Grundsätzen die Rechtswidrigkeit ausschließen (Nothwehr, Pflicht oder Recht zu handeln u. s. w.) und damit der That ihren deliktischen Charakter benehmen, kommen auch zu Gunsten des angeklagten Redakteurs zu voller Geltung. So kann sich dieser z. B. auf §. 193 StrGB. berufen, sobald für ihn ein berechtigtes Interesse auf dem Spiele stand,[15] während ein der Presse als solcher zustehendes Recht, allgemeine Interessen, die Wahlfreiheit, das Vereinsrecht, die Verfassung u. s. w. zu vertheidigen, nicht behauptet werden kann.[16]

[13] OT. v. 27. Mai 1875 (GA. 23 S. 452, OR. 16 S. 392).

[14] OT. v. 8. Jan. 1876 (GA. 24 S. 36); Bayr. Kass.H. vom 18. März 1876 (GA. 24 S. 649, St. 6 S. 91).

[15] OT. v. 2. Mai 1877 (GA. 25 S. 332, OR. 18 S. 308); OT. vom 18. Dezember 1878 (OR. 19 S. 585); Braunschw. OG. 1878 (Gerichtssaal 30 S. 530).

[16] OT. vom 20. April 1877 (GA. 25 S. 332, OR. 18 S. 282); OT. v. 14. Febr. 1878 (GA. 26 S. 60, OR. 19 S. 72); sächs. OAG. v. 6. Mai 1878 (St. 8 S. 145).

§. 51.

Die preßrechtliche Fahrlässigkeit.

I. Die preßrechtliche Haftung für Fahrlässigkeit trifft nur die im Gesetze ausdrücklich genannten Personen, nicht jeden, dem ein fahrlässiges Verhalten nachgewiesen werden kann. Jene Personen sind in der Reihenfolge des Gesetzes:[1]

1. der verantwortliche Redakteur;
2. der Verleger;
3. der Drucker;
4. der Verbreiter.

Die Begriffe sind uns bekannt. Bezüglich des verantwortlichen Redakteurs findet das oben §. 11 III und §. 49 I Gesagte auch hier Anwendung.

Drucker oder Verleger sind bei gewerbsmäßigem Betriebe diejenigen Personen, welche thatsächlich das Gewerbe leiten; ist ein Stellvertreter bestellt, so trifft diesen die preßstrafrechtliche Verantwortlichkeit,[2] deren Träger also nicht immer die auf der Druckschrift als Drucker oder Verleger genannte Person zu sein braucht. Im Gegensatze zu dem bezüglich des verantwortlichen Redakteurs Gesagten ist hier vielmehr der Eintritt der Verantwortlichkeit lediglich an die thatsächliche Betheiligung bei Herstellung und Ausgabe der Druckschrift geknüpft, und von der Benennung auf der Druckschrift selbst unabhängig. Unsere Gesetzgebung kennt wohl einen verantwortlichen Redakteur, aber keinen verantwortlichen Drucker oder Verleger.[3]

Verbreiter ist derjenige, der die Schrift zugänglich

[1] RPG. §. 21.
[2] Vgl. oben §. 8 III.
[3] Vgl. oben §. 8 VI.

macht.[4] Da die Gewerbsmäßigkeit des Handelns nicht zum Begriffe der Verbreitung gehört, die Oeffentlichkeit aber nothwendig in dem Begriffe enthalten ist, so ist der im Gesetze gemachte Zusatz: „Derjenige, welcher die Druckschrift gewerbsmäßig vertrieben oder sonst öffentlich verbreitet hat" — durchaus überflüssig und irreleitend.

II. Die genannten Personen sind wegen Fahrlässigkeit mit Geldstrafe bis zu 1000 Mark oder mit Haft oder mit Festungshaft oder Gefängniß bis zu einem Jahre zu belegen, wenn

1. der Inhalt der Druckschrift den Thatbestand einer strafbaren Handlung bildet;[5] genauer gesprochen, wenn ein Preßdelikt in der Druckschrift enthalten ist;
2. wenn sie nicht nach den Grundsätzen des allgemeinen Strafrechtes oder nach §. 20 RPG. als Thäter oder Theilnehmer zu bestrafen sind.[6] Die Haftung wegen preßrechtlicher Fahrlässigkeit tritt nur subsidiär, die übrigen Strafbestimmungen ergänzend ein. Doch steht nichts im Wege, von mehreren an derselben Druckschrift Betheiligten den einen wegen vorsätzlicher Thäterschaft oder Theilnahme, den anderen wegen Fahrlässigkeit zu bestrafen.

Eines Nachweises des fahrlässigen Verhaltens bedarf es den genannten Personen gegenüber nicht;[7] auch hier, wie in

---

[4] Ueber diesen Begriff vgl. oben §. 42.

[5] Vgl. unten §. 55.

[6] OT. v. 2. Juni 1875 (OR. 16 S. 413); v. 15. Juli 1877 (OR. 18 S. 332); v. 25. April 1878 (GA. 26 S. 463); Sächs. OAG. v. 25. Oktbr. 1875 (GA. 24 S. 650, St. 6 S. 103); v. 17. Juli 1876 (GA. 25 S. 619, 26 S. 560).

[7] OT. v. 14. Juni 1877 (GA. 25 S. 144, OR. 18 S. 415).

dem im vorigen Paragraphen behandelten Falle, stellt der Gesetzgeber eine Präsumption des Verschuldens auf. Und hier wie dort kann die gesetzliche Präsumption durch den Gegenbeweis entkräftet werden. Während aber durch §. 20 RPG. der Grundsatz des Strafprozeßrechtes, daß der Beweis wenigstens eventuell von Amtswegen zu führen ist, nicht berührt wird, verlangt §. 21 RPG. von dem Angeklagten die Führung des Gegenbeweises unter passiver Assistenz des Gerichtes.

III. Der Gegenbeweis kann aber auf verschiedene Weise geführt werden.

1. Der Angeklagte weist die Anwendung der pflichtgemäßen Sorgfalt oder aber solche Umstände nach, welche diese Anwendung unmöglich gemacht haben.
2. Der Gegenbeweis kann ferner ersetzt werden durch die Nennung des Vormannes.[8]

Als Vormann kann entweder a) eine in der oben (I) angeführten Reihenfolge vor dem Angeklagten stehende Person oder b) der Verfasser oder Einsender, mit dessen Einwilligung die Veröffentlichung geschehen ist, oder c) bei nicht periodischen Druckschriften der Herausgeber derselben genannt werden. Einhaltung der Reihenfolge ist nicht erforderlich (nominatio auctoris per saltum); so kann z. B. der Verbreiter mit Ueberspringung aller Zwischenmänner den Verfasser namhaft machen.

Der Genannte muß zur Zeit der Nennung sich in dem Bereiche der richterlichen Gewalt eines deutschen Bundesstaates befinden, oder aber, falls er verstorben ist, zur Zeit der Veröffentlichung befunden haben. Der Zeit-

[8] Vgl. oben §. 47 III.

punkt der Nennung bezw. der Veröffentlichung ist der allein maßgebende, so daß frühere oder spätere Anwesenheit auf dem Bundesgebiete nichts nützt, frühere oder spätere Abwesenheit nichts schadet.

Das Gesetz spricht von dem Nachweise des Vormannes; doch ist darunter kein strenger juristischer Beweis, sondern eine Bescheinigung oder Glaubhaftmachung (summatim cognoscere) zu verstehen. Dem Gerichte müssen solche Beweismittel an die Hand gegeben werden, welche zur sofortigen Einleitung des Strafverfahrens gegen den Genannten Veranlassung zu bieten geeignet sind.[9] Die Straflosigkeit des Vormannes wegen Verjährung oder Begnadigung, wegen Zurechnungsunfähigkeit oder mangelnden Verschuldens u. s. w. steht der Befreiung seines Nachmannes nicht im Wege.

Die Nennung des Vormannes ist keine Denunziation desselben, sondern eine Berufung auf ihn; eine Berufung, durch welche der Nachmann den Beweis erbringen will, daß er nicht in pflichtwidrigem Leichtsinne, sondern im guten Glauben an die Verläßlichkeit seines Vormannes sich an der Herstellung, Ausgabe, Verbreitung der Druckschrift betheiligt habe. Daraus folgt einerseits, daß die Nennung des Vormanns entschuldigt, auch wenn der Vormann dem Gerichte bereits bekannt und vielleicht schon in Untersuchung gezogen ist; andererseits, daß auch, wenn der Vormann bereits gerichtlich bekannt sein sollte, doch die ausdrückliche Berufung auf ihn unerläßlich ist, um den Nachmann zu befreien.[10]

[9] Allgemein zugegeben.

[10] Sehr bestritten. Im Sinne des Textes OT. v. 29. Jan. 1875 (GA. 23 S. 140, OR. 16 S. 96); v. Schwarze S. 123, Marquardsen S. 180; dagegen OT. v. 8. Januar 1876 (6. Januar?) (GA. 24 S. 36 ff., OR. 17 S. 6); Kayser S. 603.

Der Nachweis muß bis zur Verkündigung des Urtheils der ersten Instanz erfolgen; eventuell wird die Verhandlung zu unterbrechen und dem Angeklagten eine Frist zu bestimmen sein, innerhalb welcher er seine Beweismittel beizubringen hat.

Nur wenn innerhalb der gesetzlichen Frist der Nachweis eines geeigneten Vormannes gelingt, bleibt die Bestrafung ohne Weiteres ausgeschlossen. Gelingt der Nachweis nicht, so tritt die Nothwendigkeit ein, den unter 1 besprochenen Nachweis der pflichtgemäßen Sorgfalt zu erbringen. Hat der Verleger den A. für den Verfasser gehalten und zwar auf Grund der ihm vorgelegten aber, wie sich nachträglich herausstellt, gefälschten Urkunden, während nicht A., sondern der Ausländer B. der Verfasser ist: so kann der Verleger zwar nicht durch die ohne sein Verschulden eingetretene Unmöglichkeit der Nennung des Vormannes, wohl aber durch den Nachweis seines pflichtgemäßen Verhaltens der Bestrafung entgehen.[11]

3. Der Verbreiter auswärtiger Druckschriften bleibt, abgesehen von dem Nachweise der erforderlichen Aufmerksamkeit, abgesehen von der Nennung des Vormannes schon dann straffrei, wenn ihm die Druckschriften auf dem Wege des Buchhandels zugekommen sind.[12] Es kann ihm ja nicht wohl zugemuthet werden, alle ihm auf dem gewöhnlichen geschäftsmäßigen Wege zugekommenen Schriften einer besonderen Prüfung zu unterziehen.[13]

---

[11] v. Schwarze S. 120, Berner S. 291.

[12] RPG. §. 21 letzt. Satz.

[13] v. Schwarze S. 124, Berner S. 294.

§. 52.

Fortsetzung. Folgerungen aus der juristischen Natur der preßrechtlichen Fahrlässigkeit.

I. Wir haben oben[1] den Satz aufgestellt, daß die preßrechtliche Fahrlässigkeit nicht anders konstruirt werden kann als die Fahrlässigkeit des allgemeinen Strafrechts, daß sie nichts anderes ist und nichts anderes sein kann als schuldhafte Herbeiführung einer nicht vorgestellten Rechtswidrigkeit, fahrlässige Begehung des in der Druckschrift enthaltenen Deliktes. Daraus ergeben sich mehrere wichtige Konsequenzen.[2]

1. Die That, die in Frage steht, mag es sich um die Anschuldigung wegen doloser Thäterschaft, mag es sich um die Anklage wegen Nichtanwendung der pflichtgemäßen Sorgfalt handeln, ist immer: die Begehung des in der Druckschrift enthaltenen Deliktes. Dolose oder fahrlässige Begehung: immer ist es eadem causa im Sinne des Strafprozeßrechtes. Daraus folgt ein Doppeltes:

a) Die Grenzen der Identität der That werden nicht überschritten, wenn das Gericht bei einer Anklage wegen doloser Thäterschaft Verurtheilung wegen Fahrlässigkeit ausspricht und umgekehrt.[3] Hätten wir in der preßrechtlichen Kulpa wirklich ein besonderes Delikt, wie die herrschende Ansicht will, so müßten wir zu dem entgegengesetzten Resultate gelangen.

---

[1] Vgl. oben §. 47 III.

[2] Liszt 228ff. Die Kommentatoren gelangen theilweise, aber auf Kosten der Konsequenz, zu gleichen Resultaten.

[3] In der Entscheidung, nicht aber in der Begründung, ebenso OT. v. 22. Juni 1875 (GA. 23 S. 597).

b) Durch die rechtskräftig gewordene gerichtliche Entscheidung über die nach der einen oder nach der anderen Richtung hin erhobene Anklage wird die ganze Sache nach beiden Richtungen hin definitiv erledigt. Nach Freisprechung von der Anklage wegen doloser Thäterschaft steht der neuen Anklage wegen Fahrlässigkeit der Einwand der abgeurtheilten Sache entgegen; ebenso der Anklage wegen doloser Thäterschaft, wenn der Angeklagte früher nur wegen Fahrlässigkeit verurtheilt wurde. Und in beiden Fällen ebenso umgekehrt. Nur unter den Voraussetzungen, an welche das Gesetz die Zulässigkeit der Wiederaufnahme des Verfahrens knüpft, ist die abermalige Erhebung der Klage zulässig.

2. Von demselben Gesichtspunkte aus ist die Frage zu entscheiden, ob, wenn das in der Druckschrift enthaltene Delikt ein Antrags- oder Ermächtigungsdelikt ist, die Stellung des Antrages Bedingung ist für die öffentliche Verfolgung nach §. 21 Reichspreßgesetz; ferner ob, wenn das in der Druckschrift enthaltene Delikt zu den nach der Reichsstrafprozeßordnung auf dem Wege der Privatklage zu verfolgenden gehört, die Verfolgung wegen der preßrechtlichen Fahrlässigkeit ebenfalls auf diesem oder auf dem Wege der öffentlichen Klage zu erfolgen hat. Nach dem von uns eingenommenen Standpunkte muß sich die Verfolgung wegen preßrechtlicher Fahrlässigkeit immer nach der Natur des in der Druckschrift enthaltenen Deliktes richten.

a) Ist dieses ein auf dem Wege der öffentlichen Klage zu verfolgendes Antragsdelikt (man denke an die Beleidigung eines Gesandten im Sinne von §. 104 StrGB.), so kann ohne den Antrag des Verletzten die

Verfolgung weder nach dem Strafgesetze[4] noch nach §. 21 Reichspreßgesetz eingeleitet werden; ist aber der Antrag einmal überhaupt gestellt, so ist die öffentliche Verfolgung und ebenso die etwaige Verurtheilung nach der einen wie nach der anderen Richtung hin zulässig. Eine Beschränkung des Antrages auf Verfolgung wegen doloser Thäterschaft oder wegen Fahrlässigkeit wäre juristisch durchaus irrelevant.

b) Ist das in der Druckschrift enthaltene Delikt ein solches, das auf dem Wege der Privatklage zu verfolgen ist (man denke an die einfache Beleidigung), so wird daran durch §. 21 Reichspreßgesetz nichts geändert. Auch wegen der preßrechtlichen Fahrlässigkeit darf der Staatsanwalt nur ausnahmsweise dann die öffentliche Klage erheben, wenn dies im öffentlichen Interesse liegt; auch wenn es sich nur um die preßrechtliche Fahrlässigkeit handelt, steht Erhebung und Durchführung der Klage bei dem Privatkläger. Hat dieser aber einmal die Klage erhoben, so kann ohne Rücksicht auf sein Begehren, da ja die Grenzen der Identität der That eingehalten sind, die Verurtheilung entweder wegen doloser Beleidigung oder wegen preßrechtlicher Fahrlässigkeit (die im Grunde nichts ist als fahrlässige Beleidigung durch die Presse) ausgesprochen werden. Eben darum, weil die juristische Bezeichnung der verfolgten That in der Anklage juristisch irrelevant ist, kann es auch keinem Bedenken unterliegen, dem Verletzten die Erhebung der Klage nach §. 21 Reichspreßgesetz zu gestatten.

---

[4] Bezw. nach §. 20 RPG.

II. Da die preßrechtliche Kulpa als fahrlässige Begehung des in der Druckschrift enthaltenen Deliktes angesehen werden muß, ist das oben §. 50 III. über den Ausschluß der Rechtswidrigkeit Gesagte auch hier zu verwerthen. Eine That, die nicht rechtswidrig ist, kann nie ein Delikt, weder ein vorsätzliches noch ein fahrlässiges sein. Auch die Schuldlehre des allgemeinen Strafrechts verlangt, wenn wir von der gesetzlichen Präsumption der Fahrlässigkeit absehen, volle Beachtung.[5]

III. Auch hier besteht das deliktische Thun in dem Verbreiten der Druckschrift.[6] Daher ist alles der Verbreitung Vorhergehende nur Vorbereitungshandlung; daher ist mit dem Beginne der Verbreitung das Delikt sofort als vollendetes begangen; daher ist der Ort, von welchem aus verbreitet worden, der Ort der begangenen That, der Zeitpunkt, in welchem die Verbreitung begonnen hat, der Augenblick des vollendeten Deliktes. Die Parallele mit der dolosen Begehung von Preßdelikten ist hier eine vollständige.

Die weitere Verbreitung, nachdem einmal die Verbreitung begonnen hatte, kann nicht mehr als Theilnahme an dem bereits vollendeten Delikte betrachtet werden.[7] Der spätere Verbreiter begeht daher ein neues Delikt, er reproduzirt selbständig den Thatbestand des in der Druckschrift enthaltenen Deliktes. Ihm gegenüber muß daher der Ort der begangenen That ebenso wie der Zeitpunkt des vollendeten Deliktes besonders bestimmt werden. Strafbarer Versuch ist nach positivem Rechte bei fahrlässigen Delikten nicht möglich; daher auch nicht bei unserer preßrechtlichen Fahrlässigkeit. Zu demselben Resultat gelangen wir übrigens,

[5] Vgl. das oben §. 49 II 1 u. 3 Gesagte.

[6] Vgl. oben §. 41 I.

[7] Vgl. oben §. 41 II.

wenn wir von dem schon oben[8] betonten Satze ausgehen, daß der Begriff des Verbreitens die Annahme eines Versuches ausschließe.

Kraft positiv rechtlicher Satzung ist bei fahrlässigen Delikten Mitthäterschaft, Anstiftung und Beihilfe nicht möglich; dasselbe muß für die preßrechtliche Fahrlässigkeit angenommen werden. Doch steht der gleichzeitigen aber selbständigen Bestrafung mehrerer wegen desselben rechtswidrigen Erfolges an sich nichts im Wege. Auch das Preßgesetz hindert uns nicht daran; es hat aus dem belgischen System zwar die Nennung des Vormannes, nicht aber den Gedanken der ausschließlichen Verantwortlichkeit entlehnt.

IV. Die Verkennung der wahren Natur der preßrechtlichen Fahrlässigkeit hat den Gesetzgeber dazu bestimmt, für alle Fälle derselben einen, allerdings sehr weiten, Strafrahmen: Geldstrafe bis zu tausend Mark oder Haft oder endlich Festungshaft oder Gefängniß bis zu einem Jahre aufzustellen. Der Richter wird innerhalb des Rahmens die Strafwürdigkeit des begangenen Deliktes ins Auge zu fassen und demgemäß von den ihm zur Verfügung gestellten Strafgrößen Gebrauch zu machen haben. Wenn die dolos begangene einfache Beleidigung, sobald überhaupt Geldstrafe angezeigt erscheint, nur mit höchstens 600 Mark bestraft werden kann, wäre es geradezu widersinnig, dieses Maximum auch in den schwersten Fällen der fahrlässigen Beleidigung zu überschreiten.

V. Der besondere Strafrahmen, der für die preßrechtliche Fahrlässigkeit im Gesetze aufgestellt ist, bewirkt, daß dieselbe unter allen Umständen als ein Vergehen erscheint

[8] Vgl. oben §. 41 III.

und demgemäß nach §. 22 RPG. in 6 Monaten, von dem Beginne der Verbreitung an zu rechnen, verjährt.[9]

III. Die Verjährung der Preßdelikte.

§. 53.

I. Die meisten der modernen Preßgesetzgebungen haben, dem von Frankreich in dem Gesetze vom 26. Mai 1819 Art. 29[1] gegebenen Beispiele Folge leistend, eine kürzere Verjährungsfrist für die Preßdelikte eingeführt. Auch unser Reichspreßgesetz hat sich auf den gleichen Standpunkt gestellt, indem es[2] verfügt, daß die Strafverfolgung 1. derjenigen Verbrechen und Vergehen, welche durch die Verbreitung von Druckschriften strafbaren Inhalts begangen werden, sowie 2. der sonst im Preßgesetz mit Strafe bedrohten Vergehen in 6 Monaten verjähren solle.

II. Die Gründe, welche für die kürzere Verjährungsfrist bei Preßdelikten ins Feld geführt zu werden pflegen, lassen sich auf folgende Gesichtspunkte, die allerdings nicht bei allen Arten der Preßdelikte in gleicher Weise zutreffen, zurückführen.[3]

1. Zunächst kommt in Betracht die ephemere Bedeutung der in der periodischen Presse erscheinenden, die reichlichste Quelle der wichtigsten Preßdelikte bildenden Artikel; deren Wirkung, auf die augenblicklichen Verhältnisse berechnet, mit diesen sich ändert oder verschwindet; deren richtige Beurtheilung von der richtigen Würdigung der sie veran-

[9] Vgl. unten §. 58.

[1] Aufgehoben durch das Dekret v. 17. Febr. 1852.

[2] RPG. §. 22.

[3] Vgl. John Gutachten S. 352, Berner S. 296, Liszt S. 299 f.

lassenden Thatsachen und Stimmungen abhängt, und darum kaum mehr möglich ist, wenn ein auch nur relativ kurzer Zeitraum verstrichen ist. Die periodische Presse ist ja nicht immer die Mutter der öffentlichen Meinung; ebenso häufig wird der „leitende“ Artikel geleitet von der allgemeinen Stimmung. Daher ist gerade hier, mehr als bei allen anderen Delikten, rasche Aburtheilung unerläßliche Bedingung einer gerechten Beurtheilung.

2. Den Preßdelikten gegenüber ist aber auch eine der Begehung auf dem Fuße folgende Aburtheilung leichter möglich als anderswo. Der deliktische Thatbestand hat sich, in seiner objektiven Seite wenigstens, verkörpert in der Druckschrift, er ist fixirt für alle Zeiten und in hunderten von Einzelgegenständen; seine Feststellung bedarf keiner zeitraubenden Nachforschungen, keiner verwickelten Beweisführung. Die an der Herstellung, Ausgabe und Verbreitung der Druckschrift in hervorragender Weise betheiligten Personen sind der Behörde bekannt, der Nachweis ihrer Schuld ist durch die gesetzlichen Präsumptionen erleichtert, wenn nicht überflüssig gemacht. Nothwendigkeit und Möglichkeit einer raschen Verfolgung treffen zusammen und rechtfertigen vereint die kürzere Verjährungsfrist, die kein der Presse gewährtes Privilegium, sondern nur eine Konsequenz aus der besonderen Natur der Preßdelikte und aus den Bestimmungen der Preßpolizeigesetzgebung ist.

III. Nur die Verjährung der Strafverfolgung, nicht die der Strafvollstreckung ist im Preßgesetz besonders geregelt; bezüglich der letzteren bleibt es bei den Bestimmungen des Strafgesetzbuchs.[4] Und dasselbe gilt bei An-

[4] StrGB. §§. 70ff.

tragsdelikten bezüglich des Verschweigens des Antragsrechts.[5] Ebenso richtet sich, da das Reichspreßgesetz nur von Verbrechen und Vergehen spricht, die Verjährung der Preßübertretungen nach den Anordnungen des Strafgesetzbuchs, ohne Unterschied, ob diese Uebertretungen durch den Inhalt von Druckschriften oder ob sie durch Zuwiderhandeln gegen die Vorschriften des Preßpolizeirechtes begangen werden.

Diejenigen Delikte, deren Verfolgungsverjährung durch das Reichspreßgesetz an die sechsmonatliche Frist geknüpft wird, sind, wenn wir den nicht ganz korrekten Wortlaut des Gesetzes dementsprechend interpretiren:

1. Die durch den Inhalt von Druckschriften begangenen Verbrechen und Vergehen, also die Preßdelikte mit Ausnahme der Uebertretungen, mögen diese Preßdelikte im Strafgesetzbuch oder in anderen Gesetzen, insbesondere im Preßgesetze selbst[6] mit Strafe bedroht sein. In diese Gruppe fällt auch, nach der oben[7] vertheidigten Auffassung, die sogenannte preßrechtliche Fahrlässigkeit.
2. Die als Vergehen qualifizirten Zuwiderhandlungen gegen die Anordnungen des Preßpolizeirechts, also die Preßpolizeidelikte, ebenfalls mit Ausnahme der Uebertretungen. Hieher, und nicht wie es nach dem Wortlaute des Gesetzes scheinen möchte in die erste Gruppe, gehört auch die Verbreitung einer mit Verbot oder Beschlag belegten Druckschrift.

IV. Ueber den Beginn der Verjährungsfrist ent-

[5] StrGB. §§. 61 ff.

[6] RPG. §§. 15, 16, 17; vgl. oben §. 46.

[7] Oben §. 47 III.

hält das Preßgesetz keine besondere Bestimmung; es bleibt daher bei der allgemeinen Regel,[8] daß die Verjährung an dem Tage beginnt, an welchem die Handlung begangen ist, ohne Rücksicht auf den Zeitpunkt des eingetretenen Erfolges. Wir müssen daher, um den Beginn der Verjährung richtig zu bestimmen, zwischen den Preßpolizeidelikten und den Preßdelikten selbst unterscheiden.

1. Bei den Preßdelikten besteht die deliktische Handlung in dem Verbreiten.[9] Mit dem Beginne der Verbreitung ist das Delikt begangen, beginnt demnach die Verjährung für alle an der Herstellung und Ausgabe der Druckschrift Betheiligten und darum nach allgemein strafrechtlichen oder preßrechtlichen Grundsätzen für ihren Inhalt verantwortlichen Personen, insbesondere für Verfasser, Herausgeber, Redakteur, Verleger.

2. Es macht dabei keinen Unterschied, ob die Haftung wegen vorsätzlicher Begehung der betreffenden Delikte, oder wegen Vernachlässigung der pflichtgemäßen Obsorge eintritt: auch die Verjährung der Verfolgung wegen „preßrechtlicher Fahrlässigkeit“ beginnt mit dem Beginne der Verbreitung. Diese Ansicht, eine nothwendige Konsequenz der oben[10] vertretenen Konstruktion der preßrechtlichen Fahrlässigkeit, wird auch von den Gegnern derselben, wenn auch nur auf dem Wege einer unbewußten Inkonsequenz, gebilligt.[11]

3. Jedem einzelnen Verbreiter gegenüber, mag er wegen Verbreitung einer verbotenen, oder in Beschlag genommenen Druckschrift, oder wegen vorsätzlicher oder fahrlässiger Verbreitung einer Druckschrift strafbaren Inhaltes zur Verant-

[8] StrGB. §. 67 Abs. 4.
[9] Vgl. oben §. 41 I.
[10] §. 47 III u. §. 52.
[11] Vgl. v. Schwarze S. 132.

wortung gezogen werden, bilden die von ihm vorgenommenen Verbreitungsakte die strafbare Handlung, die selbständig ins Auge gefaßt werden muß, nach deren Abschluß erst die Verjährung selbständig zu laufen beginnt.[12] Es muß als durchaus unrichtig bezeichnet werden, wenn behauptet wird,[13] daß mit der Verjährung des von den unter 1 genannten Personen begangenen Deliktes auch für den Verbreiter die Verjährung seines strafbaren Thuns eingetreten sei. Dabei sei daran erinnert, daß gerade die Thätigkeit des Verbreiters sich bald als eine einheitliche, aus unselbständigen Theilakten bestehende (fortgesetztes Delikt), bald als eine Reihe selbständiger, strafbarer Handlungen (Wiederholung) darstellen kann, und daß in beiden Fällen der Beginn der Verjährung verschieden zu bestimmen ist.

4. Bei den Preßpolizeidelikten muß der Thatbestand eines jeden einzelnen besonders ins Auge gefaßt und darnach der Beginn des Verjährungslaufes bestimmt werden. Insbesondere sei darauf aufmerksam gemacht, daß bei den Delikten gegen die §§. 6, 7, 8, 9, 10 und 11 Reichspreßgesetz (Nennung von Drucker, Verleger, Redakteur, Ablieferung der Pflichtexemplare, Aufnahme von amtlichen Bekanntmachungen und von Berichtigungen) nicht erst mit der Verbreitung, sondern schon mit dem Erscheinen (wenn nicht noch früher) das Delikt vollendet ist, und daher die Verjährung beginnt.[14] Wenn daher eine Druckschrift erscheint (ausgegeben wird), auf welcher die Angabe des Druckers fehlt, so ist die Verjährungsfrist dieser Uebertretung drei Monate nach der

---

[12] Vgl. oben §. 41 II u. §. 52 III.

[13] So Marquardsen S. 188 u. 189, Berner S. 299.

[14] Dagegen rechnet die herrschende Ansicht auch hier von der Verbreitung.

Ausgabe (nicht nach der möglicherweise erst mehrere Tage später erfolgenden Verbreitung) abgelaufen.[15]

5. Reproduktionen einer Druckschrift, Uebersetzungen, umgearbeitete Auflagen, Auszüge, Dramatisirungen u. dergl. begründen, wenn der strafbare Inhalt der früheren Druckschrift mit reproduzirt wird, ein neues selbständiges Delikt, dessen Verjährungsfrist besonders zu berechnen ist.[16] Dasselbe muß aber auch von einer unveränderten von denselben Personen veranstalteten, neuen Ausgabe gelten,[17] denn durch Zeit und Ort des Erscheinens bestimmt sich die Individualität der Druckschrift: auch die unveränderte Ausgabe ist eine neue Druckschrift im Sinne des Preßgesetzes, was wir am deutlichsten erkennen, wenn wir an einen Wechsel der Preßgesetzgebung zwischen der alten und der neuen Ausgabe denken.

V. Die Unterbrechung der Verjährung richtet sich auch bei den Preßdelikten nach den allgemeinen Grundsätzen. Nur eine richterliche, wegen der begangenen That gegen den Thäter gerichtete Handlung[18] ist geeignet, die Verjährung zu unterbrechen. Keine Unterbrechung wird daher durch die Einleitung des objektiven, nicht „gegen den Thäter" gerichteten Verfahrens bewirkt;[19] ebenso wenig ist die polizeiliche Beschlagnahme dazu geeignet.[20]

Das richterliche Einschreiten unterbricht die Verjährung derjenigen That, wegen welcher es stattgefunden hat, ohne

---

[15] Verbreitung wird als maßgebend bezeichnet vom Württemb. Kass.H. v. 7. Juni 1876 (St. 6 S. 100).

[16] Vgl. noch oben §. 43.

[17] Anders Marquardsen S. 189, Berner S. 299.

[18] StrGB. §. 68.

[19] Ebenso Thilo S. 94, Marquardsen S. 189, Berner S. 299, Kayser S. 607, Liszt S. 209.

[20] Vgl. Marquardsen S. 288.

Rücksicht auf den juristischen Charakter derselben. Die Verfolgung nach §. 20 Reichspreßgesetz unterbricht daher, da es sich um dasselbe nur verschieden juristisch qualifizirte Thun handelt, auch die Verjährung der etwa in Frage kommenden preßrechtlichen Fahrlässigkeit.[21]

IV. Die Unbrauchbarmachung von Druckschriften.

§. 54.

Voraussetzungen ihrer Zulässigkeit.

I. Die Druckschrift kann, soweit es sich um Preßdelikte handelt, mit den zur Begehung von strafbaren Handlungen gebrauchten oder bestimmten Gegenständen, den instrumentis sceleris, ebensowenig auf eine Linie gestellt werden, wie mit denjenigen Gegenständen, welche durch ein Delikt hervorgebracht worden sind, den scelere productis. Sie ist die Verkörperung, die Objektivirung des strafbaren Thatbestandes. In der Druckschrift hat der Gedanke sinnliche Gestalt angenommen, um eine von dem Willen seines Schöpfers unabhängige Existenz zu führen. Der Schriftsteller spricht in der Druckschrift zum Publikum, auch wenn er es nicht weiß und nicht will, auch wenn er überhaupt längst aufgehört hat zu wissen und zu wollen. Er lebt in ihr auch nach seinem Tode fort, sie ist Geist von seinem Geiste, ein Stück seiner Individualität.

Diese Bedeutung der Druckschrift, die in ihr gelegene Objektivirung des Gedankens, rechtfertigt es, wenn das po-

[21] v. Schwarze S. 132 f. nimmt hier, von seinem Standpunkte aus durchaus konsequent, ein Ruhen der Verjährung (nach §. 69 StrGB.) an.

sitive Recht selbständige objektive Maßregeln gegen die Druckschrift gestattet. Weit entfernt, damit den Ursprung des Gedankens aus der Welt des Geistes zu verkennen, zieht es die Konsequenz daraus, daß der sinnlich fixirte Gedanke der Welt der Erscheinungen angehört, und daß die Druckschrift, scheinbar ein lebloser Gegenstand, in jedem Augenblicke durch die Verbreitung zu neuem, selbständigem und individuellem Leben erweckt werden kann. Das positive Recht anerkennt die selbständige Existenz der Druckschrift, indem es die selbständige Vernichtung dieser Existenz gestattet.

II. Unsere Gesetzgebung kennt die Unbrauchbarmachung der Druckschrift strafbaren Inhaltes in einer doppelten Gestalt:[1]

1. Als eine mit der Verurtheilung einer bestimmten Person verbundene Maßregel,[2] neben jener in demselben Urtheile ausgesprochen;
2. als eine selbständige von der Verurtheilung einer schuldigen Person unabhängige Maßregel.[3] Hier haben wir weiter zu unterscheiden:
   a) die Maßregel wird ausgesprochen, nachdem das Verfahren gegen eine bestimmte Person eingeleitet gewesen, mit der anders als durch Verurtheilung des Verfolgten eintretenden Beendigung des Verfahrens;
   b) die Unbrauchbarmachung ist Gegenstand und Ziel eines besonderen objektiven Verfahrens, in wel-

[1] Es kann hier dahingestellt bleiben, ob diese Maßregel als Nebenstrafe beziehungsweise als objektive Strafe, oder ob sie als eine polizeiliche Maßregel aufzufassen ist, wie Binding Normen I S. 20, ihm folgend, Rohland internation. Strafrecht S. 154 Note 15 u. A. wollen.

[2] StrGB. §. 41.

[3] StrGB. §. 42.

chem von allem Anfange an von der Verfolgung einer bestimmten Person keine Rede war; eines Verfahrens, welches die Strafprozeßordnung[4] reichsgesetzlich geordnet hat.

III. Die Unbrauchbarmachung ist eine definitive Maßregel, die Vernichtung der Druckschrift als Druckschrift, die Tödtung des in ihr fixirten Gedankens. Sie ist prinzipiell verschieden von der Beschlagnahme, die eine provisorische Maßregel ist, die den Gedanken nicht tödtet, sondern seine Aeußerung verhindert, welche die Druckschrift nicht vernichtet, sondern ihre Verbreitung inhibirt. Auch die Voraussetzungen, an welche die Gesetzgebung die Zulässigkeit der beiden Maßregeln geknüpft hat, sind wesentlich verschiedene, und daher getrennt in's Auge zu fassen.[5] Die Unbrauchbarmachung kann ausgesprochen werden, auch wenn eine Beschlagnahme weder stattgefunden hat, noch zulässig war; und ebenso kann umgekehrt trotz vorgenommener Beschlagnahme die Unbrauchbarmachung entfallen oder sogar gesetzlich ausgeschlossen sein.[6]

IV. Die Unbrauchbarmachung findet statt,[7] wenn der Inhalt einer Schrift, Abbildung oder Darstellung strafbar ist. Daraus folgt:

1. Sie ist nicht beschränkt auf Druckschriften wie die Beschlagnahme; ihre Tragweite reicht über das Gebiet des Preßrechts hinaus. Auch mit der Hand gefertigte Schriften und Abbildungen, z. B. Marionettenpuppen, die eine Beleidigung des Landesherrn enthalten, unterliegen der Unbrauchbarmachung.[8] Für uns ist die

[4] §§. 477 ff. Vgl. unten §. 57.

[5] OT. v. 16. April 1875 (GA. 23 S. 191).

[6] Ueber die Beschlagnahme vgl. oben §. 35.

[7] StrGB. §. 41.

[8] OT. vom 26. September 1878 (GA. 26 S. 426, OR. 19 S. 431).

Maßregel nur so weit von Interesse, als sie Druckschriften betrifft.

2. Sie setzt Strafbarkeit des Inhaltes voraus. Sie findet daher nicht Anwendung, wenn bei Herstellung, Ausgabe, Verbreitung der Druckschrift die Anordnungen des Preßpolizeirechtes übertreten worden sind. Die Unbrauchbarmachung ist demnach ausgeschlossen, wenn die Druckschrift ausgegeben wurde, ohne die vorgeschriebenen Angaben über Drucker, Verleger, Redakteur zu enthalten (Beschlagnahme hier zulässig); wenn die Pflichtexemplare nicht abgeliefert worden sind, wenn die Aufnahme einer amtlichen Bekanntmachung oder einer Berichtigung gegen die Vorschrift des Gesetzes unterblieben ist (hier ist auch die Beschlagnahme ausgeschlossen); wenn die Verbreitung trotz des Verbotes oder der Beschlagnahme erfolgte, soweit nicht abgesehen von diesen polizeilichen Anordnungen ein strafbarer Inhalt vorliegt u. s. w.[9]

V. Der Inhalt der Schrift muß strafbar sein. Das heißt, er muß den Thatbestand einer strafbaren Handlung enthalten. Es macht keinen Unterschied, ob diese als Verbrechen, Vergehen, Uebertretung erscheint, so lange sie noch kriminell strafbares Unrecht und nicht etwa blos Disziplinarvergehen ist; es macht keinen Unterschied, ob sie gegen eine reichsgesetzliche oder landesrechtliche Norm verstößt; es macht, wenn eine Druckschrift in Frage steht, keinen Unterschied, ob ein Preßdelikt in dem oben besprochenen Sinne vorliegt[10] oder irgend ein anderes Delikt; es macht endlich keinen

[9] OT. vom 12. Septbr. 1861, v. 14. Januar 1863, v. 18. Juni 1863, v. 13. Novbr. 1865 (OR. 1 S. 531, 3 S. 207, 3 S. 509, 6 S. 487).

[10] Vgl. oben §. 40.

Unterschied, ob die strafbare Handlung vollendet oder nur versucht worden ist.

Aber eine nicht nur normwidrige, sondern strafbare Handlung muß vorliegen, wenn die Unbrauchbarmachung zulässig sein soll. Vorbereitungshandlungen sind immer, der Versuch bleibt in gewissen Fällen straflos; Unbrauchbarmachung ist hier ausgeschlossen. Die Herstellung und Ausgabe einer Druckschrift kann als Vorbereitungshandlung erscheinen; sie ist es immer bei den Preßdelikten, bei welchen die deliktische Thätigkeit erst mit der Verbreitung eintritt: hier darf die Unbrauchbarmachung nicht ausgesprochen werden, so lange es nicht zur Verbreitung gekommen ist; denn vor diesem Augenblicke liegt zwar vielleicht eine rechtswidrige, gewiß aber keine strafbare Handlung vor.[11] Es kann aber auch in dem Uebersenden einer nicht verbreiteten gedruckten Schrift an eine bestimmte Person eine andere strafbare Handlung und nicht ein Preßdelikt, z. B. die strafbare Aufforderung zu einem Verbrechen im Sinne des §. 49 a RStrGB. gelegen sein; dann steht dem Ausspruche der Unbrauchbarmachung nichts im Wege. Es ist daher ebenso unrichtig, wenn man allgemein (abgesehen von den Preßdelikten) den Beginn der Verbreitung zur Voraussetzung für den Eintritt der Unbrauchbarmachung stempelt, als wenn man umgekehrt (auch für die Preßdelikte) die Verbreitung allgemein für irrelevant erklärt. Hat die Verbreitung aber dort, wo sie nothwendig ist, einmal stattgefunden, so ist es durchaus gleichgiltig, von wem dieselbe ausgegangen ist, ob von demjenigen, in dessen Besitz die unbrauchbar zu machenden Exemplare sich befinden oder von anderen Personen.

---

[11] OT. v. 20. Septbr. 1876 (GA. 24 S. 536, OR. 17 S. 573), vom 7. Februar 1877 (OR. 18 S. 103).

VI. Ob der Inhalt der Druckschrift strafbar ist oder nicht, kann nur nach dem inländischen Rechte beurtheilt werden. Dieser Satz wird allgemein zugegeben. Es darf aber dabei Eines nicht übersehen werden. Das inländische Recht[12] erklärt für strafbar zunächst nur die im Inlande begangenen Delikte, die im Auslande begangenen aber nur unter gewissen Voraussetzungen. Damit der Ausspruch der Unbrauchbarmachung zulässig ist, muß also die betreffende strafbare Handlung entweder im Inlande oder unter den gesetzlichen Voraussetzungen im Auslande begangen sein. Sind beide Eventualitäten nicht gegeben, so liegt eine nach inländischem Recht strafbare Handlung überhaupt nicht vor, es kann mithin auch die Unbrauchbarmachung nicht ausgesprochen werden. Enthält also z. B. eine im Auslande verfaßte, gedruckte, verlegte und vom Auslande aus verbreitete Schrift unzüchtige Darstellungen, so genügt es zur Zulässigkeit der Unbrauchbarmachung nicht, daß sie auch im Inlande verbreitet worden, wenn nicht diese im Inlande erfolgte Verbreitung als eine selbständig strafbare, vorsätzliche oder fahrlässige Handlung erscheint, und aus diesem Grunde das inländische Recht anwendbar wird. Wenn also z. B. die Druckschrift lediglich auf dem Wege des Buchhandels erfolgte[13] und der Verbreiter nicht nach §. 20 RPG. als doloser Thäter oder Theilnehmer zur Verantwortung gezogen werden kann, ist die Unbrauchbarmachung, weil eine nach inländischem Rechte strafbare Handlung nicht vorliegt, ausgeschlossen.

---

[12] StrGB. §§. 3 ff.

[13] RPG. §. 21 letzter Satz.

§. 55.

Fortsetzung. Die objektive Strafbarkeit des Inhalts insbesondere.

I. Der Inhalt der Druckſchrift muß objektiv ſtrafbar ſein. Die Druckſchrift muß den objektiven Thatbeſtand eines ſtrafbaren Deliktes enthalten. Die Rechtsverletzung, die in dem Inhalte der Druckſchrift gelegen iſt, muß eine rechtswidrige, ein Delikt, und eine ſtrafbare, ein Verbrechen im weiteren Sinne ſein. Fehlt es an der Rechtswidrigkeit oder an der Strafbarkeit, ſo entfällt auch die Zuläſſigkeit der Unbrauchbarmachung. Bezüglich der Rechtswidrigkeit ſind Bedenken kaum möglich. Alle jene Gründe, welche die Rechtswidrigkeit ausſchließen, beſeitigen auch die Zuläſſigkeit der Unbrauchbarmachung. Dies iſt der Fall z. B., wenn die betreffenden Aeußerungen zur Ausführung oder Vertheidigung von Rechten oder zur Wahrnehmung berechtigter Intereſſen gemacht wurden;[1] oder wenn ſie ſich als Nothwehrhandlung darſtellen, begangen, um einen rechtswidrigen Angriff auf politiſche Rechtsgüter abzuwehren u. ſ. w. Hieher gehören auch wahrheitsgetreue Berichte über Verhandlungen eines Landtags oder einer Kammer eines zum Reich gehörigen Staates[2] ſowie über Verhandlungen in den öffentlichen Sitzungen des Reichstages.[3] Nicht nur die Strafbarkeit, ſondern die Rechtswidrigkeit dieſer Berichte iſt ausgeſchloſſen[4] und mit dieſer die Zuläſſigkeit der Unbrauchbarmachung.[5] Schief iſt die oft wiederholte, zu dem gleichen

[1] StrGB. §. 193; vgl. auch oben §. 49 II 2.

[2] StrGB. §. 12.

[3] Reichsverf. Art. 22.

[4] Vgl. oben §. 45 II.

[5] Ebenſo OT. vom 16. April 1875 (GA. 23 S. 190, OR. 16 S. 297); Rüdorff Kommentar

Resultate führende Begründung, es könne eine objektive Maßregel gegen den Bericht darum nicht ausgesprochen werden, weil das Gesetz ausdrücklich den Bericht von jeder Verantwortlichkeit entbunden habe.

II. Ebenso unzulässig ist der Ausspruch der Unbrauchbarmachung, wenn der in der Druckschrift enthaltene Thatbestand von keinem Strafgesetze mit Strafe bedroht ist. Die Tragweite dieses Satzes ist äußerst bestritten. Um zu sicheren Resultaten zu gelangen, müssen wir zunächst die prozessuale Frage von der materiell-rechtlichen trennen, und dann innerhalb dieser letzteren den objektiven und den subjektiven Thatbestand zu unterscheiden suchen.

1. Die aus dem Delikte entspringende Strafklage, durch welche die Feststellung und Realisirung des staatlichen Strafanspruches herbeigeführt werden soll, kann aus prozeßrechtlichen Gründen unmöglich sein. Die Strafbarkeit der That wird dadurch nicht berührt, die Anordnung der Unbrauchbarmachung ist mithin zulässig. Hieher gehören:

a) Hindernisse, welche der Durchführung der Strafklage im Wege stehen, wie die Exterritorialität oder die persönliche Immunität des Thäters, sein Tod, seine Abwesenheit u. s. w.;

b) die prozessuale Konsumption der Strafklage durch eine rechtskräftige Entscheidung und die aus ihr entspringende exceptio rei judicatae. Es steht daher der Einleitung des objektiven Verfahrens die vorhergegangene rechtskräftig gewordene Freisprechung sämmtlicher Angeklagten nicht im Wege, mag auch sogar die Freisprechung gerade darum erfolgt sein — und daß dies

---

zu §. 42 StrGB; Heinze Straflosigkeit parlamentar. Rechtsverletzungen 1879 S. 9, Liszt S. 370 f.

geſchehen, aus den Urtheilsgründen hervorgehen — weil nach Anſicht des früher erkennenden Gerichtes die That objektiv nicht ſtrafbar iſt. Denn die Rechtskraft dieſer Entſcheidung umfaßt blos die Ablehnung, die Verneinung des ſtaatlichen Strafanſpruches gegen den Beſchuldigten, und die Gründe des Erkenntniſſes ſind der Rechtskraft überhaupt nicht fähig.

Von den eben (ad b) beſprochenen Fällen ſind diejenigen weſentlich verſchieden, in welchen die prozeſſuale Konſumption der auf Unbrauchbarmachung gerichteten beſonderen Klage (der objektiven Verfolgung im Sinne der §§. 477 ff. StrPO.) eingetreten iſt. Auch hier wird zwar über die Strafbarkeit des Inhaltes nicht rechtskräftig erkannt, aber die Klage auf Unbrauchbarmachung iſt konſumirt, kann nicht mehr erhoben werden, weil ihr die Einrede der rechtskräftig entſchiedenen Sache entgegenſtände. Wohl aber kann trotz der rechtskräftigen Abweiſung dieſer Klage jederzeit der Strafanſpruch gegen einen beſtimmten Schuldigen auf dem Wege der ſubjektiven Verfolgung geltend gemacht werden. Es handelt ſich bei allen dieſen Fragen darum, Begriff und Umfang der Rechtskraft feſtzuhalten, und die ſubjektive von der objektiven Strafklage ſcharf zu trennen.

2. Der Thatbeſtand, welchen die Druckſchrift enthält, muß objektiv ſtrafbar ſein, d. h. er muß unter ein Strafgeſetz fallen, wenn auch die Verhängung der Strafe nicht möglich iſt, weil die ſubjektiven, in der Perſon des Thäters liegenden Vorausſetzungen nicht gegeben ſind. Die Unbrauchbarmachung iſt daher zuläſſig:

a) wenn auch das Geſchehene nicht auf das ſchuldhafte Thun einer zurechnungsfähigen Perſon zurückgeführt werden kann, wenn alſo der Thäter z. B. geiſteskrank, weniger als 12 Jahre alt ist, wenn er die zur Erkenntniß der Strafbarkeit seines Thuns erforderliche Einsicht nicht besitzt u. s. w.; wenn ihm weder Vorsatz noch Fahrlässigkeit zur Last fällt. Diesen Fällen steht derjenige gleich, in welchen ein Thäter überhaupt nicht ermittelt werden kann.

b) Wenn zwar die That einem zurechnungsfähigen Subjekte zugerechnet werden kann, aber die Strafbarkeit dieses Subjektes durch nachträglich eingetretene Umstände — Strafaufhebungsgründe — wieder beseitigt worden ist. Die That bleibt strafbar, das Subjekt ist straflos geworden. Die Schwierigkeiten dieser Frage liegen in der vielfachen Bedeutung des Wortes strafbar, das sich einerseits sowohl auf die That als auf den Thäter beziehen, andrerseits sowohl das „mit Strafe-bedroht-sein" als auch das „mit Strafe-belegt-werden-können" bedeutet. Damit die Unbrauchbarmachung zulässig ist, muß die That, welche in der Druckschrift enthalten ist, mit Strafe bedroht sein; irrelevant ist es, ob der Thäter mit Strafe belegt werden kann oder nicht, und ob die Gründe für die Nichtbestrafung des Thäters in dem materiellen oder in dem prozessualen Rechte ihren Grund haben. Unrichtig ist die gewöhnliche Formulirung,[6] die Unbrauchbarmachung sei zulässig, wenn die Verfolgung des Thäters aus thatsächlichen, unzulässig, wenn sie aus rechtlichen Gründen ausgeschlossen sei. Die prozessuale Konsumption des Strafanspruchs ist doch gewiß ein rechtlicher Grund für die Ausschließung der

[6] Man vgl. die Kommentare zu §. 42 StrGB.

Verfolgung des Thäters und doch hindert ſie die Einleitung der objektiven Verfolgung nicht.

III. In der bisherigen Erörterung haben wir die beſtrittenſten Fälle ganz außer Acht gelaſſen; die Fragen nämlich: 1. ob bei Antragsdelikten trotz des fehlenden Antrages, und 2. ob auch nach eingetretener Verjährung (welcher die Begnadigung durchaus gleichſteht) die Unbrauchbarmachung ausgeſprochen werden kann. Die oben (ad II) aufgeſtellten Grundſätze werden uns auch hier maßgebend ſein müſſen.

1. Die Entſcheidung der erſten Frage iſt von der prinzipiellen Auffaſſung des Antragserforderniſſes abhängig. Gehört dasſelbe lediglich dem Strafprozeßrechte an, erſcheint der Mangel des Antrages nur als ein Hinderniß, welches der Durchführung der Strafklage im Wege ſteht, dann kann nach dem oben II. 1. Geſagten der Mangel des Antrages den Ausſpruch der Unbrauchbarmachung nicht hindern. Allein dieſe Auffaſſung kann nicht als richtig, d. h. nicht als die Bedeutung des Antragserforderniſſes erſchöpfend, bezeichnet werden. Das Antragserforderniß gehört nur ſeinen Wirkungen nach dem Strafprozeßrechte an; ſeiner prinzipiellen Bedeutung nach hat es ſeine Stellung in dem materiellen Rechte. Die Antragsdelikte ſind doppelt bedingte Strafdrohungen;[7] die Strafbarkeit des Thuns iſt bedingt einmal durch ſeine Normwidrigkeit, andrerſeits durch die Erklärung des Betroffenen, daß er ſich für verletzt erachte. Die Stellung des Antrages iſt mithin eine der beiden Bedingungen, von deren Vorliegen die Strafbarkeit des Thuns abhängt; ſo lange der Antrag noch nicht geſtellt iſt, liegt zwar ein

[7] Man vgl. Binding Normen I S. 89 Note 166.

Delikt, aber kein strafbares Delikt vor, und sobald der Antrag (rechtzeitig) zurückgenommen wird, entfällt mit ihm die Strafbarkeit.

Und somit kommen wir nothwendig zu folgendem Resultate: wenn der Inhalt der Druckschrift den Thatbestand eines Antragsdeliktes enthält, ist die Unbrauchmachung abhängig von der Stellung und Aufrechthaltung des Antrags; sie darf nicht ausgesprochen werden, wenn der Antrag nicht gestellt oder zurückgenommen wurde.[8]

Andere Bedeutung als der Strafantrag hat die Privatklage.[9] Allerdings hat unsere Gesetzgebung dieselbe nur zur Verfolgung von gewissen Antragsdelikten (Beleidigungen und Körperverletzungen) eingeführt, und es korrespondiren mithin Stellung des Antrags und Erhebung der Privatklage. Wurde der erstere gestellt oder die zweite erhoben, so ist die Anordnung der Unbrauchbarmachung zulässig geworden. Aber eine Differenz tritt ein, der innere Unterschied wird sichtbar, sobald es sich um die Rücknahme des Antrages oder der Klage handelt. Bei den Körperverletzungen[10] ist regelmäßig die Rücknahme des Antrages ausgeschlossen; die

---

[8] Ebenso ROHG. v. 18. Juni 1875 (Entschdgn. 18 S. 123); OT. v. 23. Novbr. 1876 (GA. 24 S. 537); AG. Kiel v. 23. Oktbr. 1877 (St. 8 S. 42); von den Schriftstellern insbes. Rüdorff und Rubo zu §. 42 StrGB., Meyer Lehrb. S. 296 Anm. 7, Thilo S. 145, Liszt S. 372. Die entgegengesetzte Ansicht in älteren Entscheidungen OT. v. 6. März 1872 (GA. 20 S. 182, OR. 13 S. 192), v. 9. Juli 1873 (OR. 14 S. 487), v. 23. April 1874 (GA. 22 S. 254, OR. 15 S. 252); OAG. München vom 21. März 1874 (GA. 22 S. 654); Oppenhoff, Puchelt, v. Schwarze zu §§. 42 u. 61 RStrGB. Weitere Literatur bei Liszt S. 373 Note 1.

[9] StrPO. §§. 414 ff.

[10] StrGB. §. 232.

Privatklage kann, eventuell bis zur Verkündigung des Urtheils in der Berufungsinstanz,[11] auch hier zurückgenommen werden.[12] Die Rücknahme des Antrages würde die Unzulässigkeit der Unbrauchbarmachung zur Folge haben; die Rücknahme der Privatklage nicht; denn sie ist nicht, wie der Antrag, Bedingung der Strafbarkeit, des Entstehens des Anspruches, sondern Verfolgung des entstandenen Anspruchs.

Rücknahme der Privatklage schließt daher, soweit nicht etwa in ihr die (zulässige) Rücknahme des Antrages gelegen ist, die Anordnung der Unbrauchbarmachung nicht aus.

2. Ebenso bestritten ist die Zulässigkeit der Unbrauchbarmachung nach Eintritt der Verjährung. Auch hier wird zuerst die Bedeutung der Verjährung im Strafrechte festgestellt werden müssen. Die Verjährung im Strafrechte ist Verjährung der Strafklage, beziehungsweise der actio judicati; ihr Eintritt hindert die prozessuale Geltendmachung des Strafanspruches, mag es sich erst um dessen Feststellung oder aber bereits um die Vollstreckung des festgestellten Anspruches handeln. Aber die Thatsachen, aus welchen der Anspruch entspringt, werden durch die Verjährung nicht aus der Welt geschafft; nicht das Delikt, nicht das Verbrechen verjährt, sondern die Strafklage. Eben darum muß die Unbrauchbarmachung für zulässig gehalten werden, trotz eingetretener Verjährung (nicht des Deliktes, sondern) der aus dem Delikte entspringenden Strafklagen; denn nicht davon, daß Strafe wirklich verhängt wird oder auch nur verhängt werden kann, ist die Zulässigkeit der Unbrauch-

[11] StrPO. §. 431.

[12] Ein Widerspruch zwischen dem Strafgesetzb. u. d. Strafprozeßordg. liegt hier darum nicht vor, weil es sich um wesentlich verschiedene Dinge handelt.

barmachung abhängig, sondern davon, daß der Inhalt der Druckschrift einen vom Gesetze mit Strafe bedrohten Thatbestand reproduzirt.[13]

Das Gesagte findet auf den Fall der Begnadigung analoge Anwendung. Durch die Begnadigung verzichtet der Souverän, als Repräsentant des Staates, welcher der eigentliche Träger des Strafanspruchs, der aus dem Delikte Forderungsberechtigte ist, auf die Geltendmachung der durch den Richterspruch begründeten actio judicati; die Strafbarkeit der That bleibt unberührt und mit ihr die Zulässigkeit des Ausspruchs der Unbrauchbarmachung.

§. 56.

Die Wirkungen richterlicher Anordnung der Unbrauchbarmachung.

I. Die Anordnung der Unbrauchbarmachung umfaßt nothwendig nicht nur alle Exemplare der Druckschrift, sondern auch die zu ihrer Herstellung bestimmten Platten und Formen, während bei der Beschlagnahme[1] die Ausdehnung auf Platten und Formen in das richterliche Ermessen gestellt ist. Jene Platten und Formen, welche zur Herstellung der bereits vorliegenden Exemplare der Druckschrift gedient haben, und jene, welche zur Herstellung weiterer Exemplare derselben Druckschrift bestimmt sind,

[13] Im gleichen Sinne Berner Lehrb. des Strafrechts S. 323 (10. Aufl.), v. Schwarze und Oppenhoff zu §. 42 RStrGB.; Thilo S. 145; OT. v. 15. Mai 1879 (OR. 20 S. 261), aber mit der nichtsbeweisenden Begründung, daß es sich um eine lediglich polizeiliche Maßregel handle; OT. v. 20. Septb. 1876 (GA. 24 S. 536) in den Urtheilsgründen. Dagegen Puchelt, Rubo, Rüdorff zu §. 42 RStrGB. Dagegen auch Liszt S. 371.

[1] Vgl. oben §. 37 III.

unterliegen der Unbrauchbarmachung, die sich nicht erstreckt auf zur Herstellung anderer strafbarer Druckschriften bestimmten Platten und Formen.[2]

Unbrauchbarmachen ist nicht gleichbedeutend mit Vernichtung; Abschleifen der Formen und Platten, bei Druckschriften im engeren Sinne das kunstgerechte Ablegen des Satzes, bezüglich der Beschlagnahme in §. 27 RPG. ausdrücklich gestattet,[3] wird auch hier als genügend betrachtet werden müssen.

II. Ist nur ein Theil der Schrift, Abbildung oder Darstellung strafbar, so ist,[4] insofern eine Ausscheidung möglich ist, auszusprechen, daß nur die strafbaren Stellen und derjenige Theil der Platten und Formen, welcher zur Herstellung dieser Stellen bestimmt ist, unbrauchbar zu machen sind. Es ist dieselbe Vorschrift, die das Preßgesetz bezüglich der Beschlagnahme gibt.[5] Die Beschränkung muß im Urtheile ausgesprochen werden; ist sie unterblieben, so werden eben alle Theile der Druckschrift, der Platten und Formen von der Anordnung der Unbrauchbarmachung ergriffen. Voraussetzung ist die Möglichkait einer physischen Trennung.[6] Ob diese vorhanden, ist quaestio facti; der Ausspruch der ersten Instanz kann jedenfalls in der Berufungsinstanz, und, genügende thatsächliche Feststellungen (in den Urtheilsgründen) vorausgesetzt, wohl auch in der Revisionsinstanz angefochten werden.[7]

III. Der Unbrauchbarmachung unterliegen:[8]

---

[2] Die Ansichten der Kommentatoren zum RStrGB. gehen weit auseinander.

[3] Vgl. oben §. 37 III.

[4] StrGB. §. 41 Abs. 3.

[5] RPG. §. 27 Abs. 2.

[6] Vgl. oben §. 37 II.

[7] Dagegen OT. v. 19. Dezbr. 1878 (GA. 26 S. 497, OR. 19 S, 588).

[8] StrGB. §. 41 Abs. 2.

1. alle öffentlich ausgelegten oder öffentlich angebotenen Exemplare der Druckschrift;
2. diejenigen Exemplare, welche sich im Besitz des Verfassers, Druckers, Herausgebers, Verlegers oder Buchhändlers befinden.

Wenn auch im Wortlaute abweichend, stimmt doch diese Vorschrift des Reichsstrafgesetzbuchs inhaltlich überein mit der im RPG. §. 27 bezüglich der Beschlagnahme gegebenen und oben[9] besprochenen Anordnung. Nur jene Exemplare, welche entweder 1. eben verbreitet werden, oder 2. zwar noch nicht in Umlauf gesetzt, aber zur Verbreitung bestimmt sind und bei gewissen Personen sich befinden, werden von der Anordnung der Unbrauchbarmachung betroffen. Die zweite Gruppe ist im Reichspreßgesetze[10] charakterisirt durch die Worte: „Die Beschlagnahme von Druckschriften trifft die Exemplare nur da, wo dergleichen zum Zwecke der Verbreitung sich befinden;“ den Gegensatz bilden die in Privatbesitz übergegangenen Exemplare. Dieser Gegensatz ist auch hier festzuhalten; in Privatbesitz übergegangene Exemplare werden von der Anordnung der Unbrauchbarmachung nicht betroffen. Die zur Verbreitung bestimmten Exemplare unterliegen ihr aber nicht unbedingt, auch nicht an denjenigen Orten, wo sie sich zum Zwecke der Verbreitung befinden, sondern nur dann, wenn sie sich im Besitze des Verfassers, Druckers, Herausgebers, Verlegers oder Buchhändlers, also von Personen befinden, von welchen anzunehmen ist, daß sie an der Verbreitung der Druckschrift aktives Interesse nehmen.

Der Redakteur ist nicht besonders genannt, muß aber

[9] Vgl. oben §. 37 IV.

[10] RPG. §. 27 Abs. 2.

hieher gezählt werden. Denn der Begriff des Herausgebers ist erst durch das Preßgesetz zu einem technischen geworden; im weiteren, dem natürlichen Sprachgebrauche entsprechenden Sinne umschließt er auch den Redakteur.[11]

Besitz ist hier wie überall im Strafrechte thatsächlicher Gewahrsam, körperliche Verfügungsgewalt. Besitz des Verfassers u. s. w. liegt daher nicht vor, die Unbrauchbarmachung ist vielmehr ausgeschlossen, wenn der Verfasser u. s. w. die Exemplare bei einem Dritten deponirt hat,[12] während umgekehrt Besitz des Verfassers angenommen werden muß, wenn sich in seinem Gewahrsame Exemplare befinden, die im Eigenthume dritter Personen stehen. Die der Post bereits übergebenen Exemplare können nicht mehr als im Gewahrsam des Aufgebers befindlich angesehen werden.[13]

§. 57.

Das Verfahren.

Wie schon erwähnt, kann der Ausspruch der Unbrauchbarmachung auf dreifache Weise herbeigeführt werden.

I. Findet die Verurtheilung einer bestimmten Person wegen des in der Druckschrift enthaltenen Delictes statt, so ist in demselben Urtheile neben der Strafe die Unbrauchbarmachung anzuordnen. Die Anordnung steht denselben Gerichtspersonen zu, die zur Entscheidung der Straffrage berufen sind, im schwurgerichtlichen Verfahren mithin der Richterbank. Gegen das Urtheil sind die gewöhnlichen

[11] Thilo S. 143; Oppenhoff und Puchelt zu §. 41 RStrGB.

[12] Dagegen Thilo S. 143, Oppenhoff u. v. Schwarze zu §. 41 RStrGB.

[13] Richtige Ansicht bei Rubo zu §. 41 RStrGB.

Rechtsmittel, Berufung oder Revision, zulässig, zu ihrer Ergreifung nur die überhaupt zur Einlegung dieser Rechtsmittel berufenen Personen, nicht etwa auch die Besitzer der unbrauchbar zu machenden Exemplare, berechtigt. Gegen die Nichtanordnung können Staatsanwalt, Privatkläger, Nebenkläger die Entscheidung der höheren Instanz anrufen; hat bei ausdrücklicher Ablehnung der Anordnung nur der Angeklagte ein Rechtsmittel ergriffen, so schließt die damit eingetretene relative Rechtskraft der Entscheidung die Anordnung der in erster Instanz abgelehnten Unbrauchbarmachung durch die höhere Instanz aus.[1]

Die Anordnung muß in der Urtheilsformel ersichtlich gemacht werden. Sie ist als integrirender Bestandtheil des Urtheils der Rechtskraft fähig, und kann daher, wenn diese eingetreten ist, nicht etwa später, wenn über andere wegen desselben Deliktes angeklagte Personen geurtheilt wird, wieder aufgehoben werden, sollte nunmehr auch Freisprechung der Neuangeklagten vielleicht wegen der von dem späteren Gerichte angenommenen Straflosigkeit des Inhaltes erfolgen.[2] Die entgegengesetzte Ansicht[3] läßt sich nicht etwa damit begründen, daß, wenn verschiedene Personen von verschiedenen Gerichten selbständig verfolgt werden, eben verschiedene strafbare Handlungen vorliegen; denn nicht die strafbare Handlung der Angeklagten, sondern die Strafbarkeit des Inhaltes der Druckschrift bildet die Voraussetzung und Rechtfertigung der Unbrauchbarmachung: und der strafbare Inhalt bleibt derselbe, wenn auch mehrere Personen wegen desselben ver-

---

[1] Ebenso Oppenhoff zu §. 41 RStrGB.; dagegen Thilo S. 144.

[2] Ebenso Thilo S. 142.

[3] Vertreten v. OT. a. 27. November 1865 (OR. 6 S. 493).

folgt werden.[4] Ebenso ist aber auch umgekehrt die spätere Anordnung der Unbrauchbarmachung ausgeschlossen, wenn dieselbe ausdrücklich von dem erkennenden Gerichte abgelehnt wurde, während eine dieselbe gar nicht berührende Entscheidung auch in diesem Punkte nicht rechtskräftig werden kann.

Die Unbrauchbarmachung ist, wenn ihre gesetzlichen Voraussetzungen gegeben sind, von Amtswegen auszusprechen; doch kann dieselbe auch von dem Ankläger, sei es von dem Staatsanwalte, sei es von dem Privatkläger,[5] beantragt werden.

Das Gericht steht in Bezug auf die Unbrauchbarmachung dem Ankläger gerade so gegenüber wie in allen anderen Beziehungen; es darf seine Entscheidung auf keine That ausdehnen, welche der Ankläger nicht ausdrücklich der richterlichen Beurtheilung unterzogen hat, ist aber in der rechtlichen Qualifizirung dieser That an die Anträge des Anklägers in keiner Weise gebunden.[6]

Die Art und Weise, in welcher die angeordnete Unbrauchbarmachung ausgeführt werden soll, ist in dem Urtheile zu bestimmen; sollte die Bestimmung unterblieben sein, so hat die strafvollstreckende Behörde — Staatsanwalt oder Amtsrichter[7] — nach eigenem Ermessen vorzugehen. Wenn über die Auslegung des Urtheils Zweifel entstehen oder Einwendungen gegen die Zulässigkeit der Strafvollstreckung erhoben werden — es behauptet z. B. der Besitzer der unbrauchbar zu machenden Exemplare, weder Verfasser oder

[4] Unrichtig auch Oppenhoff a. a. O., der wenigstens die im Besitze des Freigesprochenen befindlichen Exemplare von der Anordnung der Unbrauchbarmachung ausnehmen will.

[5] Argument §. 477 StrPO.

[6] OT. v. 26. März 1863, v. 9. April 1863 (GA. 11 S. 415), v. 18. Juli 1868 (OR. 9 S. 451), v. 11. März 1869 (OR. 10 S. 143).

[7] StrPO. §. 483.

Herausgeber noch Drucker, Verleger oder Buchhändler zu sein — so ist die richterliche Entscheidung herbeizuführen.[8] Uebrigens erstreckt sich die Wirkung der rechtskräftig gewordenen Anordnung der Unbrauchbarmachung über den Bezirk des erkennenden Gerichtes hinaus auf das ganze Gebiet des deutschen Reiches, und auch auf die an dem Strafverfahren nicht betheiligt gewesenen Personen.

II. Wenn die Verfolgung oder Verurtheilung einer bestimmten Person nicht ausführbar ist, so wird, die Strafbarkeit des Inhalts vorausgesetzt, die Unbrauchbarmachung selbständig angeordnet.[9]

Dabei sind jedoch wieder zwei Fälle zu unterscheiden:

1. Es wird ein, sei es freisprechendes, sei es einstellendes[10] Urtheil in der Hauptsache gefällt. Dann ist die Anordnung der Unbrauchbarmachung mit diesem zu verbinden. In Bezug auf die Anfechtbarkeit steht diese Entscheidung der unter I besprochenen gleich.
2. Die Verbindung der Entscheidung über die Anordnung der Unbrauchbarmachung mit einem Urtheile in der Hauptsache ist nicht möglich, weil entweder ein Strafverfahren gegen eine bestimmte Person überhaupt nicht eingeleitet, oder weil das eingeleitete Verfahren auf andere Weise als durch Urtheil (Einstellungsbeschluß) beendet wurde.

Für diesen zweiten Fall hat die Reichsstrafprozeßordnung[11] ein besonderes objektives Verfahren angeordnet, das an dieser Stelle nur in seinen Grundzügen geschildert werden kann.

---

8 StrPO. §§. 490, 494.
9 StrGB. §. 42.
10 StrPO. §. 259.
11 StrPO. §§. 477 ff.

Das Verfahren wird eingeleitet durch den Antrag des Staatsanwaltes oder Privatklägers, das Gericht möge die Unbrauchbarmachung der Druckschrift, deren Inhalt nach Ansicht des Anklägers den objektiven Thatbestand eines Deliktes enthält, selbständig aussprechen. Dieser Antrag korrespondirt der Anklageschrift im ordentlichen Verfahren und muß den Erfordernissen derselben[12] entsprechen. Das Gericht hat den Antrag zu prüfen[13] und denselben entweder zurückzuweisen[14] oder — eventuell nach Vornahme einzelner Beweiserhebungen[15] — den Termin zur Verhandlung anzuordnen.[16]

Die sachliche Zuständigkeit bestimmt sich nach der Natur des in der Druckschrift enthaltenen Deliktes (Schöffengericht, Strafkammer, Reichsgericht); doch tritt an die Stelle des Schwurgerichtes die an dessen Sitzungsorte bestehende Strafkammer.[17]

Oertlich zuständig ist dasjenige Gericht, welches für den Fall der Verfolgung einer bestimmten Person zuständig sein würde.[18] Kann weder der Gerichtsstand der begangenen That noch jener des Wohnsitzes ermittelt werden, so wird das zuständige Gericht vom Reichsgerichte bestimmt.[19] Durch die Beschlagnahme kann die Zuständigkeit niemals begründet werden.

Auf den Termin zur Verhandlung über den Antrag finden die für die Hauptverhandlung im ordentlichen Verfahren gegebenen Bestimmungen entsprechende Anwendung.[20]

An Stelle des Angeklagten treten die Interessenten. Es sind nämlich[21] diejenigen Personen, welche einen recht-

[12] StrPO. §§. 198 u. 421.
[13] StrPO. §§. 196 ff.
[14] StrPO. §. 202.
[15] StrPO. §. 200.
[16] StrPO. §. 478.
[17] StrPO. §. 477 Abs. 2.
[18] StrPO. §§. 7 ff.
[19] StrPO. §. 9 Abs. 2.
[20] StrPO. §. 478 Abs. 1.
[21] StrPO. §. 478 Abs. 2.

lichen Anspruch auf den Gegenstand der Unbrauchbarmachung haben, soweit dies ausführbar erscheint, zu dem Termine zu laden.

Sie haben alle Rechte, nicht aber die Pflichten des Angeklagten. Sie können persönlich erscheinen oder sich durch einen mit schriftlicher Vollmacht versehenen Vertheidiger vertreten lassen. Doch ist ihre Gegenwart nicht nothwendig; sie kann weder von dem Gerichte erzwungen werden, noch wird durch das Nichterscheinen der Interessenten Verfahren und Urtheilsfällung aufgehalten.[22]

Gegen das Urtheil haben sowohl Staatsanwalt und Privatkläger, als auch die Interessenten die gewöhnlichen Rechtsmittel;[23] letztere jedoch nur dann, wenn sie als solche dem Verfahren beigetreten sind, während andererseits ihr Nichterscheinen bei der Verhandlung sie dieses Rechtes nicht beraubt.[24]

[22] StrPO. §. 478 Abs. 3.

[23] StrPO. §. 479.

[24] Sehr bestritten. Vgl. die Kommentare zur StrPO.

Paragraphenregister.

Die Zahlen beziehen sich auf die Paragraphen, die Exponenten auf die mit römischen Ziffern bezeichneten Abschnitte der einzelnen Paragraphen.

Preßgesetz.

Gewerbeordnung.

Sozialistengesetz.

Strafgesetzbuch.

Strafprozeßordnung.

Wortregister.

Die Exponenten beziehen sich auf die mit römischen Ziffern bezeichneten Abschnitte der einzelnen Paragraphen.

Buchdruckerei von Gustav Schade (Otto Francke) in Berlin N.

FSC
www.fsc.org
MIX
Papier | Fördert
gute Waldnutzung
FSC® C083411

Kolibri 360 GmbH
Ferdinand-Jühlke-Straße 7
99095 Erfurt, Deutschland
produktsicherheit@kolibri360.de